Versengte Hosen und viermal Deutschland

Wie durch Blitzlichter erhellt der Autor seine Geschichten, die aber doch vor dem politischen Hintergrund der Weimarer Republik, des Dritten Reiches, der Deutschen Demokratischen Republik und der Bundesrepublik Deutschland einen Zusammenhang bilden und zum Epochen-Panorama werden.

Eingebunden in ein familiäres Zeitkolorit liest man es durch den Fluß der Sprache gern und ist auf den Ablauf gespannt, wobei die "verbrannten Hosen" über die amüsanten Kinderstreiche hinaus sinnbildlich für viele seiner Lebenssituationen gelten.

Die subjektive Art der historischen Darstellungen hebt sich von der Jetzt-Zeit ab, und der Leser spürt den Hauch der Menschen, wie sie damals gedacht und gelebt haben, wie der Kleine Mann die große Politik in seinen Tagesablauf aufnehmen, sie reflektieren und mit ihr fertigwerden mußte, anders, als es heute teilweise historisch nachvollzogen wird.

Die Lebensgeschichte ist mehr als ein Opus für des Autors familiäre Nachwelt.

Füllgraf / Schuchmann

D1719869

3. Auflage 1995
Alle Rechte beim Autor.
Kein Teil des Werkes darf ohne schriftliche Genehmigung des
Autors vervielfältigt werden.

Copyright Neuthor-Verlag Michelstadt
1993/1995

Druckerei Herke Frankfurt/M. und Sensbachtal/Odw.

ISBN 3-88758-149-0

Versengte Hosen
und viermal Deutschland

Eine Lebensgeschichte
von
Rolf Meißner

*Ich widme
dieses Buch
meinen Enkelkindern*

*"Dein Auge kann die Welt trüb oder hell
Dir machen, wie Du sie ansiehst,
wird sie weinen oder lachen."*
                                        Rückert

Brombachtal / Kirch-Brombach 1991/92

Inhalt:

Republikflucht

Der Fluchtplan sah den 16. September 1960 vor, von Deutschland nach Deutschland.

Man hatte sich schon daran gewöhnt, an diese Deutsche Demokratische Republik und die Bundesrepublik Deutschland.

Ich war überzeugt, daß Berlin in Bälde abgeschnürt würde.

"Das können die nicht!" sagten meine Freunde.

"Das ist verkehrstechnisch und wirtschaftlich dermaßen verzahnt; wie soll das gehen!"

"Die können alles!" meinte ich und dachte an die Worte meines ersten Schwiegervaters, der Lette war und über Unvorstellbares berichtet hatte.

"Hoffentlich habt ihr recht!"

Sie hatten es leider nicht.

Ein Jahr später mauerte die DDR sich ein, aber das erlebten wir von der anderen Seite aus.

Wir fuhren nach Wernigerode und eröffneten den Schwiegereltern, daß wir in den Westen fliehen wollten.

Bedrückung.

Der Schwiegervater sagte gleich:

"Da müssen wir mit, denn sonst sehen wir uns nie wieder."

Der älteste Sohn befand sich ohnehin schon in Hamburg, denn nach dem Abitur hatte man ihm das Studium der Volkswirtschaft verwehrt. Da floh er zu seiner Tante in den Westen. Und der jüngste Sohn hatte in Wernigerode soeben das Abitur abgelegt.

Also galt es jetzt, einen Fluchtplan auszuarbeiten. Immerhin waren wir drei Familien mit acht Personen. Die wollten geschmuggelt sein.

In Abständen, so unauffällig wie möglich, wurden Pakete verschickt. Ich wollte Bücher retten.

Die engsten Freunde wurden eingeweiht. Nur meinem speziellen Freund Lothar, den aus meinen frühen Kindertagen, sagten wir nichts. Ich konnte mir seine Schwierigkeiten vorstellen, wenn er Rede und Antwort stehen mußte, denn einem Verhör konnte er sicher nicht ausweichen; man kannte unsere enge Verbundenheit.

So kam es dann auch.

Wir brachten mit dem Auto vieles nach Berlin. Von Calbe an der Saale aus waren wir in knapp drei Stunden dort. Der P 70 fuhr nur 80 km/h.

Im Osten Berlins wohnten weite Verwandte, und im Westen Berlins wohnten ihre Geschwister. So transportierten wir Gegenstände und Sachen in der S-Bahn von Ost nach West, wo bei Kontrollen an den Grenzstationen manches Stück verlustig ging: Wir stellten die verdächtigen Kartons in ein Abteil und gingen selbst ins nächste. Von dort behielten wir sie im Auge.

"Wem gehört das Paket?" hörten wir die Grenzer manchmal fragen. Wir meldeten uns natürlich nicht; es wäre verräterisch gewesen. Da nahmen sie alles an sich, und wir sahen beim Abfahren vom Zugfenster aus unsere Sachen auf dem Bahnsteig dahinschwinden.

In den Sommerferien eben dieses Jahres nahm ich an einem Lehrgang an der Humboldt-Universität teil. Das verschaffte meiner Frau Ingrid die Möglichkeit, mit dem Auto offiziell nach Berlin zu fahren und auch fluchtverdächtige Utensilien zu transportieren, denn die Zufahrtsstraßen wurden auch kontrolliert.

Sie war mutig, meine junge Frau.

Aber einmal befand sie sich doch in großer Gefahr, als im Kofferraum des Autos Betten, Silberbestecke, Kristall und ein Vergrößerungsapparat verstaut lagen. Ausgerechnet diesmal war verstärkte Kontrolle.

"Öffnen Sie den Kofferraum!"

Kreidebleich, aber blitzschnell reagierte sie:

"Da müssen Sie schon ins Auto kommen, der Kofferraum ist nur von innen erreichbar."

5

Sonderbarerweise glaubte er es nicht:
"Wieso läßt sich der nicht öffnen? Das gibt's doch gar nicht!"
'Komisch', dachte sie, 'der muß doch das typische DDR-Auto P 70 kennen.'
Es ging wirklich nicht von außen zu öffnen.
Es war viel Verkehr an diesem Tage. Die Autos stauten sich. Er wurde nervös. Worte gingen hin und her, während er dabei andere Autos kontrollierte.
"Ach, fahren Sie weiter!" sagte er schließlich.
Mehrere Jahre Gefängnis fuhren mit.
"Republikflucht" hätte man das genannt.

Das Schuljahr begann am 1.September. Mir gab die Schulleitung der Friedrich-Schiller-Schule zu Calbe an der Saale diesmal kein 9. oder 10. Schuljahr wieder, sondern schickte mich in ein 7. Das setzte mich eine Gehaltsstufe zurück. Vielleicht lagen Anweisungen vor.
Noch ein Grund zu gehen, dachte ich.

Der Tag der Flucht rückte immer näher. Unser Auto mußte verkauft werden. Es war schwer genug gewesen, eines zu bekommen, so einen P 70. Das war etwas Besonderes in der DDR, ein Auto zu besitzen. Wir hatten das geschafft, weil die Gehälter der Lehrer aufgebessert worden waren. Und Ingrid war nicht nur fleißig, sie war auch sparsam.
Der Verkauf eines Autos galt als auffälliges Kriterium, war aber unser größter Geldbrocken, auf den wir nicht verzichten konnten. Wenn ich es jedoch einfach gegen Geld tauschte, so wurde es dem Käufer bei Bekanntwerden unserer Flucht ersatzlos weggenommen. Man mußte einen staatlichen Schätzschein vorweisen, und nur für diesen Betrag durfte man offiziell verkaufen. Deshalb fand eine Übergabe immer nur unter vier Augen statt.
Also mußte die Prozedur mit der staatlichen Schätzung und dem Kaufvertrag durchgestanden werden.
In der spannungsgeladenen Zeit war die Organisation für unseren Zweck schwierig.

Bestaunt wurde ein Auto-Verkauf immer: Von solcher Errungenschaft trennte man sich nicht ohne Grund. Wir verbreiteten, daß wir einen "Wartburg" bekämen. Das war das nächst größere Auto, was auf DDR- Straßen rollte.

Ein anderer Wertgegenstand mußte auch verkauft werden: Unser Kühlschrank, auch so eine Rarität in der DDR damals. Ich bot ihn per Telephon bei Bekannten im allernächsten Dorf an:

"Habt ihr Interesse an einem Kühlschrank?"

"Na und ob! Wo gibt's denn so was?"

"Ich weiß, daß Freunde in Dessau einen neuen ergattert haben."

"Ooch, wann können wir ihn holen?"

"Na, ich muß ohnehin nach Dessau, da bringe ich ihn gleich heute abend mit."

Was freuten die sich!

Als es dunkel war, schleppten wir den Kühlschrank ins Auto. Wir mußten achtgeben, daß man es im Hause nicht bemerkte. Immerhin wohnten noch sieben Familien im Haus.

Dann fuhr ich in die Dunkelheit und äußerte bei dem Käufer, daß ich soeben aus Dessau komme. Ihr Dorf vor Calbe lag auf der Strecke. Aus Dankbarkeit schenkten sie mir noch Eier und mehrere Kilo Pflaumen.

Für meine kleine Bettina, sie war neun Jahre alt, erhielt ich eine ärztliche Bescheinigung: Sie hätte noch Erholung nötig. Sie war ein schlechter Esser und immer blaß, seit ihre leibliche Mutter uns vor sechs Jahren verlassen hatte. Somit konnte ich sie von der Schule für die nächsten acht Tage fernhalten. Gemeinsam mit meinen Eltern, wir wohnten mit ihnen zusammen, fuhr ich sie fünf Tage vor dem Flucht-termin nach Berlin-Ost zu den Verwandten.

Meine Schwiegereltern in Wernigerode hatten selbst alle Hände voll zu tun, um noch zu retten, was möglich war. Der jüngere Sohn kam erst einmal zu uns nach Calbe an der Saale; das verschleierte den Vorgang.

Der 16.September war ein Sonntag, nicht kalt, trotzdem mußte ich meinen Wintermantel anziehen. Meine Unterhose beulte sich aus; der Knäuel Geld ließ das Geschlechtsteil um einiges vergrößern. Und Ingrid veränderte etwas die Figur: Aus einem Pferdeschwanz wurde ein Dutt auf dem Kopf, ein übergroßer, denn auch darin steckte ein Geldbündel.

Die Eile und die innere Spannung ließen beim letzten Blick durch die Wohnung keine Wehmut aufkommen.

Und doch schaute ich traurig meinen Schreibtisch aus massiver Eiche an, den mir ein bekannter Tischlermeister nach einer Abbildung in einem Journal angefertigt hatte. Es war noch gar nicht so lange her, ein Prunkstück aus der Zeit nach meiner zweiten Eheschließung. Die hatte sich vor zwei Jahren ereignet.

Zu dritt stiegen wir in den Bus nach Groß-Rosenburg, ganz in der Nähe fließt die Saale in die Elbe, den Photoapparat umgehängt und einen Blumenstrauß in der Hand, sonst nur eine Tasche. Alles mußte nach einer Besuchsfahrt aussehen. Das Auto konnte man sich in der Werkstatt denken.

Am Bus stand die Frau des Schuldirektors, eines Parteigängers.

"Ausgerechnet jetzt!" flüsterten wir uns zu.

Sie stammte aus Groß-Rosenburg und verabschiedete jemand. Wir hielten unseren Blumenstrauß besonders hoch.

Der Bus fuhr an.

Nochmals ein Blick rundum, oh Gott, auf ewig die Vertrautheit verlassen, in eine Ungewißheit hinein.

Lebt wohl! Gassen und Freunde von Calbe! In 14 Jahren wart ihr mir zur Heimatstadt geworden.

An der ersten Haltestelle vor Rosenburg stiegen wir aus und gingen zurück an einen vorher ausgesuchten Kilometerstein. Ihn schmückte dann für den Tag der Blumenstrauß aus Calbe.

Es dauerte nicht lange, da kam eine Freundin des Hauses mit ihrem "Wartburg" angerast, kurzer Halt, schnelles Einsteigen, und weiter ging's bis Berlin-Babelsberg. Hier war die erste S-Bahn-Station.

Unsere Freundin fuhr schnellstens wieder zurück. Ihr Fehlen in der Stadt durfte nicht bemerkt werden.

Die nächste S-Bahn-Haltestelle war bereits die letzte in der DDR. Der Zug war ungewöhnlich voll, wir standen gedrängt. Ich fühlte mich nicht sicher in meinem Wintermantel. Bei Stichproben mußte man aussteigen und wurde in einer Baracke visitiert. Ich dachte an unser Geld. Jetzt wollte die Kontrolle unsere Ausweise sehen. Dabei schaute der Mann in Zivil mich von unten an, sagte nichts. Er war kleiner als ich. Seinen prüfenden Augen begegnete ich mit einem festen, fast durchdringenden Blick.
'Zeig eiserne Kälte, Rölfchen!' schoß es mir durch den Kopf.
Da gab er mir den Ausweis zurück und wandte sich dem Nächsten zu. Die Kontrolleure stiegen aus, die Bahn fuhr an, und wir atmeten auf.

Zunächst steuerten wir die Freunde in Siemensstadt an. Das lag in West-Berlin. Hier packten wir in leere Preßpapp-Koffer, was wir im Laufe der letzten Monate im Keller gestapelt hatten. Nun konnten wir ja ungehindert mit vollen Koffern weiterreisen.
Das Licht des Tages begann zu schwinden.

Der Fluchtplan sah das Treffen unserer drei Familien um 19,30 Uhr in Marienfelde vor. Die S-Bahn führte uns quer durch West-Berlin: Da war Marienfelde, Straße des Aufnahmelagers.
In Abständen von nur fünf Minuten kamen Ingrids Eltern die Straße entlang, direkt aus Wernigerode, dann wenig später meine Eltern mit Bettina. Sie wurden von den Verwandten aus Ost-Berlin gebracht, von zwei beweglichen alten Damen.
Große Erleichterung erfüllte uns alle. Mein Fluchtplan hatte geklappt. Um 19,50 Uhr durchschritten sieben Erwachsene und ein Kind von neun Jahren das Tor zum Flüchtlings-Aufnahme-Lager Berlin-Marienfelde.

Der Raum, den wir acht betraten, war ziemlich groß. Vereinzelt saßen Leute herum, jüngere und ältere, mal auf dem Stuhl, mal auf dem Tisch.

Am vorderen Tisch, aufgestellt wie beim Lehrer vor der Klasse, saß ein Mann mittleren Alters und schaute die Anwesenden an, mal den einen, mal den anderen. Wir schauten auch, meist ihn an.
Es geschah nichts, bis er einem jungen Mann zurief:
"Kommen S i e mal her!"
Der setzte sich vor ihn hin und wurde nun von ihm befragt.
Wir versuchten, mitzuhören.
Schließlich bekritzelte der junge Mann ein Formular.
Dann gingen beide nach draußen.
Ruhe herrschte im Raum. Keiner sagte etwas.
Wir schauten uns an; mein Vater räusperte:
"Na?!"
Ich hatte mir das anders vorgestellt, er wohl auch.
Schwiegervater war die Ruhe selbst.
Der gewichtige Mann kam wieder, schaute, sagte nichts.
Die Fremden, die bereits vor uns im Raum waren, schwiegen gespannt.
"Kommen S i e mal her!" sagte er und deutete auf meinen Vater.
"Was wollen Sie hier? Warum kommen Sie her? Wo kommen Sie her? Wieviel Personen sind Sie?"
Ich ging hinzu und stellte mich neben meinen Vater. Da wunderte sich der Mann, daß wir zusammengehörten, wir drei Familien, gleich drei mit einem Mal auf der Flucht. Jetzt beschrieb er seine Formulare und bat uns nach draußen.
Wir bewegten uns durch schmale Straßen mit Häuserblöcken und Anlagen; eine ganze Siedlung. An einem Haus machte er halt und übergab uns einem Hauswart, dem offensichtlichen Verwalter und Betreuer der Häuserzeile, denn er wies uns ein Zimmer zu mit acht Betten, dreigeschossigen. Wir waren acht. Dadurch hatten wir keine Fremden im Zimmer.
"Morgen früh bekommen Sie Kaffee und etwas zu essen."

Nachdem wir uns zurechtgerückt hatten, gingen wir erst mal wieder aus dem Haus und erkundeten die Lage.
Unverhofft trafen wir eine Schülerin, die ich vor zwei Jahren entlassen hatte, die Beste der Klasse. Welch' ein Spaß!

Und wir trafen auch einen Zahnarzt aus Calbe, alle auf der Flucht! Schließlich begaben wir uns für die Nacht auf die Drahtfederbetten des Lagers.

Welch' ein Tag war das in unser aller Leben, aber glücklich, weil wir die Familien beieinander wußten.
Ich schlief lange nicht ein.
Das Bild der verlassenen Wohnungen stand vor meinen Augen: in Wernigerode und in Calbe an der Saale.
Ich sah zu meinem Vater, dem Frontsoldaten des Ersten Weltkrieges, Amtsträger des Dritten Reiches, Wirtschaftsführer in einem Konzern und nun Rentner - und Flüchtling, er hatte die Augen geschlossen, dann zu meiner Mutter, die es im Leben nicht leicht gehabt hat, dachte an die wunderbare Kindheit, die sie mich hatte durchleben lassen, und bezog meine 36 Lebensjahre ein.

Frühe Kindheit
in der Weimarer Republik

Ich erinnere mich an das Fenster hinter mir. Vor mir schaute ich immer, wenn ich auf dem Töpfchen saß, links auf einen kleinen Fleck Rohholz, das ein Stück abgeplatzte Oberfläche eines weißen Schrankes freigab: den Küchenschrank. Der Lack an dieser Stelle war mit dem Stück Holz verschwunden. Jedesmal betrachtete ich von dieser Position aus diese ausgeplatzte Stelle. Dann brachte ich es fertig, mit dem Töpfchen nach vorne zu rutschen, zur Tür hin. Es muß noch vor meinem zweiten Lebensjahr gewesen sein, also 1926.

Rechts an der Längswand stand ein großer Herd. Das Feuer darin brannte immer; dadurch gab es auch immer warmes Wasser. In dieser Küche erwachte mein Leben. Ihre Gemütlichkeit begleitete mich, bis ich die Wohnung nicht mehr betreten durfte.
Da war ich aber schon 21.

Der Herd glänzte an der Vorderseite durch eine weiß emaillierte Fläche; und an der Schmalseite war ein Wasserbehälter in den Herd so eingelassen, daß nur noch mit dem Deckel einige Zentimeter herausragten. Mutti nannte den Behälter "die Blase". Sie wurde später mein "Thron", mein Sitzplatz oben auf dem Herd. Gleich neben dem Ofen vor der Blase stand ein Stuhl, der mein angestammter Platz wurde. Ich hatte immer den warmen Herd mit der Blase im Rücken und vor mir den Tisch mit seinem grünen Linoleum-Belag.
Die Küche war nicht groß, hatte aber eine Speisekammer, in der man stehen konnte. Sie wurde später immer zu einem Versteck für mich.

Das Fenster daneben erlaubte die Sicht zum Hof, der mit einem Lattenzaun umfaßt war. Dahinter versperrte uns eine Schuhfabrik den Blick in die Ferne. Diese Fabrik erstreckte sich parallel zu den drei Häusern an der Straße. Der Eingang zur Fabrik führte quer durch das Haus Nummer 4, das zum Besitz von Onkel Paul und Tante Gertrud zählte, denen auch die Fabrik gehörte.

Es war interessant, die Leute an den Maschinen zu beobachten, denn die Fenster hatten, gemessen an den damaligen Fabrikverhältnissen, eine Übergröße. Onkel Paul und Tante Gertrud mit ihrer Fabrik wohnten im Haus neben uns in der 2a, wir in der 2b, alle im ersten Stock, aber die Wohnung in 2a war pompöser, doppelt so groß wie die in 2b und erstreckte sich über die ganze Etage, wir bewohnten nur eine halbe.

Onkel Paul hatte ein Auto Marke Brennabor und einen Chauffeur in Livree. Da bin ich Knirps auf allen Vieren hineingeklettert und kauerte zu Füßen der Erwachsenen. Es war wie ein schöner Spuk, der dann bald vorbei war.

Die beiden Häuser standen gemeinsam mit dem Haus Nummer 4 in der Lutherstraße zu Weißenfels an der Saale in einer fünfstöckigen Häuserzeile eingeklemmt, die mit der Straße bergauf ging. Die Straße wurde zu meinem Kinder-Paradies.

Mein Bettchen stand im Schlafzimmer wie die Betten der Eltern auch. Es war aus Metall, die Seiten zum Hoch- und Runterklappen, damit ich nicht rausfiel. Als ich etwas größer war, konnte ich sie selbst klappen und arretieren.

Das Schlafzimmer war immer kalt, eisigkalt. Eine Wärmeflasche aus Kupfer temperierte vor dem Schlafengehen das Bett aus. In späteren Jahren bekam ich mit, daß manche Leute zu diesem Zweck einen gewärmten Ziegelstein ins Bett legten. Wie war ich froh, daß wir uns eine Wärmeflasche aus Kupfer leisten konnten!

Wenn ich gebadet werden sollte, schleppte Mutti aus dem Keller einen ovalen Holzbottich. Alle Wasserbehälter auf der Herdplatte, die zu diesem Zweck glühend gemacht wurde, lieferten das Badewasser.

13

Wasser floß nur aus einem Messinghahn in der Küche, darunter der gußeiserne Abfluß, Ausguß genannt. Badezimmer gab es in noch keiner Wohnung, und das Klosett hieß "Abort"; es lag eine halbe Treppe tiefer, also zwischen den Stockwerken. Da war es immer recht unangenehm, wenn der Klo-Gänger aus dem Abort kam, während die Leute durchs Treppenhaus stiegen. Wasserspülung da drinnen gab's natürlich nicht. Die Haufen plumpsten durch ein weites Tonrohr in die Tiefe. Diese Art der Erleichterung mußten wir alle mit dem Flurnachbar teilen. In den Wintertagen gab es dabei manche Schreckgestalt zu sehen. Wenn Mutti zum Abort ging, mußte ich mit, sonst weinte ich. Allein blieb ich nicht in der Wohnung. Ich war schon zufrieden, wenn ich vor der Tür stehenbleiben konnte.

Als ich vier Jahre alt war, da peinigte ein Winter die Menschen: Er brachte 28 Grad Kälte ins Land. Die Fenster des Schlafzimmers waren über lange Zeit zugefroren. Ich hauchte mir ein Loch frei zum Hinausschauen. Die klirrende Kälte hatte auch draußen das Leben zum Erlahmen gebracht. Da betrachtete ich die wunderschönen Blumen, die der Frost an die Fensterscheiben gezaubert hatte. Eisblumen nannte man sie, und ich erinnere mich heute noch dieser bizarren Kunstwerke.
Hatte Mutti die Betten gemacht, dann schnell raus aus dem Zimmer, denn die Händchen waren steif und das Näschen war rot. Nicht jeder Winter war so hart, aber dieser ist wohl in die Geschichte der Meteorologie eingegangen.

*

Ich mußte fünf Jahre alt gewesen sein, da lag Papa immer im Bett. Unsere Hausärztin Frau Dr. Bode kam jeden Tag. Dann brachte sie noch einen anderen Doktor mit.
Es war wohl hoffnungslos, daß Papa überlebte. Sie allein konnte die Verantwortung nicht übernehmen. Beide unterhielten sich lateinisch, damit Mutti nicht so viel von dem Zustand mitbekommen konnte.

14

Was ich später erfuhr, betrifft die Rettung: Ein Freund der Familie vermittelte einen Heilpraktiker. Der habe in Amerika studiert und sei erst kurze Zeit hier, ein Herr Koch. Er kam, bedeutete Mutti, keine Medizin mehr zu geben, die verschrieben worden war, nahm aus seiner Westentasche ein Fläschchen und träufelte Papa Tropfen ein. So kam er jeden Tag. Nach ein paar Wochen stand Papa auf und übte sich im Gehen.
Wie schnell werden doch die Beine schwach. Ich sah damals gelassen auf diese große Bedeutung der Genesung.

Ich war wohl selbst einmal dem Tode nahe, dem Kindertod. Träumte ich doch, ich sei untergegangen und bekäme nun unter Wasser keine Luft. Das verursachte offensichtlich die Bettdecke, die ich völlig über mich gezogen hatte. Indem ich nun keine Luft mehr bekam, war ich der Erstickung nahe. Das mußte bis an die Grenze der Bewußtlosigkeit gegangen sein, denn Mutti wollte mich wecken, aber ich lag regungslos im Bett. Sie rief, immer lauter, schrie zuletzt. Ich hörte zunächst wie von weitem das Rufen. Es kam immer näher, bis ich anfing zu atmen und somit zur Besinnung kam.

Wenn Mutti und Papa etwas vorhatten, so mußte am Abend Heinz kommen, heutzutage wäre er ein Baby-Sitter. Heinz war der Sohn von Onkel Paul und Tante Gertrud, also mein Vetter, 12 Jahre älter als ich.
Einmal schreckte mich etwas aus dem Schlaf, ich schrie, Heinz kam aus der Küche gesprungen. Ich deutete vor mein Bett, da sei doch ein großes schwarzes Tier unter Muttis Bett verschwunden. Heinz bestritt. Ich hatte es aber gesehen - und sehe es heute noch in der Erinnerung.

Wir besaßen auch einen Stuhlschlitten. Man saß bequem wie auf einem großen Stuhl, schaute nach vorn, und von hinten wurde geschoben. Das Gestell war geschmiedet, Sitz und Lehne körpergerecht aus Holz gefertigt. Die Winter brachten immer reichlich Schnee. Mutti bugsierte den Schlitten aus dem Keller, stellte ihn auf die

Straße an den Rand der Fahrbahn, wickelte mich in warme Wolldecken und setzte mich drauf. Dann hörte ich sie sagen - es klingt mir heute noch im Ohr:
"Bleib' schön sitzen, ich komme gleich wieder."
Da hat sie wohl die Tür verschlossen. Autos gab es noch selten. Die waren erst erfunden worden, und wer konnte sich schon so ein Ding leisten. Pferdewagen fuhren im Winter auch kaum, also keine Gefahr auf der Straße. Mutti schob den Stuhlschlitten vor sich her, bis wir nach einer halben Stunde bei ihren Eltern waren. Es mag auch noch andere Ziele gegeben haben, aber die sind aus dem Bewußtsein.
Ich war tagsüber allein mit Mutti. Papa mußte früh aus dem Haus und kam abends spät. So war sie mit mir mal hier, mal da. Unter Muttis Bekannten galt Papa als fleißig, aufrecht, kämpferisch und mit starkem Rechtsempfinden, was ich so heraushörte. Er fuhr im Dunkeln früh 20 Minuten mit der Bahn nach Leuna. Dort stand ein großes Werk mit 30000 Beschäftigten und gehörte zu IG-Farben. Der Weg zur Eisenbahn nahm zusätzlich 40 Minuten in Anspruch. Außer den Sommermonaten kam er auch im Dunkeln erst wieder nach Hause.

*

Kinder wohnten auf der anderen Straßenseite in den hohen Mietshäusern. Ich war zu klein, um sie wahrzunehmen, und ich war Mutti-Kind.
Da wohnten Waltraud, ein Jahr jünger als ich, und Lothar, ein Jahr älter. Die waren die ersten in meinem Gesichtskreis. Während der ersten Spieljahre tippelte Waltraud sogar mit bis in unsere Küche. Mutti zog mir etwas anderes an. Aber das war wohl das einzige Mal mit Waltraud, denn bei der Mädchen-Buben-Beziehung breitete sich mit zunehmendem Alter das Genieren aus.
Lothar kam immer mit seiner Oma aus dem Haus. Meine Mutter und die Oma unterhielten sich oft, bis wir Knirpse selbst zusammenfanden.

Somit begann die Zeit, wo ich mit anderen Kindern auf der Straße spielte. Meinen Vetter Heinz sah ich selten, er machte Abitur. Aber da war noch eine Margot, zwei Jahre älter als ich. Mit der spielte ich am meisten, weil ich oft auch zu ihr nach Hause ging. Sie war die Tochter von Tante Gertrud, also meine Cousine. Wir zeckten uns auch. Einmal schenkte ich ihr zu ihrem Geburtstag eine Tüte Schokoladen-Mäuschen. Weil sie mich aber furchtbar ärgerte, nahm ich ihr die Tüte wieder weg, ging auf die Straße und verteilte die Süßigkeiten unter den Kindern. Margot schaute dabei hinter den Fenstern grimmig drein.
Diese Gehässigkeit hatte sie mir im Alter noch vorgeworfen.

Wenn Mutter etwas brauchte, ging sie in einen Laden, bekam's und gab was hin, das war Geld. Ich wollte auch was haben, aber manchmal verwehrte sie mir den Wunsch. So nahm ich eines Tages aus einem Täschchen, das auch sie immer benutzte, so ein kleines Geldstück; es war ein 4-Pfennig-Stück. Mir war bewußt, daß Mutter nichts merken durfte. Ich ging zu "Papst-Minna". Der kleine Kolonialwarenladen lag in der oberen Hälfte der Straße, wir wohnten in der unteren. Mit den Süßigkeiten aus diesem 4-Pfennig-Stück wollte ich mir eben meinen Gaumen lechzen, als Margot die Straße entlangkam. Sie sah von weitem, daß ich genoß. Stehenden Fußes petzte sie meiner Mutter, daß ich Süßigkeiten lutschte.
Mutter rief mich, setzte mich auf ihren Schoß, die Befragung begann. Eindringliche, aber liebevolle Erklärungen drangen in meine Kinderseele. Ich habe mein Lebtag nie wieder unrechtmäßig eine Münze an mich genommen.

Im Stockwerk über uns wohnte Weiß Hanni, ein Fräulein, das die Dreizimmer-Wohnung behalten hatte, als die Eltern gestorben waren. Ihr Vorname war natürlich Johanna. Aber die Weißenfelser nannten den Vornamen zuletzt, also sprach man immer von Weiß Hanni, wenn sie erwähnt wurde. Hatte sie Probleme, so besprach sie die immer mit meinen Eltern. Jedenfalls war sie oft bei uns unten.

Ich stieg mitunter auch zu ihr hinauf. Ihre Küche war wie unsere eingerichtet: Gleich neben der Tür ein Waschbecken, das aus einer Schüssel bestand, die auf einem speziellen, eisernen Waschbeckenständer eingesetzt wurde. Unter dem Gestell war eine Ablage für Lappen und Seife vorgesehen. Hanni hantierte mit dem Lappen, wozu ich etwas sagen wollte, und brachte dabei den Begriff "Lappwaschen" heraus. Hanni lachte herzlich und länger, als mir lieb war.

Weiß Hanni war natürlich dabei, als ich zur Schule kam, in die Beuditz-Knaben-Schule, die Mädchen im selben großen Bau als Mädchen-Schule von uns getrennt.

Ich stand mit vielen Kindern im Raum. Irgend etwas geschah; ich hörte Leute reden. Meine Mutter war nicht weit weg von mir. Am anderen Ende des Raumes sah ich die Tür, da drängten viele Menschen, und ich sah Weiß Hanni mit einer riesengroßen Zuckertüte stehen. Die trug ich dann selbst nach Hause.

Es war Ostern 1930.

Die Schulstunden ließ ich über mich ergehen, ohne daß ich besondere Freude empfand. Es lief alles mechanisch ab: der 20 minütige Weg, das Geschiebe in der Bank, die Tafelkritzelei mit dem Griffel, der Lehrer, der 20 minütige Heimweg.

Die ersten Male begleitete mich meine Mutter, und sie holte mich auch wieder ab. Bald hieß es, ich sollte mich für den Heimweg an die anderen Kinder halten, bis das auch für den Hinweg galt. Zusammen mit Schlosser Gerhard sollte ich gehen. Er wohnte zweimal um die Ecke, sein Zuhause lag auf dem Weg.

So schliff sich das erste Jahr ein, mit Gerhard Schlosser als Klassenfreund, auch zu Geburtstagen. Sein Name sollte mir nach 60 Jahren noch einmal begegnen.

Ich spulte dieses Leben ab, ohne eigentlich dabeizusein, letztlich zur Zufriedenheit aller Beteiligten. Nur ab dem zweiten Jahr gab's einen Knacks: Zwei Klassen wurden zusammengelegt, sechs Kinder auf einer Bank, in der Mitte des Raumes ein Gang, ansonsten Gequetsche, ich im hinteren Viertel der Reihen, ich war ja ohnehin nicht groß, dazu zählte ich zu den Jüngsten der Klassengemeinschaft, denn Stichtag für die Einschulung war der 30.Juni, ich war am 2. geboren worden.

Irgendwo da vorne sah ich einen Lehrer. Was er machte, entging mir meistens: Ich fand seinen Roten Faden nicht heraus. Mithin ließen die sogenannten Leistungen nach. Wenn Mutter mit mir Hausaufgaben machte, wir nannten sie "Schularbeiten", da stieß sie auf einen Jungen ohne Dynamik, ohne Verve.

"Der ist denkfaul", sagte sie dann immer, wenn man was über mich wissen wollte.

Und der Herr Lehrer mühte sich ab, wenn er da vorne stand und lehrte, mehr schlecht als recht. Er schlug mit seinem Rohrstock auf den Hosenboden:

"Bück' dich!"

Zack - oh das brannte, nur weil ich nicht der Reihe nach die Monatsnamen aufzählen konnte. Zu Hause wurde davon nichts erzählt. Im Bett betete ich dann zu meinem Gott, daß ich doch am anderen Tage keine Schläge bekommen möge.

Meine Mutter sagte immer, ich hätte einen guten Lehrer. Erst 50 Jahre später offenbarte mir meine Cousine:

"Der war kein guter Lehrer, das war bekannt!"

Die Spielgefährten auf der Straße glichen den Schulvormittag aus. Zog der Frühling über unsere Straße, so nahmen wir unsere Kreisel und die Kreiselpeitsche und schlugen drauf, daß er tanzte. Auch die Holzreifen verlangten Geschick, damit sie nicht umfielen. Mit einem Stock wurden sie angetrieben, und wir mußten nebenherrennen. Der Durchmesser dieser Reifen war nicht viel kleiner als wir selbst.

Einige Kinder besaßen ein Dreirad. Ich besaß einen Selbstfahrer. Mit den Füßen auf der Vorderachse wurde gelenkt, und mit den Armen bewegte ich das Gefährt vorwärts. Dabei hatte ich kräftig eine Deichsel mit einem Griff vorzudrücken und dann wieder zurückzuziehen. Diese Hebelwirkung übertrug sich auf die Hinterachse und verursachte die Fortbewegung. Das war aber kein ideales Spielzeug, weil unsere Straße nicht nur bergab ging.

Meine Kinderzeit - die frühe und auch die späte - war für mein ganzes Leben sehr anregend. Mein Vater hatte immer neue Einfälle: Er züchtete Waldvögel, wir hatten eine Schildkröte, ich bekam ein Angora-Kaninchen und auch einen Wellensittich. Der setzte sich zu mir auf den Tellerrand und aß mit, oder er saß auf meiner Schulter und pickte mir das Essen von der Lippe.

Vater hatte Zierfische, aber nicht nur ein Aquarium, sondern gleich mehrere Becken mit je 200 Liter Fassungsvermögen. Da züchtete er die seltensten Exemplare, wie Skalare, Schleierschwänze, Kampffische, Blackies und ähnliche. Ich zeigte dafür kein Verständnis, habe aber die einzelnen Zierfischarten dadurch kennengelernt.

Etwas anderes erregte mein Interesse: Vater bastelte immer an einem Kasten herum, darauf waren grüne Drahtwicklungen gesteckt, die nannte er "Spulen". Nun schloß er an diesen Kasten noch solch einen großen und schweren Behälter, worin Bleiplatten in einer Flüssigkeit standen. Dann verband er mittels Drähte den Kasten mit Kopfhörern, die er aufsetzte, und stimmte nun durch Drehen die zwei Spulen gegeneinander so ab, daß er in den Kopfhörern etwas hörte: Musik oder Gesprochenes.

Mitunter kamen zu uns zwei Männer, die hatten auch solche Wunderkästen. Sie fachsimpelten mit meinem Vater. Das waren die drei, die in der Stadt Weißenfels die ersten Radios betrieben.

Ein paar Jahre später ärgerte ich mich über das Ding, weil ich den schweren Akkumulator immer zum Aufladen bringen mußte. Vorher hatte ihn meine Mutter schleppen müssen.

Später wurde ein großer Teerkasten erfunden, aus dem Buchsen herausragten zum Anschließen des Stromes. Das waren die ersten Batterien.

Einmal an Weihnachten bekam ich ein großes Kasperle-Theater. Es war so groß, daß mein Kinderstühlchen herhalten mußte, wenn ich an die Spielleiste gelangen wollte.

Zunächst versuchte ich das Spiel allein. Dann waren Verwandten - Besuche mein Publikum. Später gesellte sich Lothar von gegenüber hinzu. Wir inszenierten Kasperle-Stücke und initiierten andere Kinder, die wir von der Straße her kannten, zuzuschauen.

Das Theater hatte mein Vater selbst gebaut in Gemeinsamkeit mit seinem jüngeren Bruder, Onkel Helmut. Der war Malermeister und hatte hier seine Künste angewandt. Ich habe ihn immer gemocht, diesen Onkel Helmut. Staunend beobachtete ich, wie er bei uns die Zimmer tapezierte und bemalte. Da saß jeder Handgriff; und lustig ging's dabei auch zu. Er war der einzige in Vaters Familie, mit dem wir näheren Kontakt hatten. Mein Vater war mit acht Geschwistern aufgewachsen, aber ein Zusammenhalt später nicht gegeben. Dadurch sah ich die anderen selten, lediglich die älteste Schwester, Tante Martha. Die hatte auch in die Fabrikbesitzersfamilie Kannewurf geheiratet, nämlich Willy Kannewurf, den Bruder von Onkel Paul, und Onkel Paul wiederum die Schwester von meiner Mutter, also meine Tante Gertrud. Dadurch war lustig eine Dreiecks-Verwandtschaft entstanden. Die wurde später für mich bedeutungsvoll.

Die Fabrik besaßen sie bald nicht mehr. Die letzten Jahre hatten der Familie Kannewurf viele Aufregungen gebracht:

Die Inflation hatte sie im Würgegriff, und der Sturz vom Wohlstand in den Notstand machte sich in der Großfamilie bemerkbar.

Es war eine Zeit der Arbeitslosigkeit; demzufolge wurden auch wenig Schuhe verkauft. Also setzten viele Schuhhändler nichts um, oder aber sie konnten die Rechnungen an die Schuhfabriken nicht begleichen. Die Fabriken jedoch standen im Vertrag mit den Lederfirmen.

So kamen Kannewurfs zunächst in Zahlungsschwierigkeiten. Unseriöse Schuhhändler erfaßten die Gunst der Stunde, bestellten große Mengen an Schuhen, und als geliefert worden war, meldeten sie Konkurs an, so daß die Lieferfabrik leer ausging. Als Folge wurde die Kannewurfsche Fabrik stillgelegt.

Die Firma mußte schließlich verkauft werden.

Da fand sich ein Käufer, der wollte in den Gebäuden Zahnstocher fabrizieren. In der Folge kam es zu einem Prozeß mit einem sonderbaren Richter: Die büroeigenen Möbel waren gesondert zu verkaufen.

Der Käufer wollte sie für 600,--Reichsmark haben. Den Handel begleiteten noch zwei Personen.

Als es ans Zahlen ging, wollte der Käufer nichts mehr vom Preis wissen und behauptete, daß die Möbel in die Fabrik gehörten und somit in die Konkurs-Masse.

Vor Gericht mußte Onkel Paul die beiden Begleiter als Zeugen nennen für den ausgehandelten Preis. Aber die wollten sich nicht mehr erinnern können. Offenbar meinten sie, mit dem Nachfolger ins gute Geschäft kommen zu können.

Der Käufer bekam trotzdem kein Recht, meinte aber, der Richter sei befangen gewesen. So wurde der Streitfall zum Oberlandesgericht nach Naumburg gegeben. Das schickte ihn jedoch wegen Geringfügigkeit nach Weißenfels zurück.

Ein anderer Richter hatte jetzt den Fall übernommen, und Tante Gertrud wollte beeiden, daß die Möbel niemals zur Fabrik gehört hatten. Als sie vor dem neuerlichen Richter stand, um den Eid auszusprechen, wunderte sie sich, warum wohl der Richter ständig zur Uhr schaute und nichtssagende Handgriffe tätigte. Er zog den Beginn des Eides offensichtlich mit Absicht hinaus.

Aus schlechtem Grund:

Da tat sich nämlich die Tür auf, und der Herr Käufer kam herein. Das Gesicht des Richters flog zu ihm, und er tönte unvermittelt:

"Nicht wahr, Herr ..., Sie können auch beeiden, daß es sich bei den Möbeln um solche der fabrikeigenen handelt!"

Tante Gertrud spontan:

"Dann schwört er einen Meineid!"

Es kam, wie es bei Konspirationen üblich ist: Der Herr Richter ließ nun nicht Tante Gertrud, sondern den Herrn ... schwören. Zu dieser Empörung gesellten sich noch die Kosten des Verfahrens.

Bis zum Tode konnte die Familie Kannewurf nicht erfahren, wieso gerade in diesem Augenblick der Herr Käufer das Amtszimmer des Richters zu betreten hatte.

Vielleicht waren die Kannewurfs nicht clever genug, üble Machenschaften der anderen zu durchkreuzen, vielleicht waren sie auch nicht geschäftstüchtig genug, denn alles, was an Häusern in Besitz gewesen war, ging in die Konkursmasse und war verloren.

Erschrocken waren wir Überlebenden, als 60 Jahre später ein Enkel meiner Cousine Margot beim Kramen in dem Boden-Kämmerchen einen noch verschlossenen Umschlag findet. Margot staunt, öffnet und sieht das handgeschriebene Testament ihrer Kannewurf-Großmutter vor sich:

"Ich vererbe die Häuser 2a, 2b und 4 in der Lutherstraße meinen Enkelkindern Heinz und Margot."

Damit wären sie von der Konkursmasse getrennt gewesen.

Dieses unverzeihliche Versäumnis damals, den Umschlag zu öffnen, hatte die Familie ein Leben lang in Armut gehalten.

Eine neue Existenz, eine wenigstens zum Überleben, sollte für Onkel und Tante ein Waldstück bilden, das meinen Großeltern gehörte. Auf dem Eichberg, der außerhalb der Stadt lag und in einer guten Stunde zu erreichen war, stand ein zweigeschossiges Backstein-Häuschen mitten im Wald, aber doch so, daß man von hier über die Eisenbahn-linie Weißenfels-Erfurt und über die Saale-Aue nach dem Dorf Üchteritz sehen konnte. Großvater Herold wanderte gerne, gehörte dem Thüringer Waldverein an, und war auch sonst naturverbunden. Deshalb hatte er sich hier einen Sommersitz eingerichtet. Meine Mutter hatte mich an der Hand, als mir das erste Mal dieses Waldstück bewußt wurde. Jetzt standen wir vor einem großen Rohbau, der aus einer künftigen Gaststube bestand mit zwei Räumen darüber. Das war 1929.

Alles begann mit viel Hoffnung, aber es begann auch der Leidensweg von Onkel Paul und Tante Gertrud, von Heinz und Margot.

Soziale Absicherungen gab es nicht. Die Leute gaben ihr knapp bemessenes Geld selten in Wirtschaften aus, wenn auch das Ausflugsziel "Haus Margot" in ganz Weißenfels zu einem Begriff wurde. Aber der Verdienst war so wetterabhängig, daß letztlich die Biere den Berg hinunterflossen, alldieweil sie sauer geworden waren. Das verregnete Wochenende ließ die Gäste fernbleiben.

So häufte sich zu den Bauschulden der Verlust.

Die Verzweiflung war so groß, daß Onkel und Tante an den Bahngleisen standen und sich unter einen Zug werfen wollten. Aber davor schützte sie schließlich der Gedanke an die Kinder, und sie kehrten um.

Als 1933 Hitler die Autobahn bauen ließ, sah ich Onkel Paul, den Ex-Fabrikbesitzer, mit dem Fahrrad und einer Schaufel nach Hause kommen. Er fuhr täglich 15 Kilometer an die Baustelle bei Osterfeld für 18,-Reichsmark die Woche.

Heinz und Margot blieben in der Stadt bei den Großeltern. Margot mußte in die Schule. Der Schulweg von "da draußen" wäre zu beschwerlich und auch gefährlich gewesen. Cousin Heinz wollte Biologie studieren. Der Wunsch war zum Traum geworden. Studieren kostete Geld. Durch die große Arbeitslosigkeit hatte er Mühe, in einen Beruf zu kommen. Schließlich lernte er in einem Milchhof: für 10,--Mark den Monat.

Da sah ich ihn einmal mit dem Schlauch einen gekachelten Raum ausspritzen.

*

Deutschland mußte auf Grund des Versailler Vertrages hohe Reparationen zahlen. Es hatte den Krieg 1914 - 1918 verloren, und die Siegermächte waren unbarmherzig.

Die deutsche Wirtschaft lag danieder, der Kaiser hatte abgedankt, und eine Republik hatte sich gegründet: die Weimarer Republik.

In den Geschäften gab es alles, was zur Zeit der Markt bot, nur hatten die Leute zu wenig Geld.

Mir selbst ging es gut, denn mein Vater verdiente, und es mangelte an nichts. Die Brötchen hingen frühmorgens an der Tür, der Milchmann kam mit Pferd und Wagen, stellte in den unteren Hausflur seine große Kanne voll Milch, die dann im Haus literweise verkauft wurde.

An der unteren Straßenecke erfreute mich ein Kolonialwarenladen. Hier bei Keglers hatten wir eingekauft. Es roch so gemischt nach

Hering, Gurke und Petroleum. Nährmittel wurden großen Schubfächern entnommen. Die Tüten hingen in unterschiedlichen Größen aufgefädelt über dem Ladentisch.

An der anderen Straßenecke bot uns der Bäcker seine Dienste. Da roch es nach Kuchen und frischem Brot, und in der Backstube hinten tat sich für mich eine Wunderwelt auf, wenn Mutter die Kuchen fertig machte oder sie in den großen Backofen schieben ließ.

Die Brötchenfrau sah man frühmorgens mit einem großen Korb voller duftender Brötchen vor dem Bauch von Haus zu Haus gehen, und nachmittags den Bäckerjungen die Kuchen austragen mit dem großen Kuchenblech auf dem Kopf, das er balancierte, ohne die Hände anzulegen.

Überhaupt bot unsere Straße viele Geschäfte, obwohl sie nur einen knappen Kilometer lang war. In der oberen Straßenhälfte auf der linken Seite gab es nochmal einen Kolonialwarenladen und abermals einen großen Bäckerladen.

Auf der rechten Seite führte Fräulein Döring einen kleinen Schreibwarenladen. Hier kauften wir für die Schule meine Utensilien: zunächst die Tafel, dann die Hefte, Bleistifte und den Radiergummi. Später kamen da noch Spezialfedern hinzu.

Auf derselben Seite, etwas weiter oben, erfreute sich die Nachbarschaft des kleinen Ladens der Papst Minna. Gegenüber gab es Fleisch und Wurst beim Fleischer Zweig. Meine Mutter kaufte dort aber selten. Ich wußte nicht, warum sie immer den weiten Weg in die Stadt auf sich nahm, um Einkäufe zu machen.

Im Haus nebenan, das kurze Zeit zuvor noch Onkel Paul und Tante Gertrud ihr eigen nannten, wohnte Parterre links unser Schuhmacher Staudte, für mich damals ein uralter Mann. Wenn ich ihm Schuhe brachte, die er reparieren sollte, erlebte ich ihn, auf einem Dreibein-Schemel sitzend, in seiner kleinen Werkstatt, die er sich im Erker-Vorbau des großen Wohnzimmers eingerichtet hatte. Von hier aus konnte mehr Licht auf die Schusterkugel fallen als anderswo im Zimmer. Auf der Mitte des kleinen Arbeitstisches, der vom Hämmern arge Narben zeigte, hing an einem Galgen eine Glaskugel. Sie war so groß wie ein Fußball, mit Wasser gefüllt, und spiegelte den Mikro-

kosmos wider, die kleine Welt um uns. Entweder das Tageslicht oder das Licht der Petroleumlampe konzentrierte sich wie bei einer Linse auf den Bereich, in dem er die Schuhe über den Leisten schlug.

Da schaute ich immer lange in die Kugel, die das gebrochene Licht verstärkte und mein Gesicht verzerrt wiedergab. Ich bestaunte auch sonderbares Handwerkszeug, mit dem Herr Staudte geschickt hantierte: die Schusterahle und den Pfriem, den Pinnort und die Holznägel, den Pechdraht aus Sauborsten, Kneip und Klettschiene, den Knieriemen, Wachs und Schnittholz, den Spitzknochen aus Elfenbein und die Raspel. Was Wunder, daß ich nie gleich wieder wegging.

Unsere Straße lag außerhalb des Stadtkerns. Man mußte sie bergauf passieren, wenn man das neue Wohngebiet erreichen wollte. Die Leute nannten es wegen der kleineren Häuser "das Negerdörfchen". Wenn mit dem Abend die Dunkelheit einzog, verbreitete unsere Straße eine anheimelnde Atmosphäre. Ich schaute da gerne aus dem Fenster.

In der Straßenmitte hing eine Lampe. Der Haltedraht spannte sich über die Straße von Hauswand zu Hauswand. Das Stromkabel dagegen zog sich längs der Straße entlang immer in der Höhe der ersten Stockwerke; und in Abständen gab es wieder eine Lampe, so daß zwischen den Lichtkegeln eine etwas dunklere Zone entstand. Die Lampen schaukelten, wenn der Wind ging, und mit ihnen veränderte sich der Schein des Lichtes.

Sonst war alles ruhig.

Nur hin und wieder kam jemand nach Hause.

Die Lutherstraße verfügte von Anfang an über Strom, den elektrischen. Aber bei den Großeltern in der Neuen Straße, die ziemlich im Zentrum der Stadt lag, erlebte ich noch das Licht aus der Petroleumlampe, die von der Decke hing und runtergezogen werden konnte, damit der Tisch seine besondere Helligkeit bekam. Je glänzender die Zylinder der Lampen geputzt waren, desto heller strahlte das Licht. Nur gingen beim Putzen diese zarten Gläser leicht kaputt. So schickte mich die Oma bisweilen zu ihrem Kaufmann, wo ich für 10 Pfennige einen neuen Zylinder bekam.

Bei den Großeltern war ich gerne; es gab immer Interessantes zu sehen. Opa betrieb eine Kunstschmiede und Schlosserei. Im Hofe lagen ständig Eisenstangen unterschiedlichster Profile.

Aus der Werkstatt drangen Geräusche, deren Herkunft ich mir nach und nach verdeutlichte. Ich bestaunte die Gesellen, wenn sie glühendes Eisen auf dem Amboß verformten.

Eigentlich war Opa nur noch Eigenbrötler in seiner Werkstatt. Er hatte sie längst seinem Sohn abgetreten, dem Onkel Walter. So beschäftigte er sich mit kleinen Reparaturen von Türschlössern und was so die Leute wünschten. Meister Herold bemühte sich immer. Dabei war er schon in den Jahren. Ich kenne ihn nur als alten Mann, der lieb, gütig, ausgleichend wirkte, und der es nicht vertrug, wenn ich mich mit Margot stritt. Gab es spontan etwas zu bestaunen, so rief er:

"Alle Hagel!"

Opa war sehr belesen. Nicht nur seine dicken Vogelbücher mit den hervorragenden Farbdrucken studierte er, sondern vor allem geographische Besonderheiten. Dem Lande Siam galt seine große Liebe. Er bezeichnete einen gut gelungenen Gugelhupf, den die Oma gebacken hatte, als Siam-Kuchen. Er wußte von den Klongs und den Schwimmenden Märkten, den Tempeln in Gold und Edelsteinen, er wußte von der Seide und den Menschen. Ach wüßte er doch, daß sein Enkel Rolf nun schon dreimal das Land bereist hat.

Opa wäre gern Lehrer geworden, war bereits auf der Präparante. Aber in der zweiten Hälfte des 19.Jahrhunderts mußte ein Lehrer noch Geige spielen können, wenn schon nicht Orgel. Und das lag ihm nicht, er hatte es wohl nicht begriffen.

Ein Zimmer in seiner Wohnung bestand aus einer Voliere, in der er viele exotische Vögel hielt. Wenn er sie mit Mohn fütterte, bekamen Margot und ich welchen ab, mischten ihn mit Zucker und genaßen wie die "Piepmätzchen". So bezeichnete Oma immer seine Vögel, die ihr zu viel Geld kosteten, denn er ließ sie von Übersee kommen.

Im ersten Stock des Hauses wohnte Onkel Walter mit seiner Familie. Eine seiner Töchter hieß Johanna; sie war wesentlich älter als ich, deshalb sahen wir uns kaum. Die andere Tochter hieß Ilse und war so alt wie Margot. Wir spielten zusammen im kleinen Garten, der mit der einen Seite an die Werkstatt grenzte, mit der anderen an den Hof, bis zu dem Tag, an dem das junge Leben unserer Cousine Ilse erlosch.

Kamen die heißen Tage, so mußte ich mit in den Garten. Der lag an einer recht entfernten Peripherie, 50 Minuten vor der Stadt. Wie verdrießlich war das für mich, langweilig, denn ich hatte dort keinen Spielgefährten. Eine Erleichterung empfand ich dann, wenn Mutter sagte:
"Wir gehen mal ins 'Haus Margot'."
Das lag 15 Minuten von der Gartenanlage "Güldene Hufe" entfernt, auf dem Wanderweg zwischen dem Dorf Leißling und der Stadt Weißenfels. Hier betrieben nun Onkel Paul und Tante Gertrud ihr Garten-Restaurant, genannt nach meiner Cousine Margot.

In der Schule wurde ich immer mal gefragt, was mein Vater von Beruf sei. Zunächst wußte ich es nicht. Mutter sagte mir dann, ich sollte antworten: Kaufmännischer Angestellter. Nun gut, ich konnte mir darunter aber nichts vorstellen. Was ein Kaufmann war, sah ich, wenn ich bei Keglers etwas kaufte. Aber wie man dabei Angestellter sein konnte, überstieg meine Vorstellung: meinte ich doch, mein Vater führe zur Arbeit in ein großes Werk.
Eines Tages kam mein Vater von der Arbeit früher als gewohnt nach Hause. Wir drei standen in der Küche, und Vater berichtete Mutter in Einzelheiten, daß er nun auch arbeitslos sei und wie das so gekommen war. Zu den betretenen Gesichtern hatte ich erschrocken aufgesehen. Plötzlich bemerkte Vater mein erstarrtes Gesicht und mußte lachen. Da sagte Mutter:
"Naja, der weiß nun auch schon, was das bedeutet."

Von dieser Zeit an ging es knapper zu im Haushalt. Mutter mußte sparsamer wirtschaften, was ihr offensichtlich schwerfiel, denn die letzte Woche des Monats war "Schmalhans" Küchenmeister.
Vater besuchte seine Veranstaltungen politischer Art. Er war immer schon deutsch-national gesinnt, gehörte dem Verband "Stahlhelm" an

28

und drillte einen Spielmannszug, dem er bei Umzügen und Aufmärschen als Tambour-Major voranging. Man schwärmte, wenn Meißner Kurt aufmarschierte oder bei Konzerten von Musikkapellen beteiligt war. Er hatte sich aber auch zu verteidigen, denn auf den Straßen ging es durch die politischen Machtkämpfe unruhig zu.

Da überfiel schon mal eine Gruppe Kommunisten einzelne Andersgesinnte, darunter meinen Vater. Er trug zu seiner Verteidigung immer einen Gummi-Knüppel bei sich. Tagsüber hing das Ding zwischen Küchenschrank und Speisekammertür. Ich hatte es oft in der Hand und bestaunte die starke Stahlfeder, die mit dickem Gummi ummantelt war. In viel späteren Jahren, nach dem Zweiten Weltkrieg, sah ich im Kino immer, daß Nazi-Banden die Leute angepöbelt und angefallen hätten. In Weißenfels hatte ich das nie erlebt. Ich wußte immer nur von Kommunisten, die randalierten und Versammlungen störten. Die Sozialdemokraten verhielten sich ruhig, und die Nationalsozialisten marschierten, meist mit Musik. Zu denen tendierte mein Vater, als der "Stahlhelm" von ihnen mehr und mehr aufgesogen wurde. Sie waren eben alle deutsch-national, weil der Versailler Vertrag von den alten Frontkämpfern so erniedrigend empfunden wurde und weil die demokratischen Parteien der Korruption im Lande keinen Einhalt bieten konnten. Das trieb die sogenannten "Aufrechtdenkenden" in die Reihen der NSDAP, der National-Sozialistischen-Deutschen-Arbeiterpartei. Daß sich diese vier Wörter am Ende als vier Lügen entpuppten, erkannte das Volk zu spät.

Selbst unter uns Kindern wurde die Politik damals sichtbar. Da gab es solche mit SPD-Eltern, die grüßten mit erhobener Faust:
"Freiheit!"

Die Kommunistenkinder grüßten auch mit erhobener Faust, riefen aber: "Rot Front!"

Und wer den Nationalsozialisten geneigt war, grüßte mit ausgestreckter, flacher Hand und sagte:
"Heil Hitler!"

Ich sagte immer "Guten Tag", fühlte ich mich doch zu klein für diese Auseinandersetzungen.

Ich spielte oft und gerne mit Schmeißer Heinz. Sein Vater galt als Kommunist. Sie wohnten gegenüber in einer Dachwohnung. Heinz war über ein Jahr älter als ich. Er hatte noch drei Geschwister, und die Mutter starb, als er fünf Jahre alt war. Der Vater hatte wieder geheiratet und war im Schlachthof Fleischer.

Wenn Heinz bei uns auf dem Torf-Kasten saß, wie der Kohlenkasten genannt wurde, diskutierte er mit meiner Mutter über Politik. Ich verstand von den Reden und Widerreden nichts. Aber Heinz war mir ein lieber Spielgefährte gewesen. Unglücklicherweise hatte er schwer unter einer herzlosen Stiefmutter zu leiden.

Lothars Großvater dagegen war der SPD zugetan. Das beeinflußte auch Lothar bei seinen Grüßen. Der Großvater hielt daheim ein strenges Regiment. Lothar mußte intensiv Schularbeiten machen, da fehlte es ihm an der Spielzeit.

Mitunter konnte ich den einen oder anderen überreden, mit in unseren Garten zu kommen. Der Weg zum Garten war baumlos, und die Sonne brannte bisweilen unbarmherzig. Derselbe Weg führte auch zum 'Haus Margot'. Mein Großvater spannte da zum Schutz ungeniert den Regenschirm auf.

Und meine Eltern diskutierten auf dem Weg, ob nun Thälmann oder Hitler gewählt werden und was wohl der eine und der andere dem Volk bringen würde. Da war Hitler immer Favorit.

Wenn mein Vater später von dieser Zeit redete, so nannte er sie immer "die Kampfzeit". Jetzt aber ging auch diese vorüber, denn Hitler ging als Sieger aus den Wahlen hervor und wurde am 31.Januar 1933 Kanzler. Man sprach von der Machtergreifung. Und diese war es dann auch, denn er verschaffte sich immer mehr Vollmachten, und das Volk machte begeistert mit.

Erst nach dem Zweiten Weltkrieg stellte es sich heraus, daß viele gegen ihn gewesen seien.

Binnen kurzer Zeit war die Arbeitslosigkeit behoben. Mein Vater wurde in der Marienkirche, der größten Kirche von Weißenfels, Küster und Kirchenbuchführer.

Von nun an gab's für mich immer mal was zu lachen, denn was nach den Erzählungen meines Vaters unter den Kirchenmännern vorkam, war für mich immer amüsant: Da stellte sich in der Sakristei vor dem Gottesdienst ein Pfarrer hin, flügelweit die Arme gebreitet, und wartete.

Vater fragte: "Was ist, Herr Pfarrer?"

Geschwollen: "Wollen Sie mir nicht den Talar anlegen?"

Vater: "Wer, ich? Dort ist Ihre Frau, die kann Ihnen helfen, wenn Sie nicht zurechtkommen!"

Hach, meinem einmeterneunziggroßen Frontkämpfer-Papa konnte man das doch nicht zumuten!

Ein anderer Pfarrer benahm sich, als ob er ständig auf der Bühne einen Auftritt hätte. Da konnte sich mein Vater eines Tages nicht zurückhalten und sagte:

"Sie hätten eher Schauspieler werden sollen, Herr Pfarrer!"

Antwort wie bei den Barden:

"Da können Sie Recht haben, meine Eltern wollten auch, daß ich zur Bühne gehe wegen meiner Veranlagungen."

Einmal war große Aufregung: In der Kollekte fehlten immer beim Auszählen die Geldstücke. Es wurde jedoch beobachtet, daß Münzen hineingeworfen worden war. Da mein Vater die Aufgabe hatte, die Kollekte zu zählen, geriet er in den Verdacht des Diebstahls. Es gab Erregungen bis in unsere Familie hinein. Da wurde der Täter überführt: Der Kirchendiener hatte mit Hilfe eines Magnets das Hartgeld durch den Büchsenschlitz wieder ans Tageslicht gebracht. Jedenfalls hatte Vater nach drei Jahren der unchristlichen Kämpfe innerhalb der Kirche und den sich gegenseitig behackenden Pfarrern genug. Er kündigte und konnte wieder in dem Werk Leuna ankommen, in eine leitende Stellung.

Kinderjahre im Dritten Reich

Unterdessen hatte ich die Grundschule zuende gebracht und wollte in dieser Beuditzschule bleiben. Veränderungen haßte ich. Aber die Eltern wollten mich unbedingt aufs Gymnasium bringen. Ich sträubte mich mit Händen und Füßen. Keiner der Freunde ging hin. Wir einigten uns dann in der Mitte: Wenigstens die Mittelschule sollte ich besuchen. Da war auch Margot. Gut denn.

So stand ich mit meiner Mutter und meinem Zeugnis vor dem Rektor mit Bart. Seinen Spitznamen erfuhr ich später: Maska. Er schaute mich über die Brille an und schaute aufs Zeugnis:

"Naja, da wollen wir es mal versuchen."

Mutter kaufte mir gleich die entsprechende Schülermütze mit dem Bändchen der VI.Klasse. Jede Klasse bis zur I., das war das 10. Schuljahr, hatte ihre eigene Bandfarbe. Mit dieser Mütze auf dem Kopf kam ich nach Hause. Die Kinder in der Lutherstraße schauten, besonders Waltraud.

Der Aufenthalt auf der Straße mit dem Kopfsteinpflaster und in den Höfen hinter den Häusern beanspruchte immer mehr meine Zeit. Kaum waren die Hausaufgaben erledigt, ging es hinunter. Da waren schon andere, die warteten, entweder welche aus der Ober-Luther oder die von der Unter-Luther.

Das war nicht immer so. Die Kinder-Generation vor uns bekriegte sich, und das oft mit brutalsten Mitteln: Steinwürfen, Knüppelschlägen und Faustprügel. Die einen trauten sich nicht durch die Region der anderen zu gehen. Diesen Krieg hatte mein Cousin Heinz noch mitgemacht. Jetzt spielten wir alle in vollem Einvernehmen miteinander.

Uns fiel immer etwas ein: Die Zwirnsrolle war eine zeitlang unser liebstes Spielzeug. Da wurden Nägel in die Flachseite gehämmert, von denen aus Wolle durch das Rollenloch geflochten wurde, was farbige, festgewirkte Wollschlangen entstehen ließ. Oder mit Hilfe von Schnipp-Gummi entstand aus der Zwirnsrolle ein kriechender Panzer. Dann gab es eine Phase, in der wir die Blätter von Schulheften in der Länge falteten, etwas hineinlegten, Bilder oder kleine Gegenstände, in Abständen auch nichts. Wir nannten es "Stechen". Der Partner stach mit seinem Tauschgegenstand ein Blatt an und erwarb damit etwas anderes, manchmal auch nichts, mußte aber seinen Stechgegenstand hineinlegen. Es sprach sich bald herum, wer zu viele Nieten in seinem Stechbuch hatte.

Einmal wurde nur mit Murmeln gespielt. Wir nannten sie "Stennerte". Kartons bekamen Löcher, in diese mußte mit Geschick von entsprechender Entfernung hineingeschoben werden. Entweder man traf nicht oder fand nichts im Kasten, oder aber man erwarb das Vielfache. Viel Abwechslung im Spiel brachte auch das Balltreiben: Ober-Luther gegen Unter-Luther. So weit der Ball von einer Partei geworfen wurde, mußte die andere zurückweichen oder vorrücken. Die Straßenenden galten als Entscheidung.

Wenn es regnete, fanden viele Spiele in den Treppenhäusern statt. Da spielten wir auch Karten, entweder "66" oder führten Kartenkunststücke vor. Wenn wir zu laut wurden, flogen wir raus. Dann gingen wir ins nächste Haus, und das Spielchen begann von neuem.

Adi war nicht immer mit dabei, nur dann, wenn er seine Tante besuchte. Die wohnte ganz oben in einem Haus uns schräg gegenüber. Adi war ohne Vater aufgewachsen, die Mutter Krankenschwester, so war er meist allein oder besuchte die Tante. Er hieß eigentlich Adolf, war Brillenträger, und hinter seinem rechten Ohr klaffte ein großes Loch. Das sei durch eine Mittelohrvereiterung entstanden.

Er gliederte sich gut in die "Bande" ein, so nannte sich die Kindertruppe der Lutherstraße. Die Bande hatte oft zu lachen über Adis skurrile Einfälle. Er eilte einmal während unseres Treppenhausaufenthaltes in die Wohnung der Tante und kam mit gespreizten Fingern wieder heraus. Auf jeder Fingerkuppe klebte ein Klecks Wurst.

Den schnippte er - einen nach dem anderen - nach oben an die Dekke. Wir sahen genüßlich zu, wie der Putz die Wurst aufsaugte und wie sich daraus ein Fettfleck bildete.

"Weil ich den Hauswirt nicht leiden kann", sagte er zum Abschluß.

Im Jahr einmal oder zweimal kam es zu einem besonderen Ereignis. Da ertönte ein kindlicher Warnschrei:

"Die Scheißkanone kommt!"

Zwei kräftige Pferde zogen einen Wagen, besser eine Lafette. Auf der lag ein überlanges, gleichmäßig rundes Faß aus Zinkblech, ähnlich, wie es der Landwirt zum Jauchefahren benutzt, nur größer. Es mag vier bis fünf Meter lang gewesen sein. An dem einen Ende der Rundung ragte ein Dom heraus, wie wir ihn heute von den Öltanks kennen. Der Deckel darauf war beweglich. An der Seite sahen wir einen Zylinder mit Kolben. Hiermit wurde die Luft aus dem Faß gepumpt, so daß ein Sog entstand. Das machten Polen, wir nannten sie "die Polaken". Sie waren wohl nach dem Ersten Weltkrieg in Deutschland geblieben, arbeiteten auf dem "Beude"-Gut. Das war ein großes Gut im Vorort "Beuditz", was die Fäkalien auf diese Weise aus den Sammelgruben der Häuser pumpen ließ zur Düngung der Felder. Der Besitzer des Gutes im Beuditzfeld hieß Otto, also für uns "Scheiß-Otte". Der schickte nun seine Polen, damit sie die stinkende Arbeit verrichteten.

An der Hinterseite der Fässer befand sich der Flansch, an den die Schläuche angeschlossen wurden. Beim Transport lagen sie auf Halteringen der Wagenseite, parallel zur Faßlänge. Jeder Schlauch wird etwa vier Meter lang gewesen sein. Die Schläuche wurden durch den Hausflur hindurch aneinandergekuppelt, bis sie im Hof an die Grube reichten, die Scheiß-Grube, wo sich die Fäkalien aus den Plumps - Klos gesammelt hatten.

Das letzte Ende des Schlauches hielt ein Pole in die Grube, und der Pole am Wagen goß zunächst am Zylinder Petroleum auf, nachdem er fest gepumpt hatte, hielt ein Streichholz dran, und mit einem ungeheuren Getöse detonierte es irgendwo in dem Vehikel:

Eine Stichflamme schoß aus dem Dom, und es entstand ein Unterdruck, der nun die Fäkalien durch die Rohre saugte in den Faßbehälter hinein. Die Ringe, mit denen die Rohre verkuppelt waren, ließen aus Mangel an Dichte etwas Flüssigkeit auslaufen, natürlich in den Hausflur. Die ganze Angelegenheit stank im Haus und die ganze Straße entlang. Da rümpfte ein Mädel die Nase und sagte:
"Äh, wie das stinkt!"
Der Pole fühlte sich angegriffen und erwiderte:
"Du nicht müssen scheißen!"
Die Deckel auf den Domen wurden durch eine dünne Kette festgehalten. Da geschah es einmal, daß der Pole vergessen hatte, die Kette einzuhängen. Bei der Detonation flog der Deckel mit der Stichflamme fort, und alle Passanten und Gucker, die in der Nähe waren, hatten "Sommersprossen".
Das Petroleum brachten sie in größeren Kanistern mit. Die stellten sie auf den drei Treppenstufen ab, die zur Haustür führten, auch bei Lothar am Haus. Da uns allen immer mal der Schalk im Nacken saß, nahm Lothar den Verschluß dieses Petroleum-Kanisters und versteckte ihn im Hof.
Welch' ein Geschrei, als der Pole sein Petroleum wieder auf den Wagen heben wollte. Er ereiferte sich bis zum Toben; die Leute liefen zusammen. Und einer von den Umstehenden wollte gesehen haben, daß es Lothar war. Der hatte sich längst in seine Wohnung im ersten Stock verkrochen.
Es klingelte. Der Pole stand vor Lothars großen, spitz-bauchigen Großvater. Eine heiße Debatte folgte, aber die Stöpselschraube kam nicht wieder ans Tageslicht, denn Lothar gestand nicht, er hatte Angst vor den Folgen. So würgte der Pole Lappen in die Kanisteröffnung und fuhr wütend davon.
Lothar wurde von seinen Großeltern erzogen. Die Mutter war gestorben. Er sagte zwar immer, an seiner Geburt, aber das stimmte nicht; er war bereits zwei Jahre alt, als die Mutter starb. Er wohnte bis dahin in Frankenthal/Thüringen, das liegt bei Gera. Die Großmutter hatte der Mutter auf dem Totenbett versprechen müssen, daß sie und Opa den Kleinen zu sich nehmen. So kam Lothar in die Lutherstraße.

Mit Lothar zusammen wohnte bei den Großeltern der Sohn bis zu seiner Hochzeit, also Lothars Onkel. Er hieß auch Heinz und war ein etwas grobschlächtiger Kerl.

Der kleine Lothar spielte einmal in seinem neuen Mantel. Und mit dem Mantel kletterte Lothar eine Drahtummantelung hinauf, die zum Schutz um einen jungen Baum gestellt war. Da standen nämlich in der Gustav-Adolf-Straße, auf die rechtwinklig die Lutherstraße traf, angepflanzte Bäumchen, die alle diesen Drahtschutz bekommen hatten. Lothar war den Draht wohl leicht hinaufgekommen, aber abwärts fanden die Beinchen keinen Halt. So ließ er sich rutschend runter, so daß die schönen Knöpfe am neuen Mantel alle in dem Drahtgeflecht zurückblieben.

Er hatte nun einen Mantel ohne Knöpfe.

So kam er nach Hause.

Onkel Heinz sah ihn:

"Wo sind denn die Knöpfe von Deinem Mantel?"

Lothar traute sich nicht zu sagen, was er gemacht hatte. Da erfand er eine Ausrede und sagte:

"Die hat mir der alte Sack abgedreht."

Der 'alte Sack' war ein alter, alleinlebender Mann in der Gustav-Adolf-Straße mit Namen Sack, tat niemand etwas zu leide und hatte wohl manches Leid in seinem Leben erfahren. Aber das zählte nicht. Onkel Heinz in seiner Rage mit Klein-Lothar an der Hand hin, Treppe rauf und geklingelt.

Mit "Ja, bitte?" öffnete der Alte. Und Heinz unvermittelt:

"Wie kommen Sie dazu, dem Kleenen hier die Knöppe vom Mantel zu reißen?!"

Er nahm den Mann schon 'bei der Binde'. Der aber wußte nicht, wie ihm geschah und stammelte erstaunt Worte. Ehe Onkel Heinz das Beweisstück vorführen konnte, war Lothar ausgerissen.

Zu Hause gab's 'ne Abreibung, wie das bei uns hieß.

Ein freudiges Intermezzo belebte unseren Straßenaufenthalt, wenn der Nigrin-Mann erschien. Da liefen alle Kinder zusammen. Und wer eine leere Schuhcreme-Schachtel anbeibringen konnte von Nigrin oder auch von Erdal, dem kratzte der Nigrin-Mann mit einem Nagel ein Kreuz auf die Schachtel, damit sie nicht ein zweites Mal Vorteile brachte. Er mußte sich zu diesem Zweck tief runterbeugen, denn er war etwa drei Meter groß. Das machte, weil er unter den Schuhen hohe Stelzen trug, um die endlos lange Hosen wedelten. Auf die vorgezeigte Schachtel hin erhielt man eine Anstecknadel, einen Ring, ein Abzeichen und Ähnliches, immer etwas mit dem Nigrin-Zeichen versehen. Der Nigrin-Mann war von oben bis unten schwarz gekleidet.

Auch der Schornsteinfeger war schwarz. Der ging von Haus zu Haus mit seiner schwarzen Leiter und der schwarzen Draht-Rollen-Bürste mit der Kugel. Er schrieb mit Kreide an die Haustüren:
"Morgen wird gefegt!"
Böse Buben machten aus dem "e" ein "i". Und wo er das schon am Tage vorher angeschrieben hatte, da kletterte er auf dem Dach herum. Manchmal stellte er an der Haustür seine Leiter ab. Die brachten wir Kinder mitunter woanders hin und freuten uns von weitem, wenn er sie suchte.

An heißen Sommertagen fuhr der Sprengwagen, von Pferden gezogen, durch die Straßen und machte das Pflaster naß. Das sollte den Staub binden und dabei die Luft kühler machen. Wir Kinder gingen in dieser Zeit barfuß. So sprangen wir hinter dem Wagen her und ließen das Sprengwasser über unsere Beine rieseln. Ab Juni etwa wurde barfuß gegangen. Mein Vater sagte oft:
"Die Sommer sind nicht mehr so heiß wie früher. Wir gingen als Kinder schon Ende April barfuß."

Aus Zorbig, einem Städtchen bei Bitterfeld, kam ein Pferdefuhrwerk mit Fässern. Der Mann schrie laut:
"Zörbiger Zuckerrübensaft!"
Manchmal kauften die Nachbarn. Da kamen sie mit einem Töpfchen aus dem Haus. Am Faß wurde ein Hahn aufgedreht, und der dicke Saft floß.

Der Ruf: "Lumpen - Felle - Papier!"
tönte vom Lumpenmann, der in unregelmäßigen Zeitabständen damit
sein Pferdewägelchen belud.
Wenn Heidelbeerzeit war, zog ein Mann seinen Handwagen durch die
Straße. Auf dem Wagen stapelten sich Stiegen voller Heidelbeeren.
Der rief dann: "Heedelbeern - Geld verzehrn!"
Ich peinigte meine Mutter oft, welche zu kaufen, weil ich Heidelbee-
ren besonders gerne aß. Mit 24 Pfennige das Pfund waren sie nicht
billig. Jahre später kosteten sie 35 Pfennige. Manchmal ließ sich
Mutter erweichen. Da gab es dann Heidelbeeren und Hefenkloß.

Wenn uns die Straße zu eng wurde, strebten wir der weiten Welt zu.
Es ging in "die Donau", eine halbe Stunde vor unserem Wohnviertel
gelegen. Woher der riesengroße Steinbruch den Namen hatte, wußte
ich nicht. Erst in diesen Tagen konnte ich erfahren, daß es sich um
eine "Ton-Aue" handelte, die der nahegelegenen Brennerei den Ton
lieferte. Unsere Mundart machte daraus eben eine "Donau".
Dort stromerten wir rum, kletterten in die Tiefe, fanden hier und da
brauchbare Kleinigkeiten, denn es wurden hier auch Schrott abge-
kippt und Treckerreifen. Die brannten wir dann an. Das war gar
nicht so leicht. Wenn das Feuer lustig brannte und der Rauch ordent-
lich Gestank verbreitete, kam ein Mann mit einem Knüppel gelaufen,
der schon von weitem schrie:
"Ihr Braanstifter! Ihr Mordbrenner!"
Oh, was mußten wir laufen. In besonderer Gefahr schwebten die
Spielgefährten, die runtergeklettert waren in die "Donau".
Ich war auch dabei. Da galt es, besonderes Geschick zu zeigen.
Nun, erwischt hatte der von uns nie jemand, aber wir kamen pott-
dreckig zu Hause an. Die nächsten Male spähten wir vorher den
"Braanstifter" aus, wie wir ihn nun nannten.

Zeitweilig stand mein Kaspertheater im Mittelpunkt. Mit Lothar stu-
dierte ich Stücke ein. Da bastelten wir in meinem Kinderzimmer und
probierten. Ich hatte nämlich mit Beginn meiner Schulzeit das dritte

Zimmer eingerichtet bekommen, das kleinere. Da konnte ich schalten und walten nach Herzenslust. Hier entstanden nun die zukünftigen Ideen.

Lothar besaß eine faszinierende Taschenlampe. Die hatte zwei Schieber. Der eine verursachte ein rotes Licht, der andere ein grünes. Schob man beide zurück, schien das Licht weiß. Damit ließ sich doch im Kaspertheater etwas anfangen! Wenn der Teufel auftrat, brauchte man rot. Und damit die Versatzstücke hielten, bastelte ich hinter die Spielleiste eine zweite Leiste, so daß ein Schlitz entstand, in den ich die gebastelten Stücke zum Halten bringen konnte. Das war mal ein Baum, ein Galgen oder ein Gefängnis. In dieser Zeit züchtete ich weiße Mäuse. Die ließ ich über die Rampe spazieren. Das erheiterte oder schreckte ab, je nach Veranlagung der Zuschauenden.

Anregungen für unsere Stücke holten wir uns auf dem Neumarkt, einem Rummelplatz in der Neustadt von Weißenfels. Da stand immer ein Kaspertheater und wir stundenlang davor. Das Spiel betrieb "der alte Mohnhaupt", für uns ein Begriff geworden, der noch in späteren Jahren durch unsere Erzählungen spukte. Er hatte besondere Redewendungen, die uns amüsierten: Wenn der Tod auftrat, brummelte der Kasper: "Ach, der Mummum!"

Darauf der Tod:

"Kasper, ich bin gekommen....."

"Da kannste auch wieder geh'n!

"Ich bin der Tod".

"Was, du frißt Brot?"

Es war natürlich ein Bratpfannenkaspertheater. Aber es reichte, um unser Spiel voranzubringen. Wir veranstalteten nun selbst eine Vorstellung. Das Theater wurde zusammengeklappt, denn die Seiten waren durch Scharniere verbunden. Ein paar Träger wurden engagiert. Wir bauten zunächst in unserem Hof auf, später zogen wir auf die Rosenbank. Da hatten wir mehr Zuschauer. Das war ein Sitz- und Kinderspielplatz im Kämmerei-Hölzchen, etwa 10 Minuten die Gustav-Adolf-Straße entlang bis zum Ende. Das Kämmerei-Hölzchen bestand aus einem Waldstück mit Gehwegen. Hier nahmen wir einen Pfennig für das Spiel. Mit der Zeit bekam ich talentierte Spieler dazu.

Neben uns in der Nummer vier wohnte Pape Rolf. Er war ein Jahr jünger als ich. Der trug zu manchem Erfolg bei. Sein Vater arbeitete in der Schuhfabrik, die einstens Onkel Paul und Tante Gertrud gehörte. Aus der Zahnstocherproduktion war damals doch nichts geworden. Jetzt gehörte sie dem Onkel von Rolf Pape, dem Bruder seiner Mutter. Ihm gehörte auch das Haus Nummer vier.

Besonders talentiert bei der Ausgestaltung der Stücke war Barichs Fritz. Er malte wunderschöne Kulissen und war auch sonst ein prächtiger Kamerad. Einmal hatten wir uns wieder ein paar Pfennige verdient, die teilten wir auf. Zurück blieben vier Pfennige, die nicht mehr unter uns teilbar waren. Wir standen an der Ecke vor dem Bäckerladen, bei dem meine Eltern Stammkunden waren. Wir beschlossen, für vier Pfennige ein Eis zu erbetteln, da hätte jeder lecken können. Ich hielt mich zurück, weil ein Eis fünf Pfennige kostete. Pape Rolf ging hinein, kam aber ohne Erfolg zurück. Da packte es mich, und ich meinte, daß ich Erfolg hätte, weil ich die Bäckersleute gut kannte. Die Inhaberin sah mich an und sagte:

"Nein, das geht nicht, erst ab fünf Pfennige kann ich Eis geben."

Nun wurde das Geld anderweitig alle. Am anderen Tage hatte ich beim Bäcker etwas einzukaufen. Die Bäckersfrau gab mir ein Eis und sagte:

"Hier, ich konnte dir gestern keins geben, weil die anderen Kinder dabei waren."

Ich versetzte geniert, daß ich aber jetzt das Geld nicht mehr hätte.

"Schon gut", meinte sie.

Die Bäume in der Gustav-Adolf-Straße waren größer geworden. Da blieb immer mal was in den Kronen hängen. Also wurde danach geworfen, bis es runterfiel. Schmeißer Heinz nahm einen Pflasterstein, so einen Würfel aus Granit, der landete auf dem Kopf eines Mannes mit Hut.

Alles erstarrte zunächst.

Dann sahen wir, wie unter dem Hut Blut hervorfloß und sich über das ganze Gesicht verbreitete.

Eine gespenstische Situation!

Der Mann bekam Heinz zu fassen:

"Jetzt gehen wir zu deinen Eltern!"

Heinz zerrte an der Hand und schrie herzerweichend:

"Nein! Nein! Nein!"

Wußte er doch, was ihn zu Hause erwartete bei solcher Stiefmutter. Mir selbst steckte der Schreck so in den Gliedern, daß ich am Abend nicht in den Schlaf kommen konnte. Ich hatte immer noch den bluten-den Kopf mit Hut vor Augen.

Heinz hatte noch Brüder, einen jüngeren und einen älteren. Sie gin-gen "fechten". Das Wort stand für "betteln". Ich glaubte, die machen Spaß und ging mit. Auch andere aus der Bande waren dabei. Wir zogen in die übernächsten Straßen. In den Hausfluren fingen Schmei-ßers an zu singen:

"Hab' Erbarmen für mich Armen....."

Mein Gott, dachte ich, wenn mich jemand kennt! Und ich dachte auch, daß sie es auf Geld abgesehen hätten, was mir verständlich schien. Aber da kamen auch belegte Brote als Spende. In die biß Heinz kräftig rein, und ich sagte:

"Das ißt du?!"

"Natürlich!"

Er aß sie gierig auf. Ich konnte das gar nicht fassen und dachte, der muß wirklich Hunger haben.

Nun war ich ohnehin ein schlechter Esser, war meist satt. Bei einer Rückbesinnung auf mein Erstes Schuljahr muß das damals auch Heinz gewesen sein: Ich bekam von Mutter oft eine Banane mit zum Frühstücksbrot. Wenn sie einen braunen Fleck hatte, aß ich sie nicht.

"Was, die ißt du nicht?" fragten andere in der Pause.

"Warte!"

Unter Hunderten brachten sie einen an, der nahm mir die Banane ab und verschlang sie. Ich meine heute, daß es auch Schmeißer Heinz war, wir kannten uns nur noch nicht.

Während einer anderen Pause sagten Kinder zu mir:

"Du, da steht ein Mann, der fragt nach dir."

Ich schaute an den Schulhofrand. Der Schulhof war sehr groß, die Schule faßte 1000 Kinder.

Ach, es war Opa in seiner Schlosserschürze. Er strahlte und wollte mich ABC-Schützen sehen und brachte mir eine Banane. Dieser erging es dann meist ebenso wie der vorigen.

Ging es auf den Herbst zu, so bauten wir uns unsere Schieberäder. Wir nahmen das Rad eines ausgedienten Kinderwagens. Fanden wir doch genug in der "Donau". Durch das Loch im Zentrum des Rades steckten wir einen Holzbolzen und schoben nun das Rad mit Hilfe eines langen Stockes vor uns her. Das war ein Geschicklichkeitsspiel besonderer Art, weil der Stock unter dem Holzbolzen den Druck zum Fortbewegen geben mußte und das Rad dabei nicht umfallen durfte. Meist balancierten wir damit auf der Bordsteinkante. Aber auch Kunststücke wurden vollführt: Der Schwung des drehenden Rades wurde abgefangen, indem das Rad hochgehoben wurde, so daß der zentrierte Bolzen mit dem rotierenden Rad auf dem waagerecht gehaltenen Stock hin- und herwanderte.

In der Gustav-Adolf-Straße stand eine Kirche, die Lutherkirche. Um sie herum gab es Rasenflächen, die luden zum Spielen ein. Hinter der Kirche fiel das Gelände steil ab und endete an einem Zaun. Dahinter standen Holzbaracken. Es hieß immer, daß in denen Asoziale wohnten.
Der Platz hinter der Kirche eignete sich bestens für unsere Einfälle. Da schleppten wir Decken anbei und breiteten sie unter den fünf Pappeln aus, die soldatisch in einer Reihe standen. Mit den Decken wurde ein Zelt errichtet. Wir schlugen im Gras Purzelbäume. Da Barichs Fritz sehr sportlich veranlagt war, purzelte er über einen hinweg, dann über zwei. Wir machten es ihm nach. Der Ehrgeiz hatte alle gepackt, und wir steigerten die Anzahl der Personen, über die der Überschlag zu machen war. Ich staunte über meine Leistungen, war ich doch sonst unsportlich, aber ich schaffte es über sieben Personen. Barichs Fritz blieb natürlich Sieger. Wir unternahmen auf dem Rasen auch Schein-Ringkämpfe. Und wenn wir zu laut wurden, kam der Kirchendiener Ewald Graf aus dem Pfarrhaus und verjagte uns sanft. Der Pfarrer habe ihn dazu beauftragt, weil er die Sonntagspredigt vorbereiten wollte.

Ewald Graf war Lothars Groß-Onkel, meiner Eltern gut Freund und uns Kindern immer wohlgesinnt.

Irgend einen bösen Buben ritt eines Tages der Teufel. Wohl hatten wir immer mal gekokelt, mit Streichhölzern gezündelt. Aber diesmal wurde ein Stück des trockenen Rasens angesteckt.
Hei, wie das brannte!
Nicht genug damit. Grasbüschel wurden gezogen, die sich entzündeten und wir damit das Feuer verbreiteten, bis der ganze Hang brannte. Es war ja alles so trocken. Jetzt bekamen doch alle Angst; ein Feuermeer entstand vor unseren Augen. Immerhin standen da unten Holzbaracken, und rechts grenzte ein undurchsichtiger Bretterzaun das Gelände. Er trennte es vom Krankenhausgelände.
Wie nun das Feuer löschen? Wasser war nicht in der Nähe.
Köhler Paul fing an, auf dem Hosenboden den Hang runterzurutschen, um so das Feuer auszudrücken.
Es funktionierte.
Wir machten es ihm nach.
Lothar hatte eine Seppelhose an, solche aus Leder, ich eine Bleyle-Hose, und immer wieder von oben nach unten die Rutsch-Partie durchs brennende Gras!
Wir waren zunächst erleichtert, daß wir auf diese Weise den brennenden Hang unter Kontrolle bekamen. Aber alle Hosen waren hin, der Hosenboden schwarz und angesengt. Mutter wunderte sich, wie ich aussah, erfuhr die Ursache und schlug die Hände über dem Kopf zusammen.
In den anderen Familien war das wohl nicht so glimpflich abgegangen.

Wenn meine Eltern am Abend weggingen, meinten sie, ich müsse in der Wohnung bleiben, alldieweil ich keinen Schlüssel hätte. Wenn nämlich die Tür zugeschlagen war, konnte man von außen nur mittels Schlüssel rein, denn es gab keine Klinke, die war nur an der Innenseite. So bastelte ich einen Innenfaden an das Ende der Türklinke. Da sah ich eine Zierrille, wie für mich geschaffen.

Also knotete ich daselbst an, führte den Faden von dort so unter die Außenkante der Türschwelle, daß ich von draußen den Bindfaden zu fassen bekam, zog, und die Tür ging auf - auch ohne Schlüssel.

Barichs Fritz schlug das Rad. Er konnte sich radschlagend über 30 Meter die Straße abwärts wälzen. Der Handstand wurde vorgeführt; ich konnte ihn nie.

Oder ich versetzte ein Medium in Hypnose, das dann reagierte, wie ich es beeinflußte. Das war natürlich abgesprochen, aber daran ergötzten sich auch die Erwachsenen, die vom Fenster aus zuschauten.

*

Solange ich zurückdenken kann, hatte Mutter im Jahre zweimal große Wäsche. Die nahm jeweils eine Woche in Anspruch - und Mutter auch. Da kam die Waschfrau, seit eh und je dieselbe. Im Waschhaus, es bestand aus einem Raum im Keller, standen die Bottiche und Kübel, größere und kleinere aus Holz mit Eisenbändern drumherum, damit die Dauben nicht auseinanderfielen, die der Küfner so wunderbar genau zusammengesetzt hatte, damit kein Wasser ausfließen konnte.

Der Waschkessel wurde mit Kohle beheizt. Der große Waschquirl diente zum Wenden der Wäscheteile. Es war eine aufwendige Angelegenheit. Vor allem das Trocknen der Wäsche bereitete Mühe, wenn durch Regenwetter der Hof nicht benutzbar war. Da mußte die Wäsche fünf Stockwerke hinauf auf den Boden unters Dach geschleppt werden. Dann wurde die getrocknete Wäsche zusammengelegt, wobei ich half, wieder runtergetragen und in Wäschekörben mittels eines Handwagens in die Rolle gebracht.

Köhlers in der Straße betrieben das Geschäft mit der Wäscherolle und Wäschemangel. Köhlers Enkel war der Paul; er wohnte bei den Großeltern. Die Eltern lebten in Amerika. Paul war auch dort geboren worden, aber die Eltern gaben das Baby zu den Großeltern. Sie hatten sich wohl um ihre Geschäfte oder Farmen zu kümmern und wollten außerdem, daß Paul deutsch erzogen wurde. Die Erwachsenen in der Straße nannten ihn immer den "Amerikaner". Aber für uns war er unser prächtiger Köhler Paul, eigentlich auch der Lustigste. Er war zwei Jahre jünger als ich, klein und wendig, und er war es auch, der mir den Spitznamen "Micki" verpaßte.

Nun, zu Köhlers in die Rolle ging ich mit. Sie wurde hinten im Hof betrieben. Da gab es zwei Systeme: eins, das mit der Hand betrieben werden mußte, und ein elektrisches. Wie das Steuerrad eines Segelschiffes sah das Rad aus, das man mit der Hand drehen mußte. Der langgestreckte Gewichtskasten, Walze genannt, preßte sich dabei auf die Rollen mit der Wäsche und wurde hin- und hergedrückt.

Mutter benutzte immer die elektrische Rolle. Große Hartholzrollen von mindestens einem Meter Länge bildeten den Kern, um den die Wäsche in mehreren Schichten gelegt wurde. Dann wuchtete man diese Rolle unter die Walze, die aus dem Gewichtskasten großen Ausmaßes bestand. Diese bewegte sich elektrisch hin und zurück und preßte dabei die Rollen mit der umgelegten Wäsche so, daß sie glatt wurde, also wie gebügelt entnommen werden konnte. War die rechte Rolle genügende Zeit darunter, wurde sie geschickt während des Rollvorganges herausgenommen und schnell die neu gewickelte Rolle daruntergelegt. Dann wechselte Mutter die linke Rolle aus. Das mußte alles schnell gehen, damit der große Gewichtskasten beim erneuten Aufsetzen nicht auf den Unterboden oder ins Leere fiel, denn wenn der Kasten links angekommen war, hob er sich rechts an, und wenn er an der rechten Seite anstieß, ging seine linke Seite hoch.

Die Technik faszinierte mich: Da sollte der Zeppelin über Weißenfels kommen. Ich hatte noch nie einen gesehen.

Im Jahre 1900 war ein Luftschiff gestartet, das von Graf Zeppelin konstruiert worden war. Meine Mutter erzählte von ihrem Großvater, daß er voller Spannung den Bau des Luftschiffes verfolgt und gesagt hatte, daß er vor seinem Tode das Ding gerne noch fliegen sehen wollte. Er hatte es nicht mehr gesehen.

Diese "Graf Zeppelin" umrundete im Jahre 1929 in drei Wochen die ganze Welt. Man wollte danach einen Trans-Atlantik-Service einrichten. Oft hörte ich die Leute sagen, daß sie gerne einmal mit der "LZ 1" fahren wollten. Da ließ Hitler ein noch größeres Luftschiff bauen. Es war das größte der Welt: die "Hindenburg", und sie sollte gemeinsam mit der "LZ 1" über Weißenfels kommen.
Wir waren alle aufgeregt.
Um diesen Luftschiffen näher zu sein als von der Straße aus, bekamen einige den Vorzug, auf den Kirchturm klettern zu dürfen. Ich war auch dabei. Der Turm hatte einen bequemen Rundgang, und so erlebte ich, wie die "Graf Zeppelin" mit der "Hindenburg" über unsere Köpfe zog, allerdings in beträchtlicher Höhe, aber es war ein erhebender Augenblick.
Ein halbes Jahr später, es passierte 1937, führte eine Katastrophe weltweit zur völligen Abkehr von Luftschiffen: Die "Hindenburg" explodierte beim Landemanöver in Lakehurst New Jersey, und 35 Passagiere sowie die Mannschaft fanden den Tod.
Im Laufe desselben Jahres gingen in Amerika weitere drei Schiffe in Flammen auf. Von nun an blieb die Entwicklung von Luftschiffen auf kleine, unbemannte beschränkt, die zu Reklamezwecken oder im späteren Krieg als sogenannte "Fesselballons" verwendet wurden.
Die Entwicklung der Passagierflugzeuge nahm ohnehin ihren rasanten Verlauf.

*

Die Winter waren für uns Kinder wie die Sommer paradiesisch.
Ich wüßte von keinem Winter, der ohne Schnee gewesen wäre. Längst war ich von dem Stuhlschlitten auf einen Zweimann-Schlitten umgestiegen. Er erwies sich als guter Renner und leistete mir und Lothar gute Dienste. Lothar hatte von seiner Tante aus Amerika so einen flachen Transport-Schlitten bekommen, der sich nicht für unsere Unternehmen eignete.

Etwas seitab unseres Wohngebietes in Richtung eines Kleingartenvereins bot das Gelände ein starkes Gefälle. Man nannte das Gebiet "Krug". Dorthin strebten wir im Winter bei Schnee, denn der Hang war unsere "Todesbahn". Die Lutherstraße selbst benutzten wir zwar auch als Rodelbahn, aber auf die Dauer war sie uns nicht steil genug. Mit Lothar zusammen erlebte ich immer große Erfolge. Meist waren wir die Schnellsten. Nach der anderen Seite des Hanges hin gab es auch eine Abfahrt. Wir nannten sie die "Felixbahn". Sie war gemächlicher zu befahren, dafür bot sie eine längere Strecke, war aber bewachsen mit jungen Obstbäumen.

Die Nietsche, das war sein verkürzter Name, besaß einen wunderschönen Hörnerschlitten, er war der schönste Schlitten von allen. Wir anderen standen zusammen und berieten. Da kam die Nietsche ganz langsam an uns herangefahren und nahm so ein Bäumchen zum Anhalten in die Mitte der Hörner. Kaum hatte der Schlitten angedotzt, da fiel er in alle Einzelheiten auseinander. Die Nietsche saß im Schnee und schaute entgeistert. Die Bande brüllte vor Lachen. Er konnte nur noch mit einzelnen Kufen und Brettern unter dem Arm nach Hause tapsen.

Wenn der Winter seine Kälte halten konnte, so entstanden auch zwei große Eisbahnen: eine auf der Alten Saale, die andere auf den Marienmühlwiesen. Die Wiesen waren vorher geflutet worden und boten nun eine gute Schlittschuhbahn. Aber Schlittschuhe waren damals Absatzreißer; und wer keine festen und guten Schuhe hatte, der humpelte ohne Absatz nach Hause. Die Absätze wurde nämlich mittels einer Kurbel zwischen die Backen der Schlittschuhe eingeklemmt. Kunstfahrer waren wir natürlich nicht. Wir rasten nur auf dem Eis umher.

Es gab besondere Stellen, vor denen wurde wegen der Einbruchsgefahr gewarnt. Meist waren es solche zur Saale hin, denn die Wiesen grenzten an die Saale.

Da hörte ich eines Tages, daß ein Mädchen eingebrochen sei, aber man habe sie gleich retten können und nach Hause geschafft.

Am anderen Tage wußten wir: Es war unsere Ilse, meine Cousine.

Sie bekam Diphtherie und lag wochenlang im Krankenhaus. Man sagte, es sei "eine Diphtherie von unten her". Diphtherie war damals nicht ohne weiteres zu heilen, und diese spezielle schon gar nicht.
So kam es auch, daß unsere Ilse starb. Sie war 15 Jahre alt.
Das ganze Lyzeum kam zur Beerdigung. Mein Onkel Walter hatte sich von diesem Schmerz nie recht erholt.

Onkel Walter besaß dann ein Auto: DKW Meisterklasse. Er galt in der Familie als wohlhabend. Die Werkstatt hatte Aufträge wie alle Betriebe seit Hitlers Machtübernahme. Er nahm mich im Auto immer mal mit, wenn er die Arbeiten an Kasernenbauten kontrollieren wollte.
Er fuhr mich und meine Mutter sogar einmal an einem Sonntag nach Ziegenrück, als mein Vater zum Reichsparteitag in Nürnberg weilte. Er meinte, sich um Schwester und Neffen in dieser Zeit kümmern zu müssen. Es war aber auch ein Tag, der in mir Jahrzehnte nachklang, denn solche bezaubernde Landschaft des Thüringer Waldes hatte ich noch nie gesehen.
Man verreiste nicht - allenfalls in den Garten.

*

Eine hervorstechende Zeit des Jahres bildete das Weihnachtsfest. Schon die Adventszeit barg etwas Erwartendes, etwas Spannendes. Meine Mutter stand Mitternacht auf, damit der Stollenteig so weit fertig war, daß mein Vater ihn durchkneten konnte, ehe er um fünf Uhr zur Bahn mußte. Mutter backte mindestens ein Dutzend Stollen. Die waren immer etwas Besonderes, eine Spezialität, die bei Freunden und Verwandten Bewunderung hervorriefen. Wenn ich dann vor der Schule aus dem Bett in die Küche kam, lag der durchgeknetete Teig im Backtrog; die Küche war besonders hoch beheizt, weil der Teig viel Wärme benötigte, und zum anderen roch es nach Gewürzen.

Mit dem Bäcker war abgesprochen worden, zu welcher Zeit die geformten Stollen herangetragen werden durften. Das war meist um die Mittagszeit, wenn ich aus der Schule kam. Auf großen Kuchenbrettern gelangten dann die Stollen über die Straße direkt in den Backofen, nachdem der Bäckermeister sie nochmals begutachtet hatte. Ich hörte ihn sagen:

"Oh, Frau Meißner, Ihre Stollen sind wieder etwas Besonderes."

Was dann rauskam aus dem Ofen, waren jedesmal Augenweiden, die noch mit ausgelassener Butter bestrichen wurden, worüber Mutter noch Puderzucker siebte.

Lebkuchen konnte meine Mutter auch lecker backen wie so viele Spezereien für die Feiertage.

Da ich ein Leckermäulchen war, entdeckte ich eines Tages den süßen Baumbehang, der in unserer großen Standuhr versteckt war. Nach und nach entnahm ich dem Vorrat einen Schokoladen-, einen Fondant- oder einen Geleekringel, bis die Zeit des Baumputzens gekommen war.

Gott sei Dank putzte Vater den Baum immer Tage vorher, so merkte er, daß die Uhr leer war. Mutter schimpfte, Vater lachte, und es wurde erneut gekauft.

Wenn mein Vater begann, den Baum zu schmücken, war die Tür zum Wohnzimmer abgeschlossen. Die Zimmer unserer Wohnung hatten eine Höhe von 3,20 Meter, wie die Häuser der Gründerjahre gebaut worden waren. So hoch reichte auch jedesmal unser Weihnachtsbaum. Mein Vater hatte ein besonderes Geschick, einen Baum zu putzen, meist im Wilhelminischen Stil: große, farbige Kugeln, und das Lametta einzeln, aber doch dicht verteilt.

Der Heilige Abend begann selbstverständlich mit einem Kirchgang. Wir Kinder waren ja ohnehin fleißige Kirchgänger. Jeden Sonntag um 11,30 Uhr besuchten wir den Kindergottesdienst, das ganze Jahr hindurch. Der Herr Pfarrer war ein bißchen sonderlich, dünn und hochgewachsen. Die Bande nannte ihn "das Luftkotelett". Aber er hatte pädagogisches Geschick und verstand es immer wieder, uns zu fesseln. Seine Frau kümmerte sich um die Frauen und Mädchen der Luthergemeinde.

Wochen vor Weihnachten wurde zu einem Krippenspiel geprobt. Viele Mädchen und Buben wurden in Kostüme gesteckt und geschminkt. Dieses Laienspiel war märchenhaft gehalten, ganz im Stile der Zeit, und es wiederholte sich jedes Jahr, nur die Darsteller wechselten vereinzelt. Ein solches beeindruckendes Krippenspiel ist mir mein Lebtag nicht wieder begegnet. Die Bande spielte natürlich mit: als Hirten oder Kinderlein. Da Lothar und ich Blockflöte spielen konnten, zogen wir denen voran und spielten "Ihr Kinderlein kommet" und "Kommet ihr Hirten".

Dann stand ich vor der Wohnzimmertür. Es war 18 Uhr, Weihnachten immer 18 Uhr, und Margot war auch immer dabei. An Festtagen war sie bei uns, damit sie in dieser Zeit die familiäre finanzielle Not etwas verdrängen konnte. Ich freute mich am meisten, daß sie bei uns war. Hätte ich doch sonst keinen Spielgefährten gehabt. So war sie für mich eine Schwester.

Wir betraten die große Wohnstube, und die Lichter brannten auch in unserer kleinen Seele. In den späteren Jahren drang leise Weihnachtsmusik aus dem Radio. Es war ja noch nicht lange erfunden worden.

Es gab im Laufe der Kinderzeit ganz besondere Heilige Abende, an denen ich mit Geschenken überrascht wurde, die mir zeit meines Lebens nachgingen. Da gab es einmal das große Puppentheater, und ein andermal standen tausend Bleisoldaten auf einem zweimal ausgezogenen Speisezimmertisch. Eine Schlacht war aufgebaut mit Lebensbäumen, Stacheldraht, Drahtverhauen und Wäldchen. Die Soldaten waren in klassischen Uniformen angemalt: Deutsche, Oesterreicher, Franzosen und Engländer. In Formation einer Schlachtordnung gab es Marschierende, Reitende, Liegende in Schießstellung, ebensolche Knieende und Nahkampffiguren, Musikkapellen und Biwakierende. Am Ende des Tisches erhöht thronte eine Burg. Das alles hatte mein Vater mit Onkel Helmut angefertigt, ein museales Werk.

In den nächsten Jahren stellte ich fest, daß damit kaum schöpferisch zu spielen war außer ein paar Umgruppierungen der Schlachtenordnungen. Da bot die elektrische Eisenbahn, die ich bekam, schon mehr

Spielmöglichkeiten. Es war eine mit breiten Spuren, einer großen Lokomotive, Tender und vier Wagen. Auch die Dampfmaschine faszinierte mich.

Besonders gefreut hatte ich mich einmal über eine Ziehharmonika. Darauf war ja nicht leicht zu spielen. Wenn man den Balg weitete, kam ein anderer Ton auf demselben Knopf, als wenn man den Balg zusammendrückte. Ich verzog mich an dem Abend gleich in die Küche und probierte. Nach einer Stunde spielte ich den "Herrschaften" das Lied vor: Lustig ist das Zigeunerleben. Jeder war aufs höchste erstaunt.

Durch diese Ziehharmonika genoß ich gemeinsam mit Lothar manch schöne Abendstunde. Er spielte Flöte und Mundharmonika, und beide besaßen wir eine Okarina. Wenn meine Eltern an Samstagabenden ins Haus Margot gingen, um sich dort mit Freunden und einer Skatrunde zu treffen, kam Lothar zu mir herüber. Wir hatten "sturmfreie Bude". Da konnten wir unseren musikalischen Neigungen nachgehen.

Weiß Hanni sagte einmal zu meiner Mutter:
"Frau Meißner, wenn Sie samstags aus dem Haus sind, höre ich immer von unten die schönsten Konzerte. Darauf freue ich mich jedesmal."

Diese Befähigung zum Konzertieren nutzten wir beide, wenn im 'Haus Margot' Kindermaskenball veranstaltet wurde. Da versuchten wir uns als Musikalclowns, wie wir sie in den Zirkussen gesehen hatten. Eigentlich kannte unsere heimatliche Region in Mitteldeutschland keinen Karneval, aber durch Margots Kinderbekanntschaften veranstaltete 'Haus Margot' einen Kindermaskenball. Der fiel zwar äußerst bescheiden aus. Ich konnte auch immer nur Lothar dafür begeistern, die anderen nicht. So studierten wir uns Sketche sonderlichster Art ein: Er nahm mich auf die Schulter, wir stülpten einen überlangen Mantel über, damit ein zweimeter großer Mensch erschien. Oder wir setzten uns wie Grock und Charlie Rivels auf die Stuhllehne, um unsere Witze abzuspulen. Wir schleppten auch das Kaspertheater auf einem Handwagen mit raus auf den Eichberg. So "badeten" wir als Kinder in unseren Auftritten.

Weißenfels 1936

im Garten 1936

Rolf und Lothar 1936

Die "Donau" bot jedesmal viel Gerümpel.

Da kam einer auf die Idee, die Gestelle der ausgedienten Kinderwagen für uns zu nutzen. Achsen und Räder waren doch noch gut! Also wurden sie von der zerbeulten Kinderwagen-Karosserie getrennt. Nun brauchte man das entsprechende Brett, das die Hinterachse mit der vorderen verband. Die Vorderachse wurde beweglich gemacht, so daß man lenken konnte. Die Mitte der Achse mußte am vorderen Ende des Brettes auch mittig angebracht werden Da nagelten manche drauflos und bastelten mit Draht. Ich ging zu meinem Opa und ließ mir die Achsen formgerecht präparieren.

"Oh, mein Kleener, aber nicht gleich", sagte er.

Dann mußte ich ihm nochmal genau erklären, wie ich's haben wollte: Räder gut laufend auf der Achse und in der Mitte ein Loch. Die andere Achse bekam zwei Löcher, denn sie sollte hinten unter dem Brett starr befestigt werden. Ich nahm immer mal einen Banden-Freund mit, dem durch Opa auf diese Weise geholfen wurde. Die ganze Bande konnte ich Opa nicht aufbürden.

So hatte jeder seinen "Karr'n", und los ging's; die Straße runter, das Gefälle war grad so richtig.

Diese Art der Spielphase dauerte über Jahre, bis eines Tages eine Frau zur Seite hüpfen mußte, als wir alle mit entsprechendem Tempo an der Gustav-Adolf-Straße um die Ecke rollten, einer hinter dem anderen mit Geratter und Gerufe. Sie hüpfte hin und hüpfte her - und schimpfte. Ihr Mann war bei der Zeitung. Prompt stand am anderen Tag ein Artikel drin mit der Überschrift:

"Gefährliches Kinderspiel".

Die Polizei holte daraufhin manchen Karren ab. Aber ich konnte meinen so gut im Keller verstecken, daß er mir erhalten blieb. Allerdings brach die Freude an dem Karren jäh ab.

Nach und nach wurden manche Spielgefährten 14 Jahre alt; sie mußten in die Lehre. So auch Schmeißer Heinz. Ich sah ihn bis zu meinem 60. Lebensjahr nicht wieder.

Lothar war ebenso alt, besuchte jedoch die Mittelschule und blieb mir erhalten. Jedenfalls schrumpfte die Bande.

Da hatte Pape Rolf oft sonderbare Einfälle: Im langen Schlauch des Fabrikhofes standen auch flache Gebäude mit Lager- oder Umkleideräumen. Am Abend, wenn es dunkel war, kletterten wir auf das Dach, sprangen über zum nächsten Dach - ein Fehltritt hätte gereicht zum schwersten Unfall - und konnten nun von hier die Hofseiten der Häuser überblicken, d.h., wir konnten sehen, wo Licht brannte. An diese Fensterscheiben warfen wir kleine Steine und warteten. Das getroffene Fenster ging auf:

"Hallo, wer da?" Oder: "He, Gustav, bist du's?"

Darüber amüsierten wir uns.

Wenn wir im Herbst unsere schwarzen Trainingsanzüge anhatten und an den Mützen die Ohrenklappen heruntergezogen, sahen wir nicht friedlich aus. Da haschten wir die Mädchen oder stocherten mit einem Stock in die Lüftungslöcher unter den Schaufenstern. Die Rosettenschutze der Luftlöcher waren meist zerbrochen oder wir halfen nach. Da freuten wir uns, wenn die Dekoration im Schaufenster zusammenfiel, denn wir hoben mit dem Stock den Schaufensterboden an.

Bei all den Streichen hörte man mitunter Beschwerden. Aber nie war der einzelne von uns zu ermitteln, weil jeder zu jedem "Karl" sagte. Angefangen hatte das mit dem Amüsement über den Namen von Lothars Großvater, der "Kachél" hieß. Wir foppten mit diesem Namen, der schließlich gekürzt zum "Karl" wurde. Bei der Anrede wußte komischerweise jeder, wer speziell gemeint war.

Wenn man nun gefragt wurde, wie der Übeltäter hieße, sagte die beschwerdeführende Person: "Karl".

Ja, so nannten sich schließlich alle!

Eines Abends war ich mit Köhler Paul allein. Wir wußten nicht, was wir machen sollten. Paul kam auf die Idee, einen Faden zu spannen von einer Straßenseite zur anderen. Das taten wir; es war dunkel, nur die quietschende Straßenlaterne schaukelte ihr Licht herunter.

53

Wir warteten.

Da kamen Leute die Straße abwärts, zwei Männer mit zwei Frauen.

"Huch!" schrie die eine, und dem Mann blieb der Hut zurück.

"Da sind sie!" tönte eine Frau.

Nun galt es zu laufen.

Potzblitz! Der Mann konnte rennen!

Aber ich auch. Mein Vorteil war, daß Paul durch den Torweg seines Hauses rannte, im Hof über den Gartenzaun sprang und sich flach in die Beete legte. Der Verfolger ihm nach, stand sprachlos vor dem Nichts und verfolgte nun mich weiter. Wir rannten die Lutherstraße hoch, am Lutherplatz entlang und die Färberstraße wieder runter.

Er gab auf.

Ich lief sicherheitshalber weiter zum Kämmerei-Hölzchen. Da wähnte ich mich sicher.

Kein Mensch war sonst noch auf der Straße.

Ich schlich die Gustav-Adolf-Straße vor und sah von weitem, wie die vier Leute von der Lutherstraßen-Ecke in die Gustav-Adolf-Straße hineinschauten, mir entgegen. Ich wußte mich durch die Vorgärtchen zu tarnen. So entgingen wir tüchtigen Prügeln.

Die Lutherstraße endete auf der Höhe in einen Platz, dem Lutherplatz. Hier trafen wir uns oft mit den Mädchen der Straße und spielten mit ihnen Nachlauf. Langsam begann es, daß wir uns für sie interessierten. Die Zusammentreffen erfreute beide Seiten, und in mir kristallisierte sich eine gezielte Neigung für Christa heraus. Sie wohnte in unserer Straßenseite zwei Häuser weiter. Sie war schlank gewachsen, das Gesicht fein gebildet, und ihre Stimme klang angenehm und fröhlich. Sie empfand wohl auch etwas für mich. Wenn wir aus dem Fenster schauten, und das taten wir aus Interesse zueinander, dann erhaschten wir einen gegenseitigen Blick, obwohl wir es uns nicht anmerken lassen wollten. Gleich flog der Kopf wieder auf die andere Seite. Aber zufrieden war ich, wenn ich sie beim Nachlauf berühren konnte.

Nun hatte ich immer Pech, um 17,30 Uhr zum "Mittagessen" erschei-
nen zu müssen, denn mein Vater kam um diese Zeit nach Hause und
wollte sein warmes Essen. Da mußte ich natürlich antanzen, was ich
gerne versäumte, alldieweil wir mitten im Spielen waren. Befand ich
mich in Ruf- und Sichtweite, so beugte sich Vater aus dem Fenster
und rief mich lauthals. Bei Mutters Ruf hatte ich immer Widerreden.
Der Ruf: "Rooolf!" war mir verwünscht.
Pape Rolf zischte durch seine Zähne:
"Gucke nicht hin! Gucke nicht hin!"
Aber der Ruf wurde immer bestimmender, so daß ich mich dem Blick-
kontakt nicht entziehen konnte. Das gelang mir nur dann, wenn wir
"auf Achse" waren.

Da gab es am "Weißen Berg" einen Sandsteinbruch mitten im Wald,
zwischen Weißenfels und Leißling gelegen. Lothar spornte die Bande
an, dort das Bergsteigen zu üben. Mit Seilen und Picken zogen wir
los. Ich hatte weder das eine noch das andere. Also mußte wieder der
Opa her.
Ich beschrieb ihm, wie ich die Picke haben wollte. Er fertigte mir
sogar zwei an, eine vom Flacheisen und eine vom Rundeisen. Über
sein Werk war er wohl selbst erschrocken, denn ich bekam von ihm
eingehende Verhaltensregeln mit auf den Weg, als er mir das Werk-
zeug aushändigte. Es war ungeheuer scharf und spitz, man konnte
sich gefährlich verletzen.
Das Interesse an dieser Art Bergsteigerei hielt nicht an. Da gingen
wir schon lieber mit meinen Morseapparaten los. Mit zwei Morse-
stationen fing ich an zu spielen. Es wurden bald vier. Wir verbanden
die Apparate von Hof zu Hof und morsten. Das Morse-Alphabet lasen
wir zunächst ab, später konnten wir es auswendig. Aber die Höfe
erwiesen sich als nicht ausreichende Standorte. So zogen wir mit den
Apparaten und den Drahtrollen in das Kämmerei-Hölzchen. Hier
verteilten wir die Stationen quer durch die Baum-und Gebüschanla-
gen und verdrahteten die Apparate. Der Ehrgeiz lag nun darin, wer
am schnellsten morsen und wer dann die Morse-Zeichen schnell
dechiffrieren konnte.

Eine Steigerung dieser technischen Spielerei erfuhren wir durch die neue Radio-Generation. Wir bauten uns kleine Radios selbst:

In ein Zigarrenkästchen wurden Löcher gebohrt, in die Metallbuchsen kamen. Diese wurden fachgerecht verdrahtet, eine Spule aufgesetzt und obenauf das Kästchen mit einem Kristall-Detektor versehen. Dieser kleine Kristall war so groß wie ein halbes Pfennigstück und kostete 30 Pfennige. An der Kristall-Oberfläche mußte nun mit einer Metallfeder eine Stelle gefunden werden, die den besten Empfang gewährleistete. Hören konnte man nur mit dem Kopfhörer. Auch eine Antenne gehörte dazu, aber wir fanden immer leitende Gegenstände wie Eisengeländer oder Eisengestelle.

Ein guter Bastler für diese Dinge war Adi. Einmal spannte ich mit ihm im Birkenwäldchen - nahe "Haus Margot" - einen Antennendraht von einem Baum zum anderen. Der Empfang war erfreulich laut. Aber es mußte uns jemand dergestalt beobachtet haben, daß er meinte, wir betrieben Spionage.

Umgehend erschien Polizei, die Genaueres wissen wollte. Überzeugt von unserem Spieltrieb, gingen sie wieder.

Mein Vater fing ja in dieser Beziehung manches im Vorfeld ab. Er war unterdessen Parteimitglied der NSDAP und sogar Ortsgruppen-Kassenleiter geworden. Man kannte ihn; er hatte oft die Parteiuniform an, betrieb die Geschäftsstelle in unserem Wohnzimmer - zum besonderen "Ergötzen" meiner Mutter, später in einer Parterre-Wohnung in der Gustav-Adolf-Straße.

Er war immer beschäftigt, immer unterwegs, hatte immer zu organisieren. Er nahm an einem Reichsparteitag teil und war Erster Vorsitzender im Kleingarten-Verein "Güldene Hufe".

Dabei mußte er frühzeitig aus dem Bett und kam abends nach wie vor verhältnismäßig spät nach Hause. Er fuhr nicht mehr nach Leuna, sondern nach Tröglitz bei Zeitz. Dort war ein großes Werk aufgebaut worden, ein Braunkohlen- und Chemiewerk AG, die BRABAG. Hier leitete er den Export und die Materialverwaltung.

Dabei war er immer leidend.

Er hatte am Weltkrieg 1914-1918 teilgenommen, wodurch manche Organe gelitten haben mußten.

Wenn ich mit in dem Kreis seiner Freunde saß, erfuhr ich von seinen Kriegserlebnissen, über die er gewöhnlich schwieg. Jedenfalls diente er bereits aktiv bei den Garde-Ulanen, als der Krieg ausbrach. Er hatte sich als 18 Jähriger 1912 zu den Soldaten gemeldet und wollte zu der Garde des Kaisers. Die nahm große Menschen ab 1,80 Meter. Aber mein Vater verirrte sich auf dem Militärgelände in Potsdam und landete bei den Garde-Ulanen, bei Gardedukorps, dem Garde-Kavallerie-Regiment, auch eine Elite-Truppe. Die vereinnahmte ihn freudig.

Als 1914 der Krieg ausbrach, war er ein ausgebildeter Ulane, der in den folgenden vier Kriegsjahren nur einmal auf Urlaub zu Hause war.
In Bitburg wurden sie mit den Pferden ausgeladen. Zu der Zeit waren sie noch Lanzenreiter. Er hatte sich gerade aufs Pferd geschwungen, da fiel ihm die Brieftasche ins Gras. Er wollte nicht noch einmal absteigen, stach mit seiner Lanze die Tasche an und hob sie zu sich aufs Pferd. Ich habe die Brieftasche mit dem Loch noch gesehen.
Er war in Frankreich und auch in Rußland. Er bekam die Eisernen Kreuze und seine Leiden.
Er erzählte von einer Situation, bei der er durch einen Kampf von seiner Einheit versprengt worden war. Ein Bataillon Russen mußte an ihm vorbei, aber in Gefangenschaft wollte er nicht. So ritt er in das nahegelegene Moor. Das Pferd witterte ebenfalls die Gefahr und machte mit. Beide verhielten sich so ruhig, daß sie nicht bemerkt wurden. Immerhin mußten sie 20 Stunden daselbst aushalten.
Diese Situation führte Vater an, wenn er über seine Hämorrhoiden klagte.
Ein andermal hatte er als einzelner gleich drei Russen gefangengenommen, ließ sie vor sich hergehen und brachte sie seiner Einheit als Gefangene.
Als 1917 mit Rußland Waffenstillstand geschlossen wurde, kämpfte er freiwillig gegen den Bolschewismus weiter. Er kämpfte bei Riga und kämpfte in Finnland. Er erzählte von Grausamkeiten der Bolschewisten, wie sie eine große Bauernfamilie, mit den Zungen auf den runden Tisch genagelt, vorfanden. Sie kamen zu spät; alle waren bereits tot.

Oder er sah in einem Schlachthaus aufgeschlitzte Menschen, wie man es mit dem Schlachtvieh macht.

Mit der Finnischen Freiheitsmedaille Erster und Zweiter Klasse kam er nach Hause, es war im Jahre 1920.

Da heiratete er das Ännchen Herold, die Schlossermeisters-Tochter aus der Neuen Straße 5-7.

Als ich 1924 geboren wurde, war Vater bereits Pfeifenraucher; auch Zigarren rauchte er gern. Aber der Tabak dazu hatte immer seine Bewandtnis. Der verursachte nämlich Gestank, gelbe Gardinen und eine verärgerte Mutter. Außerdem schädigte er mit dem Qualm unsere Gesundheit. Die Zigarren mußten "Schwarze Brasil" sein und der Tabak "Schwarzer Krauser". Das charakterisierte Pape Rolf so:

"Wenn du bei Micki in der Wohnung bist, und es ist ruhig, dann hörst du immer 'klack - klack - klack' und denkst, was ist denn das bloß, bis du merkst, daß die Fliegen von der Wand fallen von Kurtis Schwarzem Krauser!"

*

Die Lutherstraße spielte natürlich weiterhin eine beachtliche Rolle in unserem Kinderleben.

Irgendwann um 1936 fing einer an, das Posaunenblasen zu lernen. Der Lutherkirche angeschlossen war ein Posaunenchor, der von dem Vikar Heinrich Winkler geleitet wurde. Er war ein exzelenter Flügelhornbläser. Schlagartig fanden sich viele der Bande im Gemeindesaal ein. Er lag unter dem Kirchenschiff.

"Heiwi", Heinrich Winkler, beschaute die Lippen und drückte jedem das dazu passende Blasinstrument in die Hand. Ich bekam ein Flügelhorn, Pape Rolf eine Trompete und Lothar eine Zugposaune. Köhler Paul widersetzte sich, er bezeichnete sich als unmusikalisch.

Es war nicht leicht, aus dem Blechblasinstrument überhaupt einen Ton herauszubekommen. Aber als er da war, ging es schnell mit uns. Wir gliederten uns in kurzer Zeit nicht nur in die Musikalität ein, sondern auch in die Posaunenchor-Gemeinschaft. Die hat unser aller Leben in *diesen Jahren außerordentlich positiv geprägt.*

Mit Chorälen fing es an, dann kamen Sarabanden und Turmmusiken dran, auch Bach und Händel. Wir waren 25 Bläser und gaben Konzerte, samstags abends mal vom Turm der Lutherkirche oder vom Turm der Marienkirche. Ein Oktett kletterte sogar unter die Kuppel des Schlosses, der Augustusburg von Weißenfels. Ich war auch dabei. Wir konzertierten im Stadtpark, zu gleicher Zeit auch das Stadtorchester auf dem Marktplatz. Das Unvorstellbare geschah: Bei uns standen mehr Zuhörer! Ich blies mit meinem Flügelhorn immer die Erste Stimme, Pape die Zweite und Lothar mit der Zugposaune den Tenor. Als unser zweiter musikalischer Leiter Ewald Graf heiratete - er war der Sohn des Kirchendieners Graf -, wurden wir drei zu einem Quartett ausgesucht, das in dem Halberstädter Dom die Trauungsfeierlichkeiten untermalen sollte. Es war eine große Verantwortung für uns und forderte Hochleistung, denn jede Stimme war dadurch nur einmal besetzt.

Eine nachhaltige Erinnerung aus der Posaunenchor-Zeit, leider eine unangenehme, ist bei mir bis zum heutigen Tage spürbar: Wir bliesen zu einer Veranstaltung im Stadttheater. Die Probe fand auf einer nicht hergerichteten Bühne statt. Der Orchesterraum war abgedeckt worden, so daß die Bühne sich nach vorne erweitert hatte. Nur ein Abdeckungselement fehlte. Dadurch blieb ein großes Loch. Ich ging ein paar Schritte rückwärts und fiel 2,30 Meter tief in den Orchesterraum, landete auf dem Rücken, bekam keine Luft, aber ich bewegte mich. Das beruhigte Heiwi, als er mir nachschaute. Nur wurde dadurch meine Bandscheibe dergestalt verletzt, daß ich nun beim Älterwerden mehr und mehr diese Blessur spüre.

Wir fuhren auch auf die Dörfer und bliesen zur Goldenen Konfirmation. Da nahm mich Heiwi mit auf den Sozius seines 98 ccm starken Leichtmotorrades, Vater Pape knatterte mit seinem schweren Motorrad mit Beiwagen und zwei Bläsern hinterdrein. Die anderen fuhren meist mit dem Fahrrad. Kein Auto sonst auf den Straßen, mitunter ein Bauernfuhrwerk.

Ich war auch mit zu einem Landesposaunentreffen, das in Stendal stattfand. Ein Bus brachte uns hin und zurück.

Das Überlandfahren in dieser Form gehörte damals nicht zum Alltag. Dem Autobus als neuer Erfindung schaute man noch nach. Meine Wirtsleute in der Neuen-Hall-Straße betrieben eine Gastwirtschaft. Es war Spargelzeit; und Stendal gehörte zu einer Spargelgegend. Ich aß aber keinen Spargel. Welch' Verwunderung! Der Bläserkamerad, der mit mir dort einquartiert war, aß gierig meine Portion mit.

Es war eine erhebende Zeit inmitten der Musik.

Bis eines Tages von Seiten der Hitlerjugend-Führung den noch nicht 18 Jährigen verboten wurde, daselbst sich zu engagieren. Welch' ein Schlag für uns und noch mehr für den Chor! Die meisten von uns waren Pimpfe im Jungvolk oder Hitlerjungen.

Was diese Verordnung sollte, hatten nur die Älteren von uns begriffen.

Landesposaunen -Treffen in Stendal 1938

Ich gehörte nicht von Anfang an zu den Pimpfen.

Ein Pimpf zählte zum Jungvolk, das die 10-14 Jährigen erfaßte. Ich stürzte mich nie in das Neue. Ich wartete immer ab.

So saß ich mit wenigen sonnabends in der Schule, während für die anderen der Tag zum "Dienst" schulfrei wurde. Aber die Lehrer wußten auch nicht so recht, was sie mit dem übriggebliebenen Häuflein anfangen sollten, denn im Lehrstoff konnten sie nicht fortfahren.

Es war der Gymnasiast Barichs Fritz, der mich aufmunterte, mitzugehen. Er war natürlich bei dem Elite-Fähnlein "Raubritter".

Die schwarze Uniform hob sich von anderen ab. Es wurde exerziert und gespielt, marschiert und theoretisiert.

Im Zeitzer Forst sollten wir an einem Zeltlager teilnehmen, 14 Tage lang. Ich zögerte, die Eltern auch.

Der Fähnleinführer kam ins Haus und warb. Schließlich war ich dabei. Horstel auch. Wir nannten ihn wegen seiner Größe "die Zwekke". Er wohnte im Haus der Bäckerei an der Ecke, die einst seinem Großvater gehörte, bis er sie verpachtet hatte. Also klammerten wir zwei von der Lutherbande uns aneinander.

Das Zeltlager war mit derben Rundzelten ausgestattet, etwa 50 Stück an der Zahl. Es regnete 14 Tage lang. Wir konnten das Zelt nur zum Fahnenappell und zum Essenempfang kurz verlassen. Nach einer Woche hieß es: Das Zelt von innen nicht berühren!

Aber wir blieben und hofften weiter.

Da ich ein schlechter Esser war, hatte ich eine schlechte Verdauung. Hier im Zeitzer Forst schlug ich den Rekord: Ich konnte 14 Tage nicht meinen Darm leeren.

Mit dem Fahrrad besuchte uns der Vater der "Zwecke". Er brachte Heidelbeerkuchen mit. Es war die Zeit der Heidelbeeren. Ich bekam auch ein Stück. Hier schmeckte ich das erste Mal Heidelbeerkuchen. Aufgeweicht kamen wir alle zu Hause an. Mutter hatte sich Sorgen gemacht.

Wenn das Jungvolk aufmarschierte, geschah es in Formationen mit Fahnen und Musik; das Fähnlein "Raubritter" als erstes hinter der Musik.

Da packte es mich wieder: Ich nahm die Querpfeife aus Vaters Tambour-Majors-Zeit, die ich in seinem Schreibtisch schon längst gefunden hatte, und stellte mich beim Spielmannszug vor. Zunächst winkte der Zugführer ab, sie hätten genug Trommler. Alle Bewerber wollten trommeln. Aber als er begriff, daß ich Pfeifer werden wollte und sogar noch meine eigene Querpfeife mitbrachte, da wurde ich sofort aufgenommen. Man brauchte mir das Querpfeifen nicht erst beizubringen, ich konnte es bereits, denn ich spielte gut Blockflöte und hatte zu Hause auch auf der Querpfeife geprobt. Ab sofort spielte ich im Spielmannszug mit.

Hinter uns schmetterte der Fanfarenzug, einer der besten und größten des ganzen Kreises. Daß wir alle besonders viele und moderne Instrumente bespielen durften, lag an der Trommelfabrik Linck, die es in Weißenfels gab und viel spendete. Jedenfalls galten wir als eine besonders disziplinierte und "zackige" Einheit.

Da nahm es nicht wunder, daß beide Musikzüge, der Spielmannszug und der Fanfarenzug, 14 Tage lang ein Lagerleben in Wettaburg in Szene setzten, 30 Kilometer südlich Weißenfels gelegen.

Wir schliefen auf der Tenne einer Scheune. Von den Märschen und Geländespielen ermüdet, fielen wir spätabends ins Stroh. Wenn nun in der Frühe die Fanfare zum Aufstehen blies, schreckte mich das aus dem tiefsten Schlaf. Das war 14 Tage lang ein Graus!

Der Fanfarenruf weckte sogar eines Nachts gegen drei Uhr. Alarm wurde vorgetäuscht und ein Nachtgeländespiel durchgeführt. Laufen, Entdecken, Abwehren: das war's dann bis fünf Uhr. Wir durften diesmal weiterschlafen ausnahmsweise bis acht Uhr.

Das Haus neben Köhlers gehörte Barichs. Es hatte eine breite Toreinfahrt, und der Hof eignete sich zum Luftgewehrschießen. Fritz besaß ein Luftgewehr. Hier übten wir das Schießen.

Eines Tages munterte mich Fritz auf, mit auf den Schießplatz zu kommen. Dort leitete sein Dr. Oberstudienrat das Kleinkaliberschießen. Ich ging mit. Eine tolle Einrichtung überraschte mich: Wie die Anzeigen funktionierten, die Sicherheiten eingehalten wurden und wie kameradschaftlich belehrt wurde!

Ich schoß und erwarb das Bronzene, das Silberne, später sogar das Goldene Schießabzeichen. Alles das geschah unter der Hoheit der Hitlerjugend; die Patronen mußten wir bezahlen, aber Mutter gab mir das Geld, ohne zu zögern.

*

In der Schule war ich dagegen nicht so erfolgreich. Wohl erreichte ich meine Ziele, war aber immer noch einer der Jüngsten in der Klasse, keine "Sportkanone", die man in dieser Zeit hätte sein sollen. Ich konnte noch nicht einmal schwimmen. Das brachte mir auf dem Zeugnis einen besonderen Tadel ein. Eddi aus Langendorf war der Größte: Bauernsohn, Klassensprecher, Sport-As! Wie fiel ich dagegen ab!

Zwischen vier und sechs Stunden Sport in der Woche waren mir zuwider und der Sportlehrer für mich ohnedies ein Widerling.

Er hatte den Spitznamen "der Knetscher", rief sadistisch:

"Eiaeiaei!" wenn er antreiben wollte, und zwang die Nichtschwimmer, vom Brett ins große Becken zu springen. Die Badeanstalten lagen alle an der Saale. Er stand am Rand mit einer großen Stange, die er dem Untergegangenen hinhielt, wenn der wieder nach Luft schnappte.

Es geschah einmal, wo es ihm wohl selbst nicht so geheuer zumute war. Unsere Mecke aus der Klasse war auch Nichtschwimmer, hochgewachsen und mit leichtem Buckel. Der stand auf dem Brett und sagte ständig:

"Ich springe nicht!"

"Mecke! Spring!"

"Ich springe nicht!"

Dieser Wortwechsel wiederholte sich immer wieder.

"Springst Du jetzt!?"

"Nee, ich nicht!"

"Ich komme jetzt!"

Der Knetscher machte Anstalten, ihn mit Gewalt ins Wasser zu werfen.

Mecke sprang und war fort. Er kam nicht wieder hoch wie wir anderen.

Der Sportlehrer stierte auf die Wasseroberfläche. Da kringelte sich das Wasser, die Mecke zeigte etwas heraus. Das waren seine Füße. Die verschwanden aber wieder.

Die Wasseroberfläche glättete sich.

Der Knetscher machte sich bereit, hineinzuspringen.

Da zeigten sich erneut Wasserringe, es erschienen die Finger, die Hand, und der Knetscher schob ihm die rettende Stange hin.

Gerechterweise muß ich erwähnen, daß ich die Theorien in allen Sportdisziplinen beherrschen lernte, was mir im späteren Berufsleben nützlich war. Als 15 und 16 jährige warfen wir den Diskus und den Speer, liefen 1000 und 3000 Meter, boxten und versuchten den Stabhochsprung.

Der Englisch-Unterricht machte mir auch Schwierigkeiten.

Zunächst begann er sehr gut; ich schrieb Einser und hatte Spaß an der Fremdsprache. In den nächsten Jahren wechselten häufig die Englischlehrer, bis die Klasse in die Hände eines jungen Lehrers kam. Er fand nicht den rechten Ton und brachte keine geschickte Unterrichtsmethode mit. Die war zu meiner Zeit bei Fremdsprachen ohnehin nicht ausgebildet. Er gab uns von einem Tag zum anderen 100 Vokabeln zu lernen auf. Die behielten wir nicht im Gedächtnis, mußten wir doch auch andere Aufgaben erledigen. Kaum einer in der Klasse parierte beim Abfragen. Er verzweifelte wohl und schlug zu, meinem Vordermann Rolf Förster voll auf die Backe. Der flog aus der Bank, und seine Nase blutete.

Wenn das neue Schuljahr begann, holte ich jedesmal tief Luft: Jawohl, wieder der Kerl in Englisch! Das ging so bis zum Abschluß der VI., also des 10.Schuljahres.

Förster Rolf wohnte uns gegenüber in der anderen Dachwohnung neben Schmeißer Heinz. Er war auch Einzelkind, aber mit Großeltern und Mutter, die täglich zur Arbeit ging. Unserer Lutherbande gehörte er nicht an, war unehelich geboren und wurde - vielleicht dadurch - von Haus aus zurückgehalten, so daß wir verhältnismäßig spät zusammenkamen. Wir gingen den 45 Minuten Schulweg immer gemeinsam. Das erleichterte den Gang, wenn auch die Tasche immer schwerer wurde. Waren wir aus der Schule gekommen, zeigten wir uns erst mal am Fenster. Da nahm ich meine Flöte und spielte Haydn, Brahms, Mendelsohn und Märsche. Rolf fiel auf seiner Flöte mit der Zweiten Stimme ein. So schallte ein Mittagskonzert über die Straße. Wenn ihn aber der "Kleister" packte, zeigte er ungeduldige Reaktionen.

Da besinne ich mich einer Boxstunde, bei der Rolf im Ring stand und gegen einen kleineren Partner zu kämpfen hatte. Der Gegner bückte sich ständig, um den Schlägen Rolfs auszuweichen. Das Bücken ging unserem Förster Rolf auf die Nerven. Da schlug er kurzerhand seinem Gegner von oben auf den Kopf, als ob er einen Nagel einhauen wollte.

Irgend jemand hatte ihn den Spitznamen "Moppel" zugeordnet, der natürlich zu ihm überhaupt nicht paßte: Er war dünn und schlank.

Wir kamen nun in ein Alter, wo Moppels Großeltern und Mutter ihn nicht mehr abgrenzen konnten. Er war es dann auch, der mein Interesse für den Flugmodellbau entflammte. Kurzerhand wechselte ich von dem Spielmannszug zu dem Fliegerfähnlein. Dort konnten wir in einer großen Werkstatt mit anderen gemeinsam unter Anleitung eines Werkstattleiters Segelflugmodelle bauen, erst kleine, dann große; wir schafften es bis zur Eigenkonstruktion, allerdings unter aktiver Anleitung. Da wurde mit Sperrholz, Balsaholz und Chinapapier gearbeitet, mit Spannlack und Azeton, mit Laubsäge und Feile, es wurden Profile entworfen und Schwerpunkte fixiert.

Abends kam ich dadurch nie beizeiten ins Bett. Mutter ließ darüber oft einen Jammerton hören.

Wir waren etwa 14 Jahre alt, da hieß es im Hochsommer für den Klassenverband: Mit dem Fahrrad antreten; es geht zur Erntehilfe! Ach je, ich hatte noch kein Fahrrad. Die anderen besaßen alle eins. Ich saß traurig in der Küche.

Da ging mein Vater mit mir zum Fahrradhändler Heinicke an der großen Brücke. Früher nannte man sie Rathenau-Brücke, jetzt hieß sie Horst-Wessel-Brücke. Dort bekam ich ein funkelnagelneues NSU-Halbballon-Rad mit Freilauf und Rücktrittbremse für 72,--Mark. Das war etwas! Es kostete auch einen stolzen Preis! Die Freilaufrücktrittbremse war vor kurzer Zeit erst erfunden worden. Wir wurden zunächst mit den Rädern in die Eisenbahn verladen, ein paar Stationen gefahren, dann radelten wir über die Dörfer und kamen nach Ober-Schmoon.

Nie gehört!

Der Ortsbauernführer empfing und verteilte uns. Ich gelangte an einen alten "Krauter", der immer mißmutig in seinem Bauernhof rummeckerte. Der ältere Sohn war der Erbhofbauer, und dem jüngeren wird es vielleicht einmal so ergehen wie dem jüngeren Bruder seines Vaters jetzt: Er vegetierte und arbeitete auf dem altelterlichen Hof. Ich war froh, daß Moppel auch im Ort einquartiert war. die Bäuerin, aber auch die Magd, kümmerten sich um uns Schwächlinge.

Wir kannten die Landwirtschaft, wie eine Kuh den Stabhochsprung kennt.

Vier Wochen lang arbeiteten wir auf den Feldern, halfen beim Füttern des Viehes, und ich lernte hier das erste Mal eine Dreschmaschine kennen, die durch einen Bulldozer angetrieben wurde.

Da geschah es, daß der lange breite Riemen von dem Antriebs- und Schwungrad runtersprang. Ich stand ganz in der Nähe. Das hätte für mich böse ausgehen können. Die anderen schauten ganz entsetzt. Damals gab es in der Regel kein Telephon in den Familien und Häusern. Die Eltern wußten nicht, wo wir alle abgeblieben waren.

14 Tage nach unserer Abfahrt beschwerten sich manche Eltern massiv. Ich meine, mein Vater hätte sich da eingesetzt, um zu erfahren, was mit uns allen eigentlich passiert sei, denn keiner von uns hatte geschrieben, hofften wir doch von einem Tag zum anderen, daß wir nach Hause können. Es wurden vier Wochen daraus. Über die 50 Pfennige, die wir pro Woche für die Arbeit erhielten, kam keine große Freude auf.

Aber ich hatte gelernt, die Getreidearten zu unterscheiden, das Wetter in den Lebenskreis mit einzubeziehen und wie mit den Pferden umzugehen war.

*

*Die Konfirmationszeit begann. Das "Luftkotelett" unterrichtete uns im
Gemeindesaal, bevor wir in die Schule gingen.*

*Ach, was mußten wir für Texte auswendiglernen, alles Bibeltexte,
deren Inhalt schwerlich verstanden wurde. Herr Pfarrer bemühte sich,
uns durch Gleichnisse, Aphorismen und Allegorien alles zu verdeutlichen:*

"Wer sind die Konfirmanden der Landstraße?"

"Die Bäume am Straßenrand."

*Vieles kannten wir "alten" Kirchgänger durch den 15 minütigen Un-
terricht innerhalb des Kindesgottesdienstes. Die Kinder des Gottes-
dienstes waren in Gruppen aufgeteilt. Wir Buben gehörten zur Gruppe
des Pfarrers und durften in die Sakristei zum Unterricht. Damit gaben
wir immer etwas an. Besonders stolzierte ich mit Lothar durch die
Kirche, wenn der Gottesdienst bereits begonnen hatte. Wir durften
nämlich die Glocken läuten. Der Kirchendiener Ewald hatte uns
eingewiesen. Er war froh, nicht auf den Turm steigen zu müssen, und
wir fühlten uns über allen erhaben, daß wir so etwas meistern durften.*

*Die Glocken waren an einem starken Seil zu ziehen. Lothar übernahm
die große, ich die kleine Glocke. Hatten wir sie erst mal in Schwung,
da hielten wir uns am Seil fest und ließen uns mit emporziehen.*

*Die Konfirmation rückte näher. Alle Konfirmanden bekamen einen
dunklen Anzug. Ich aber sollte in Uniform gehen, wollte es wohl auch.
Man sparte den Anzug, der ohnehin nicht wieder getragen wurde.*

*Der feierliche Gottesdienst lief ab: die Einsegnung und das Über-
reichen der Konfirmations-Urkunde mit dem Konfirmanden-Spruch.
Ich hatte mir meinen vorher gewünscht:*

*"Sei getreu bis in den Tod, so will ich dir die Krone des Lebens ge-
ben." Es heißt wohl richtig: "..... getreu bis an den Tod", ich bestand
jedoch auf ".....in den Tod."*

"Rolf Meißner", rief der Pfarrer.

Ich ging nun nicht vor wie die anderen in ihren dunklen Anzügen, ich marschierte vor, und das in Uniform mit weißen Kniestrümpfen und Bummeln dran. Ich war der einzige in dieser Montur. Beim Händedruck knallte ich die Hacken zusammen. Es schallte durch die Kirche wie ein Donnerschlag.

'Das war wohl ein bißchen zu viel', dachte ich.

Erst lange Zeit danach begriff ich, wie blamabel mein Auftreten gewesen sein mußte, und ich schämte mich.

*

Es heißt immer, daß mit der Konfirmation ein neuer Abschnitt des Lebens beginne.

Bei mir begann wirklich ein neuer.

Die Gefahr eines neuen Krieges zog herauf.

In der Schule wurden wir mit "Sie" angeredet, und bei der Jugend-Organisation wechselten wir vom Pimpf zum Hitlerjungen, aus dem Jungvolk traten wir über zur Hitler-Jugend, kurz HJ genannt. Das war bei uns selbstverständlich, denn wir hatten uns für die Fliegerei entschieden. Und damit begann bei uns eine neue Aktiv-Phase:

Wir konnten am richtigen Segelflug teilnehmen.

Vor der Stadt lag in Richtung Leipzig der Tschirnhügel. Er fiel nach der Saale zu mäßig steil ab. Hier standen stabile Scheunen, in denen die Flieger-HJ ihre Segelflugzeuge unterbrachte. Am Fuße des Hügels war es flach. Dort bekamen wir jetzt unsere "Rutscher". Wir wurden in die SG 9 geschnallt. Das war ein Gleitflugzeug, was von den Tragflächen oben bis runter zu der Fußsteuerung genau vor dem Piloten einen starken Holm führte. Wir nannten deshalb diesen Gleiter "den Schädelspalter".

Moppel und Pape Rolf waren ebenso dabei wie zunächst Lothar. Aber der kam bald nicht mehr mit. Man hatte nun seine Probleme mit Schule und Berufsfindung. Die meisten der Bande gingen zur Volksschule. Die kostete kein Geld und bot zu der damaligen Zeit eine solide Grundlage für die Zukunft.

Wir drei Rolfs fuhren mit unserem Fahrrad die Woche dreimal zum Tschirnhügel: An zwei Abenden wurde gewerkelt und am Sonntag geflogen. Die "Rutscher" sollten uns das Gefühl vermitteln, wie man das Flugzeug mittels Querruder-Betätigung in der Waage hält. Dann wurde behutsam von immer höherer Position gestartet, so daß man kurz zum Schweben kam: Das waren die "Sprünge". Dabei ging es schon in die dritte Dimension: mit Seitenruder die Richtung halten, mit Querruder die Lage und mit Höhenruder das Ganze abfangen.

So starteten wir Anfänger von Sonntag zu Sonntag immer höher. Mehrere Fluglehrer standen im Wechsel zur Verfügung.

Die stellte das NSFK, das National-Sozialistische-Flieger-Korps. Hier waren die aktiven und passiven Erwachsenen organisiert, die sich für die Fliegerei interessierten. Diese Leute überwachten die fliegerische Tätigkeit der Flieger-HJ.

Genauso betreut und überwacht wurden von NSKK und NSMK die Motor-HJ und die Marine-HJ.

Voraussetzung unseres kostenlosen Fliegens bestand einmal aus der Untersuchung zur Flugtauglichkeit und zum anderen an der Teilnahme an Baustunden. Die mußten wir zweimal pro Woche in der Werkstatt wahrnehmen, die unweit des Tschirnhügels eingerichtet worden war in der ehemaligen Raststätten-Wirtschaft "Stadt-Leipzig". Hier lernten wir Sägen, Feilen, Hobeln, Leimen und Spleißen. Zum Abschluß hatte jeder einen Knotenpunkt anzufertigen, der als Prüfung galt. Immerhin mußte an den Flugzeugen repariert werden, das konnte eine Lebensgefahr zur Folge haben. Der "Knotenpunkt" z.B. bestand aus vier starken Holmen, die in unterschiedlichen Winkeln in einem Punkt zusammengefügt werden mußten. Die Leimflächen hatten so aufeinanderzupassen, daß es aussah, als seien die Teile zusammengewachsen.

War sonntags Flugwetter, so radelten wir früh halb sechs Uhr zum Tschirnhügel, auch im Winter. Meine Mutter machte jedesmal Schwierigkeiten; sie wollte mich nicht um fünf Uhr wecken. Ich sollte wenigstens am Sonntag ausschlafen. Aber ich ließ mich nicht davon abbringen.

Es war ein befreiendes Gefühl zu schweben.

Wir starteten immer höher. Mit dem "Zögling 35" ging es besser als mit der "Grunau 9", dem Schädelspalter. Am hinteren Ende, dem Seitenruder, hielten drei bis vier Mann den Gleiter fest. Vorne wurde ein Gummiseil eingehängt, das sich teilte. An jeder Seite zogen die Kameraden das Seil aus. Ich wurde mit Sturzhelm auf dem Kopf in den Sitz geschnallt und rief nun:

"Haltemannschaft!"

Antwort: "Fertig!"

"Ausziehmannschaft!"

Gebrüll: "Fertig!"

"Auszieh'n! - - - Laufen!"

Ich wartete.

Das Seil spannte sich immer mehr, denn die Kameraden liefen mit dem Seil in der Hand den Berg hinunter. Der Fluglehrer hielt an der Seite die Fläche waagerecht, und in seinem Ermessen lag das Kommando:

"Los!"

Die Haltemannschaft ließ los, das Flugzeug schnellte nach vorn, mein Kopf flog kurz nach hinten, ich hob vom Boden ab und schwebte den Hang abwärts über die Wiesen.

Die Landung mußte exakt sein. Der Fluglehrer notierte sich in seine Kladde Zeichen, die einer Benotung gleichkamen.

Als ich endlich nach einem knappen Jahr die Bedingungen zur ersten Prüfung erfüllt hatte, kam der Flug, der mir die A-Prüfung bestätigte. Ich mußte mehrere Male über 30 Sekunden in der Luft geblieben sein. Wie es so Brauch ist in der Fliegerei, bekam die Mannschaft vom Fluglehrer einen Wink, daß das nun der letzte anerkannte Flug gewesen sei. Alle rannten zum Landeplatz. Mir wurde der Kopf zwischen zwei Beine geklemmt, und alle hauten mit der flachen Hand auf meinen Hintern, daß es krachte.

Die Freude über die bestandene Prüfung überdeckte den Schmerz.

Ich erhielt den Schulgleiter-Ausweis mit der Berechtigung, das Segelflieger-Abzeichen A tragen zu dürfen.

Um diese Zeit kam ein neuer Gleiter heraus, die "SG 38". Bei diesem Gleiter gab es vorne keinen Holm mehr wie bei dem "Schädelspalter". Man saß mit dem Blick frei nach vorn.

Haltemannschaft am "Schädelspalter"

Gleiter SG 9: "Schädelspalter" am Rutscher-Start

1941 im SG 38 "Zögling" mit Verkleidung

im Grunau-Baby IIb nach dem C-Prüfungsflug

Während der langen Sommerferien meldete ich mich zur Reichs-Segelflug-Schule Laucha-Dorndorf. Sie galt wie die Wasserkuppe in der Rhön als Zentrum des Segelflugs. Hier wollte ich meine B- und C-Prüfung erfliegen.

Das geschah mittels einer Winde, die das "Baby IIb" nach oben schleppte. Diese "Kiste" war nun kein Gleiter mehr, mit der konnte man segeln. Ein Drahtseil wurde von der Winde an das andere Ende des Platzes gezogen und am Flugzeug eingehängt. Wenn nun die Winde das Seil geschwind einzog, schnellte der Segler steil in den Himmel. Der Pilot mußte seitlich nach unten schauen und einen Außenwinker im Blick haben. Der gab ihm mit einer Fahne Zeichen zum Ausklinken des Seiles.

Mit dem "Knüppel" am Bauch war man hochgekommen, jetzt galt es, stark zu drücken, also Knüppel nach vorn, auszuklinken und in normale Fluglage zu gehen. Nun flog man die Platzrunde und landete neben dem Landekreuz. Ich erreichte die vorgeschriebenen fünf Prüfungsflüge und damit die B-Prüfung.

Wieder gab es ordentliche Schläge auf den Hintern.

Das Jahr darauf verlebte ich abermals die gesamten Ferien auf der Reichssegelflugschule Laucha. Wir flogen und flogen, hatten zum Schlepp Heinkel Kadett, das waren Doppeldecker, und die Morane, das waren erbeutete französische Nahaufklärer und Hochdecker, wie geschaffen zum Schlepp. Das Wetter war gut, aber aus unerklärbaren Gründen blockierte der Fluglehrer die Prüfungen, so daß wir verärgert zu Hause ankamen.

*

Die Weltpolitik hatte unterdessen ihren Lauf genommen:
"Seit 5 Uhr 45 wird zurückgeschossen!"
verkündete Hitler am 1.September 1939. Damit hatte der grauenhafte Zweite Weltkrieg begonnen; das wußte nur noch keiner.
Der Alltag war bisher geordnet verlaufen. Die Leute hatten Arbeit.

Für den einzelnen mit seiner Familie hatten sich die Aussichten auf eine ruhige und sorglose Zukunft geboten. Sie waren günstiger als in der Zeit der Weimarer Republik.

Die ständigen Sticheleien an der polnischen Grenze nahm die Bevölkerung stoisch hin. Die Leidtragenden waren die Grenzbewohner. Dort konnten sich die Deutschen kaum wehren. Da schossen die Polen mit Leuchtspur-Munition in die Gehöfte der Bauern. Streckenweise waren alle Bauernhöfe entlang der Grenze abgebrannt.

Die auf polnischem Boden lebenden Deutschen hatten schwerst unter Schikanen zu leiden, besonders die Deutschen, die im Polnischen Korridor mit den polnischen Beamten in Berührung kamen.

Schon 1930 gab es blutige Zusammenstöße, so daß diese selbst von polnischen Blättern "als ein Teil einer wohlüberlegten und planmäßig vorbereiteten großen Aktion betrachtet" wurde. Daß die Polen "die Schuld für den Grenzzwischenfall tragen", konnte nach amtlichen Feststellungen nicht bezweifelt werden, denn "seitens polnischer Beamten" lagen Grenzverletzungen vor:

Die Polen waren in eine deutsche Paßkontroll-Baracke eingedrungen, die 25 Meter von der Grenze entfernt stand. Sie hatten zuerst Schüsse abgefeuert und "die deutschen Beamten auf diese Weise zum Gebrauch der Schußwaffe gezwungen. Die Polen waren es schließlich, die nach dem Grenzzwischenfall eine regelrechte Umkreisung des deutschen Paßhauses eingeleitet" hatten.*)

Damit hatten die Polen nach dem Versailler Vertrag von 1919 einen Landstreifen von 30 bis 90 Kilometer Breite zwischen Pommern und der Weichsel zugestanden bekommen, weil es einen Zugang zum Meer haben wollte. Dieser Landstreifen ging als "Polnischer Korridor" in die Geschichte ein.

Dadurch aber wurden Ostpreußen und Danzig vom Deutschen Reich getrennt, und Deutschland wurde schwer geschädigt. Die Regierung der Weimarer Republik erreichte keine befriedigende Lösung dieses Problems.

---

*) Wörtliche Entlehnung aus dem Eberbacher Tageblatt vom 30.Mai 1930

1938 und 1939 schlug dann Hitler den Polen vor, daß sie einen Durchgang durch den Korridor gewähren möchten, dafür sollten sie eine Grenzgarantie erhalten. Das aber lehnten die Polen ab. Auch das gehörte schließlich zum Anlaß des Kriegsausbruches.

Die Polen waren in moralischer Hinsicht ihrer Sache selbst nicht sicher. Sie wußten sehr wohl, daß Deutschland niemals die bestehenden Grenzziehungen im Osten als gerecht anerkennen konnte.

Seit dem Vertrag von Locarno 1925 hatten sich die Polen die größte Mühe gegeben, Deutschland in der Weltöffentlichkeit zu schädigen.

Diese ständigen Auseinandersetzungen trugen den Keim für Hitlers spätere Aktionen gegen Polen in sich.

Natürlich schürte er das Feuer noch. Aber daß die Polen selbst Deutschland zu Auftritten provozierten, steht heute in keinem Geschichtsbuch. Man erfährt hier immer nur die halbe Wahrheit.

Und in hundert Jahren werden diese Geschehnisse in den Geschichtsbüchern dermaßen ausgefiltert sein, daß eben nur noch der "Kriegstreiber Deutschland" übrigbleibt.

"Vae victis!" rief ein frecher Gallier den Römern 387 v.Chr. nach dem Sieg an der Allia zu, als sie mit gefälschten Gewichten das Lösegeld aufwogen:

"Wehe den Besiegten!"

Wenn zu Opas Geburtstag alljährlich die Familie zusammengekommen war, gab es immer heiße Diskussionen. Mein Vater vertrat den Standpunkt des Deutschen, des Nationalen, der Ehre und Größe des Vaterlandes. Onkel Walter sah alles von der wirtschaftlichen Seite, und Opa sagte immer:

"Mein Vater Staat hat mich betrogen!"

Er hatte durch Kriegsanleihen und Inflation seine Ersparnisse und Häuser verloren. Onkel Erich, der jüngste Bruder meiner Mutter, lachte nur und sagte:

"Was regt Ihr Euch auf! Wie's kommt, so müssen wir's fressen!"

Onkel Paul hatte die Arme dergestalt verschränkt, daß er mit der linken Hand die Zigarre halten und die rechte Hand auf den linken Unterarm legen konnte:

"Die lügen, wie sie's brauchen! Was! Dabei verklapsen die uns noch! Was!"

*

In dieser Zeit geschah etwas, das meinem Dasein eine Wendung gab. Ich wurde krank: Scharlach.
Das war damals eine Krankheit, die man noch nicht ohne weiteres ausheilen konnte; es blieben oft Leiden zurück.
Bei strenger Einhaltung der Verordnungen ging es mir gar nicht so schlecht. Meine Mutter brachte mir aus dem Reformhaus getrocknete Bananen mit. Davon wollte ich immer mehr. Erstaunlich, daß es die noch gab. Ich aß sie täglich und aß viele - und las im Bett den ganzen Tag. Als ich das Bett verlassen durfte, mußte ich mich in der abgedunkelten Wohnung aufhalten. Ich hatte keine Schmerzen und fühlte mich auch sonst wohl. Insofern war das Gammeln für mich angenehm.

Aber was wurde mit der Schule? Ich befand mich im 9.Schuljahr. März, April und Mai waren dahingegangen, dazu meine nur durchschnittlichen Leistungen. So mußte es kommen, wie es auch kam: Ich sollte ein Jahr zurückgestellt werden. Ich wollte aber keine Veränderung! Wollte auch von Moppel nicht getrennt werden! Und was sagen die Leute? Das galt doch so viel wie Sitzenbleiben!
Mein Vater sprach mit dem Schulrat. Es half nichts: Ich mußte zurück. Die Pausen vor Schuljahresabschluß versetzten mich jetzt in gewisse Peinlichkeit, denn jeder schlenderte mit seinen Büchern unter dem Arm auf dem Schulhof umher und versuchte, die Bücher zu verkaufen und gebrauchte Bücher von den Schülern des vorhergehenden Jahrganges zu kaufen. Die waren ja beim Neukauf nicht billig. So blühte der Handel auf dem Schulhof. Da ich nun keine Bücher unter dem Arm hatte und von den Schülern der nächstfolgenden Klasse nach einem gebrauchten Buch gefragt wurde, wußte jeder: Der bleibt sitzen!

Das neue Schuljahr begann. Da kam in Englisch doch wieder dieser Kerl! Aber sonst hatte ich Glück: Mein voriger Klassenlehrer Herr Dathe übernahm die Klasse. Wir sprachen immer von "Dathe Osker". Er unterrichtete in einer ruhigen Art, die mir sehr entgegenkam. Dadurch lernte ich bei ihm viel, ob das Deutsch war oder Geschichte. Er riskierte sogar in dieser Zeit des Rassismus, mit uns Lessings "Nathan der Weise" zu lesen. Er vermittelte uns Geschichtsbilder, die er auswendig vortrug, so daß wir bedauerten, wenn es klingelte. Bismarcks "Gedanken und Erinnerungen" mußte er wörtlich im Kopf gehabt haben.

Auch sonst bekamen wir durch diese Lehrergeneration eine umfassende Bildung vermittelt, so daß ich später anderen oft überlegen war.

Anfangs konnte ich mich in die neue Klasse schwerlich eingewöhnen und zeigte wohl dadurch Bedrückung, denn eines Tages sagte mir der Mathematik-Lehrer:

"Sie müssen nun langsam mit der Situation fertig werden und anfangen, Leistung zu zeigen."

Wir nannten ihn den "Schlot", diesen Mathe-Lehrer. Er hatte einen wippenden Gang und schlich mehr zum Pult als daß er schritt. Aber seine Methode war eindringend. Ich bekam solchen Spaß an der Höheren Mathematik, daß ich in den Arbeiten nur noch Einser schrieb und bis zum Schluß auch Einser auf dem Zeugnis hatte. Ich zog an, und zwar dergestalt, daß die Klassenkameraden von mir abschreiben wollten. Ich wurde beachtet und gefragt, ich setzte mich an die Spitze, ohne unbedingt der Beste zu sein.

Neben mir saß wieder ein Rolf. Die Eltern betrieben Gemüsehandel. Sein Aussehen zog die Mädels an, und er machte auch was daraus. Ich dagegen hatte diese Gefühle nicht, obwohl ich nicht ohne Chancen blieb, aber alles per Distanz.

Da gab es in der Parallelklasse die Gisela. Die hatte es mir angetan. Wir sangen beide im Schulchor. Hin und wieder schäkerte sie mit mir. Aber ich traute mich nicht, sie war zu schön! Da dachte ich immer an das Lied mit den beiden Königskindern, denen das Wasser zu tief war, um zusammenzukommen. Eigentlich hatte Gisela selbst den Anstoß zu meiner Aufmerksamkeit gegeben:

75

Als wir beide noch zur Grundschule gingen und ich das letzte Schuljahr dort besuchte, hörte ich auf dem Heimweg von weitem eine Mädchenstimme rufen:
"Meißner Rolf!"
Und immer wieder. Ich konnte die Ruferin aber nicht ausmachen. Wundersam, dachte ich und erzählte das meiner Cousine Margot. Die konnte mir das Rätsel lösen, denn die Schwester der Gisela ging in ihre Klasse. "Sie findet Gefallen an dir", sagte Margot.
Nun gut, was sollte ich damit?
Jetzt aber fühlte sich die Position anders an. Förster Rolf wußte von meinem Schwärmen. Wir gingen auf dem Nachhauseweg hinter ihr her, mußten sowieso denselben Weg gehen.
Da bogen wir in die Naumburger Straße ein, näherten uns ihrem Haus. Moppel packte wieder "der Kleister" und sagte:
"Da gehen wir doch mal ran!"
Er sprang vor zu ihr hin, sie verschwand in diesem Moment durch die Tür, und vor Moppel stand ihr Vater, der Herr Gerichtsvollzieher. Der schaute verdutzt, übersah uns beflissen, wir fühlten Peinlichkeit.

*

Um die Luther-Bande wurde es immer ruhiger. Lothar ging zur Reichsfinanz-Schule nach Feldkirch im Vorarlberg/Tirol, Köhler Paul wurde Fleischer, Horstel wurde Bäcker wie sein Großvater. Barichs Fritz strebte zum Abitur. Die anderen waren auch ausgeflogen.
Der Krieg hatte alles schweigsamer gemacht.
Es gab auf den Straßen kein Licht mehr. Die Fenster mußten alle verdunkelt werden. Kein Lichtstrahl durfte nach außen dringen. Eine glimmende Zigarette sähe man einen Kilometer weit, hieß es.
Gespenstisch ging es auf der Straße zu, vor allem dann, wenn der Mond kein Licht spendete. Mitunter mußten wir uns nach Hause tasten. Hin und wieder fuhr ein Auto. Das schickte sein Licht nur durch einen schmalen Schlitz des Scheinwerfers, der ringsum schwarz abgeklebt war.

In den ersten Kriegsjahren herrschte Ruhe die ganze Nacht hindurch. Man tröstete sich durch des Reichsmarschalles Worte: "Wenn ein feindliches Flugzeug über Berlin kommt, so will ich Meier heißen!"

Er hieß Göring. In den nächsten Jahren nannten die Leute ihn dann doch "Meier", denn die Nachtruhen wurden durch Fliegeralarm unterbrochen.

In dieser Zeit bastelte ich mit Pape Rolf ein Telephon. Dazu bekamen wir aus abgelegten Telephon-Hörern das Mikrophon, seltsamerweise in einem Elektro- und Radiogeschäft, sogar kostenlos.

Wir fanden heraus, daß so etwas mit Hilfe unserer Kopfhörer zu machen sei:

Wir legten zur Hofseite an unseren Häusern entlang einen Draht und führten ihn von Bett zu Bett. Die Verbindungen entstanden wieder durch entsprechende Zigarrenkästchen. Wenn wir nun im Bett lagen, konnten wir uns unterhalten. Eines Abends kam mein Vater aus der Wohnstube geschossen und prustete:

"Was macht Ihr denn, man hört Euch im Radio!"

"Das ist doch nicht möglich! Da besteht doch gar keine Verbindung!"

Wir konnten uns das nicht erklären. Vielleicht war Induktion im Spiele.

In der Toreinfahrt des Hauses Nummer vier, die zur Fabrik führte, stand früher immer das Motorrad von Rolfs Vater. Sie wohnten in dem Hause. Jetzt stand der DKW einer Hebamme darin. Die wohnte in der Ober-Luther und durfte die Durchfahrt als Garage benutzen.

Die Autos hatten damals einen Tretknopf, mit dem man den Anlasser aktivierte. Wenn man darauf trat, brachte der Akku den Anlasser in Bewegung, der wiederum das Auto langsam rollen ließ, wenn man einkuppelte. Das taten wir und ließen das Auto vor- und zurückrollen. Wieder hatte Rolf einen skurrilen Einfall: Er war in vielem ein Pfiffikus und brachte es jetzt fertig, die Zündung kurzzuschalten. Dadurch sprang der Motor an. Nun setzten wir das Ding richtig in Bewegung. Rolf kuppelte aus, 1.Gang rein, kuppelte ein, wir fuhren, nun Rückwärtsgang. So ging es hin und zurück.

Er kannte das vom Motorrad seines Vaters.

"Jetzt fährst Du!" sagte er.

Ich wollte erst nicht. Er erklärte es mir: kuppeln, 1.Gang, Kupplung loslassen.

Ich fuhr. - Bremsen!

Jetzt dasselbe mit Rückwärtsgang.

Mir rutschte der Fuß von der Kupplung, der Wagen machte einen Satz und rammelte hinten die Füllung aus dem Tor.

Oh verdammt!

Wir prüften ringsum. Am Auto war nichts. Gott sei Dank!

Aber das Tor!

Draußen regnete es.

Wir stellten uns vor das Tor auf die Straße, mit Engelsmienen. Keiner da. Nur oben gegenüber, da wohnte der alte Koser, er war Feuerwehrhauptmann gewesen. Der hing mit seiner dicken Frau den ganzen Tag aus dem Fenster.

Der tönte gleich: "Paaape!"

Dabei hob er die Stimme hinten kurz an. Wir reagierten nicht.

"Paaape!"

Das ging viermal so.

Dann: "Meißner!"

"Guck nicht hoch", flüsterte Rolf.

"Meißner!"

Wieder hob er hinten seine Stimme. Es klang dadurch betonter.

"Meißnerrr!"

Ich hielt es nicht aus und schaute rauf.

"Ihr wißt doch, was ihr gemacht habt!"

Rolf: "Was denn?"

"Das erzähle ich deinem Onkel!"

Er war der Fabrik- und Hausbesitzer.

Rolfs Mutter Dora reagierte dann verhältnismäßig gelassen. Wir sollten wohl tief in die Sparbüchse langen, meinte sie. Ich hatte keine. Seit meiner Konfirmation bekam ich von meinem Vater 2,--RM Taschengeld monatlich. Die waren immer draufgegangen.

Wir aßen an diesem Abend spät zur Nacht. Da sagte Vater:

"Was habt ihr heute angestellt?"

Also wußte er es schon. Ich berichtete.

"Naja, da seht mal zu, wie ihr das in Ordnung bringt. Morgen will euch Otto sehen."

Sie duzten sich.

Am anderen Tag nach der Schule kam Rolf zu mir und holte mich ab:

"Wir sollen zu Onkel Otto kommen!"

Oh je, das Herz war in der Hosentasche. Mutter Dora grinste - Otto war ihr Bruder.

Sie berichtete, wie Onkel Otto mit der Hebamme und dem Fenstergucker Koser am Vormittag die Karambolage nachvollziehen wollten. Immer wieder trat die Hebamme auf den Anlasser.

"Nee, so hat's nich jeglungen!" meinte Koser.

Da ließ sie den Motor an.

"Ja, so war's!"

"Das ist doch nicht möglich!" erstaunte sich die Hebamme.

Sie kamen nicht hinter das Geheimnis.

Wir klopften im ersten Stock an.

"Herein!"

Zaghaft öffneten wir die Tür, Pape Rolf voran.

"Ja?"

Von hinten sah ich ihn in einem großen Ledersessel an einem schweren Schreibtisch sitzen. Er drehte sich nicht um. Rolf stammelte:

"Onkel Otto, wir haben da gestern eine Dummheit gemacht und wollten uns entschuldigen."

Jetzt erst wendete er langsam sein Gesicht zu uns.

Nun wollte er es genau wissen, wie's war. Zum Schluß sagte er:

"Naja, da seht mal zu, wie ihr das wieder in Ordnung bringt."

Wir bedankten uns für die Güte und verschwanden. Ich dachte jetzt an Unkosten. Aber Rolf sagte:

"Mensch! Das ist doch toll. Ich habe guten Tischlerleim. Das machen wir gleich."

Wir wärmten den Tischlerleim, der ja immer furchtbar stank, wenn er auf dem Ofen stand, und kleisterten die ausgeplatzten Stücke der Füllung wieder zusammen. Nach 40 Jahren hatte ich die Lutherstraße besucht. Die geleimte Füllung war noch korrekt vorhanden.

Lutherstraße in Weißenfels, Foto 1953

Lutherkirche zu Weißenfels, Foto 1953

Die Reifeprüfung in der Schule rückte immer näher - und damit die Entlassung.

Mit zwei Klassenfreunden fertigte ich eine Abschiedszeitung an. Darin kam jeder vor, jeder Klassenkamerad, jedes Mädchen der Parallelklasse und jeder Lehrer. Es wurde darin gewitzelt, persifliert und orakelt, und es wurde ein Erfolg.

Die Lehrer nahmen an der Abschlußfeier und -geselligkeit teil. Es waren Stunden der Freude, der Erinnerung, aber auch der Ungewißheit Ostern 1941.

Der Krieg hatte schärfere Formen angenommen, und die Lehrer wußten mehr als wir, welchem Schicksal wohl der einzelne entgegengehen würde.

Ich bekam die Aufgabe, eine Adressenliste aufzubewahren für ein späteres Klassentreffen. Das hatte dann nie stattfinden können, weil die Nachkriegswirren diese Liste vernichtete.

Welchen Beruf sollte ich ergreifen? Ich wollte gerne Musik studieren. Das Klavierspielen hatte mich schon immer fasziniert, wenn mein Cousin Heinz Kannewurf spielte. Ich stand dann daneben, verfolgte jeden Griff und wendete das Notenblatt. Meine Eltern hatten jedesmal Einwände, wenn ich um ein Klavier bat.

Jetzt nun kam die Entscheidung:

"So ein Hungerberuf", sagte mein Vater, "mit der Zeit muß man gehen!"

Und was gebot die Zeit? - Technik!

Ich zeigte Neigungen sowohl im Künstlerischen als auch im Technischen. Die Entscheidung war nicht leicht. Wenn für die Technik entschieden würde, müßte sie etwas mit der Fliegerei zu tun haben.

Förster Rolf war in einer Schuhfabrik in die Lehre gegangen, also Bürofach. Pape Rolf ging zum Arbeitsamt, also Verwaltungsbeamter. Cousin Heinz hatte nach dem Molkereifach das Bankfach erlernen können und Margot Buchhalterin in der Lipsia-Schuhfabrik.

Ich wollte schließlich Ingenieur werden im Flugzeugbau. Zu dieser Laufbahn gehörte, daß ich zwei Jahre in der Produktion praktizieren mußte.

Als Praktikant volontierte ich zunächst bei den Eisen-und Stahlwerken Meier und Weichelt in Leipzig-Großtschocher. Die steckten mich vorerst in die Gießerei, bei der ich ein halbes Jahr zuschaute und auch mit zur Hand ging.

Aber wie bedrückte mich die Werksatmosphäre: Schlote, Rauch, große unsaubere Werksgebäude, Hallen, Lärm und Gestank. Da stand ich im Schmelzbetrieb am Kupol-Ofen, ich lernte in der Formerei, Kernmacherei, Temperei, Modelltischlerei und Modellschlosserei, in der Gipserei und auch in der Gußkontrolle.

Nach dem halben Jahr praktizierte ich in der Werkzeugausgabe, im Vorrichtungsbau, in der Dreherei, Fräserei, im Maschinen-, Stahl- und Schleifmaschinenbau. Jetzt mußte ich um fünf Uhr aufstehen und wie mein Vater zur Bahn eilen. Immerhin dauerte die Fahrt nach Leipzig fast eine Stunde. Vom Bahnhof Leipzig erreichte ich das Werk mit einer weiteren halben Stunde Straßenbahnfahrt.

Ein Jahr ging das so. Dann sollte ich ins Flugzeugwerk Erla, auch in Leipzig gelegen. War es schon bisher schwer, die Bahnfahrzeiten mit der Arbeitszeit in Einklang zu bringen, so konnte ich jetzt nichts miteinander koordinieren. Kurzerhand bewarb ich mich für das zweite Praktikantenjahr in den Nolleschen Werken in Weißenfels.

Das war eine Maschinenfabrik, die vornehmlich Maschinen für die Schuhindustrie herstellte, aber neuerdings auch Rüstungsgüter. Hier lernte ich kein Jota dazu; es war verlorene Zeit. Mit dem leitenden Ober-Ingenieur bekam ich hier "Krumpel", weil ich mich über ihn und seine Freundin geäußert hatte. Er wohnte nämlich in dem Haus meiner Freundin Marianne. Von ihr erfuhr ich über seine Seitensprünge und ließ einem Arbeiter gegenüber, der an der Bohrmaschine tätig war, eine Bemerkung fallen. Das hörte die Arbeiterin nebenan und gesellte sich dazu.

Ich wußte nicht, daß es ausgerechnet diese Dame war, mit der Herr Ober-Ingenieur die "Sprünge" machte. Er schrieb die Zeugnisse aus. Somit fiel das Zeugnis für mich nicht glänzend aus wie das von Meier und Weichelt.

Während dieser Volontär-Zeit besuchte ich in der Ingenieurschule zu Leipzig zwei Vorsemester.

Hier lernte ich die Professoren- und Doktor-Asse des Ingenieurwesens kennen. Diese Immatrikulation trug u.U. zu meiner späteren Lebensrettung bei.

*

Die Hitlerjugend-Arbeit machte mir immer mehr Spaß.
Ich avancierte zum Kameradschaftsführer und schließlich zum Scharführer. Neben dem sonntäglichen Fliegen gab es Kameradschaftsabende, die zu gestalten waren. Neben theoretischem Unterricht vergnügten wir uns musikalisch. Der Fliegergefolgschaft gehörte ein virtuoser Schifferklavierspieler an. Ich besaß eine sogenannte Teufelsgeige. Die konnte das Schlagzeug ersetzen, wie Pauke, Schellen, Becken und Trommel. Da gab es ein Gaudi, daß der Klassensaal in der Schule, wo solche Abende stattfanden, überfüllt war. Der Gefolgschaftsführer zeigte sich als vorbildlicher Kamerad und auch Organisator. Er war stud.Ing. im 5.Semester der Ingenieurschule Leipzig und baute einen Benzinmotor für ein Flugmodell. An diesem Problem nahmen wir alle Anteil. Jeden Zylinder und jeden Kolben und jede Welle hatte er von Hand angefertigt, den Propeller auch. Zum Schluß schnurrte der Motor, sprang nur immer schwerlich an.
Da ich meist zu den Dienstabenden den Unterricht übernahm, sie hießen Kameradschaftsabende, machte er mich zum Flugsachbearbeiter. Ich trug die Geschichte der Luftfahrt vor oder legte die Flugphysik dar. Dadurch hatte ich auch den Flugdienst zu organisieren und damit die Verbindung mit dem Ortsführer des NSFK wahrzunehmen. Der Flugdienst mußte mit den Fluglehrern koordiniert werden.

An meiner Seite hielt ich mir meinen Förster Moppel. Wir trugen Verantwortung, so jung wir auch waren. Es bildete sich dadurch ein bescheidenes Persönlichkeitsbild, das aber letztlich bis zum "Heldentod" mißbraucht wurde.

Über die Tschirnhügel-Fliegerei war ich durch die Besuche der Reichssegelflug-Schule hinaus, hatte aber immer noch nicht meine C-Prüfung. So fuhr ich mit Bahn und Fahrrad zum Wochenende aufs Segelfluggelände Punschrau. Das lag südlich von Naumburg. Hier wurde mit der Winde geschult. Wenn ich in der Luft war, sah ich unter mir eine feenhafte Landschaft der Unstrut und Saale, die Rudelsburg und die Saaleck.

Da passierte es einmal, daß ich bei den vorgeschriebenen Vollkreisen ins Trudeln kam. Panik ergriff mich. Ich riß den Knüppel an den Bauch, was erst recht falsch war, sah nochmals alle meine Lieben und meinte, es sei zu Ende. Aber das Flugzeug hatte mit mir ein Einsehen. Es richtete sich auf, und ich konnte meine Flugfiguren fortsetzen. Der Fluglehrer hatte das alles mit dem Fernglas verfolgt. Als ich gelandet war, sagte er:

"Was war denn los, Meißner?"

Ich wußte es nicht.

An irgend einem Wochenende war meine "C" dann fällig.

Von seiten des BDM, des Bundes Deutscher Mädel, kam eine Anfrage, ob es BDM-Mitgliedern gestattet sei, am Segelflug teilnehmen zu können. Ich konferierte mit dem NSFK. Ergebnis: nein!

Das teilte ich der Betreffenden mit. Wir trafen uns.

Seitdem trafen wir uns immer; wir verliebten uns und blieben von nun an verbunden.

Es war Marianne. Die Eltern betrieben das "Kaffeehaus", ein großes Restaurant am anderen Ende von Weißenfels.

Unser Gefolgschaftsführer wurde einberufen, die Führung der Fliegergefolgschaft immer jünger. Ich war sein Nachfolger und damit der oberste Führer der Flieger-HJ zu Weißenfels. Moppel machte ich sofort zum Geldverwalter, und Pape Rolf avancierte vom Kameradschaftsführer zum Scharführer. Da klappte alles ohne Schwierigkeiten. Ob das alles nun am Können lag, sei dahingestellt, vielleicht lag es an der Alters-Hierarchie, denn nach Jahrgängen wurde man zum Kriegsdienst gerufen.

Nur die jetzt einsetzenden nächtlichen Fliegeralarme mürbten die Menschen. Die Scheinwerfer suchten den Himmel ab. Unsere Flak schoß aus allen Rohren. Der Feind suchte das Leuna-Werk. Ich stand im Hof und schaute in den Himmel, um ja alles mitzubekommen. Der Mann von Weiß Hanni, sie hatte geheiratet und hieß jetzt anders, holte mich immer wieder in den Keller:

"Komm rein, Rolf! Wenn du einen Splitter auf den Kopf bekommst, kannst Du nie mehr hochschauen!"

Die Flaksplitter richteten Schaden an. Sie pfiffen durch die Luft, und mit einem dumpfen Schlag erstickte das Pfeifen. Ich hatte Flaksplitter im Hof aufgelesen, ganz schöne scharfkantige Metalle.

Aus dem Schlaf gerissen, meldete sich jedesmal auch der Magen. Ich machte mir eine Marmeladen-Stulle. Das sollte nicht sein, denn die Rationen waren bemessen. Lebensmittel gab es nur auf Zuteilung durch gedruckte Lebensmittelkarten, wo Abschnitt für Abschnitt ge-schnippelt und dringend rationell eingekauft wurde. Bananen und andere Südfrüchte gab es schon lange nicht mehr. Fleischwaren, Butter und andere Fette, Eier und Mehl waren rationiert worden, und von Halbjahr zu Halbjahr wurden die Rationen mehr und mehr ge-kürzt. Die Bevölkerung wurde gemeinsam schlanker, was als ein Zeichen der Volksgemeinschaft gewertet werden konnte, denn das Zusammenhalten wurde propagiert, "Volksgenosse" und "Gemeinnutz" gehörten zum täglichen Wortschatz.

Eine erbauliche Abwechslung gediehen mir und Moppel durch die Fliegerbekanntschaft mit Falko Haase. Der Vater war Professor, Bildhauer und Kunstmaler. Sie bewohnten eine Villa im Park. Hier trafen wir oft zusammen. Hier lernte ich Licht und Schatten in der Malerei kennen und einige Techniken mehr. Wir hielten uns viel im Atelier auf. Falko war selbst ein junger Künstler. Er modellierte einen Luftschutzmann mit freiem Oberkörper und mit Schippe: Symbol des Luftschutzes. Ich stand Modell.

Die Plastik gelang. Sie diente zum Zwecke eines Preisausschreibens. Sie bekam den Ersten Preis zugesprochen. Falko erhielt also den Ersten Preis von Groß-Deutschland!

Ich war stolz! Das war doch was!

Falko ging noch ins Gymnasium. Zu dieser Klasse gehörte auch Günter Zabel. Der mußte täglich einen beschwerlichen Weg zurücklegen, alldieweil er in dem Dorf Aupitz bei Weißenfels wohnte.

Mit ihm traf ich unverhofft nach 55 Jahren wieder zusammen.

In einer besonders dunklen Nacht kam ich einmal nach Hause, es war 22 Uhr, mein Vater nicht anwesend, und von meiner Mutter lag ein Zettel auf dem Tisch:

"Bin im 'Haus Margot', Onkel Paul gestorben."

Nun, ich kannte ihn schon lange als leidenden Menschen. Aber ich war zutiefst erschrocken.

Ich begab mich sofort wieder auf den Weg und schritt einsam durch die Dunkelheit zum Eichberg. Als ich die letzte Straße der Stadt verlassen hatte, bog ich in den Beuditzweg ein. Er bildete die Verlängerung der Beuditzstraße, nur gab es hier weder Pflaster noch Baum, dafür links und rechts Felder, ein bißchen unheimlich. Der sandiglehmige Weg war breit, aber er wurde geteilt durch Markierungssteine aus Granit. Ich mußte achtgeben, im Dunkeln nicht darüberzufallen.

Ich beschleunigte meine Schritte und erreichte die ersten Gärten, die vor langer Zeit hier angelegt worden waren. Gegen den Himmel hob sich vor mir der hohe Bahndamm ab, der die Verbindung nach Zeitz ermöglichte.

Jetzt hatte ich den Tunnel erreicht. Es wurde gruselig.

Links oben lag die Gartenanlage 'Güldene Hufe', und nach rechts leicht abwärts ging es zum 'Haus Margot'. Aber erst mußte ich noch an dem Birkenwäldchen vorbei, das sich unterhalb des Bahndammes entlangzog. Ein Stück hin ragten links Pappeln wie Gespenster in den Nachthimmel. Ich war froh, nun den baum-und strauchlosen Anstieg zum Eichberg erreicht zu haben, bis der Weg schmal wurde und hinunterführte in das Wäldchen, in dem 'Haus Margot' stand.

Ich sah aus dem kleinen Küchenfenster ein fahles Licht nach draußen dringen. Aber die Dunkelheit wurde dadurch kaum unterbrochen. Die Bäume hielten dieses und auch das letzte Nachtlicht zurück.

Ich war angekommen und klopfte.

Meine Mutter öffnete.

Tante Gertrud saß gefaßt am knisternden Herd. Wir schwiegen, bis meine Mutter sagte:

"Willst du ihn mal sehen?"

Sie führte mich in die kleine Stube, die im kalten Winter immer als "kleine Gaststube" diente. Mutter schlug das Bettlaken zurück.

Ich sah - eigentlich das erste Mal in meinem Leben - einen Toten.

*

Wieder wurde es Weihnachten, Kriegsweihnachten 1941, im Rundfunk mit herzerweichenden Gruß-Sendungen von Frontabsschnitt zu Frontabschnitt.

Margot verlobte sich mit einem zackigen und schneidigen Unteroffizier des Infanterie-Regimentes 53. Es war in Weißenfels stationiert. Er hatte bereits den Polenfeldzug hinter sich und auch das Eiserne Kreuz Zweiter Klasse. Die Familie war stolz, ihn in ihrem Kreis zu haben. Die Verlobung geschah bei uns in der Lutherstraße unter dem Weihnachtsbaum. Ich mußte den Raum verlassen. Das Gemüt spielte bei uns zu Hause immer eine Rolle.

Im Jahr darauf war Hochzeit. Nun hieß Margot Kannewurf "Frau Hensel". Sie war verhältnismäßig jung, aber Otto um so reifer. Er zählte sieben Lenze mehr.

Ich ahnte noch nicht, daß er in meinem späteren Leben eine Rolle spielte.

Den sogenannten Frankreich-Feldzug hatte Otto als Berufssoldat überlebt und kam als Feldwebel zurück.

Da schlug in der Lutherstraße eine Nachricht in die Gemüter, die betretenes Schweigen auslöste:

Barichs Fritz war gefallen.

Das Leben ging weiter, und der Dienst ging weiter.

Da traf uns die nächste Nachricht: Moppel und ich, wir bekamen den. Einberufungsbefehl. Wir sollten uns in Kommotau im Egerland melden. Wie bedauerlich für mich, denn ich steckte mitten im Semester. So begab ich mich zum Wehrbezirkskommando und trug meine Bitte vor, wenigstens das Semester beenden zu dürfen. Ich glaubte nicht an einen Erfolg. Da sagte der Leiter des Bezirkskommandos:
"Ja, das können wir machen."
Donnerwetter, damit hatte ich nicht gerechnet, hatte aber zugleich ein schlechtes Gewissen, Rolf Förster ohne mich einrücken zu lassen. Er hatte aber keine Chance.
Es war Spätsommer 1942, die Schlacht um Stalingrad stand bevor.

Weihnachten desselben Jahres kam er auf Urlaub. Seine Rekrutenzeit hatte er bei der Flak abgedient. Nun hoffte er, zum Fliegenden Personal zu kommen. Aber jetzt waren wir erst mal zusammen: Rolf Förster, Rolf Pape und Rolf Meißner.
Es war das letzte Mal, daß ich "Moppel" gesehen hatte.

Am 5.April 1943 war ich endgültig an der Reihe:
"Bei der Luftwaffeneinheit soundso in Eger melden!" hieß der Befehl. Die Führung der Flieger-HJ verjüngte sich dadurch sprungartig. Scharführer Pape rückte nach, und ich machte Günter Zabel zum Scharführer. Er war über zwei Jahre jünger als ich. Der Dienst beschränkte sich ohnehin nur noch auf das sonntägliche Fliegen.
Selbst da gab es Schwierigkeiten.

Onkel Walter lag zu dieser Zeit im Krankenhaus; er sollte operiert werden. Krebs hatte die Milz befallen. Meine Mutter bat mich, ich sollte ins Krankenhaus gehen und mich von ihm verabschieden. Ein sonderbarer Abschied:
"Ich freue mich aber, mein Kleener, daß wir uns noch einmal sehen." Meinte er nun sich, der vor einer Operation stand, oder mich, der in den Krieg zog? Es war wirklich ein Abschied in die Ewigkeit.

Meine Mutter brachte mich zum Bahnhof. Mein Vater ging an diesem
Tag wie immer seiner Pflicht nach.
Wir erreichten schweigend den Bahnsteig.
Da begegneten wir dem Berufsschullehrer Wagner. Er hatte mich in
der Werkstatt der Segelflieger ausgebildet. Unter seiner Leitung hatte
ich den Knotenpunkt vollbracht. Er mußte sich auch in Eger melden.
"Passen Sie auf meinen Rolf auf", sagte meine Mutter zu ihm.
Wir stiegen ein.
Mutter war tapfer, sie weinte nicht.
Ich sah hinter dem Abteilfenster zu ihr hinunter, sie zu mir herauf.
Wir schwiegen.
Was mußte meine Mutter in diesem Augenblick empfunden haben?
Was müssen alle Mütter durchgestanden haben? Hätten alle Jungen
in ihre Herzen schauen können, wir wären vielleicht nicht so pflicht-
bewußt davongefahren.
Hier war es zwingender Gehorsam.
Der Zug fuhr an.
Wir verloren uns aus dem Blick.
Ich war mir jetzt sicher, daß mit dem Anrollen des Zuges meine golde-
nen Kinderjahre endgültig vorbei waren.

"Haus Margot" 1940

"Haus Margot" 1987

*"Der Luftschutzmann ",
modelliert von Falko*

Rolf F., Rolf M. u. Falko

Jugendzeit im Zweiten Weltkrieg

Der Zug ratterte in den Tag hinein.
Ich schaute immer durchs Fenster und wollte die Landschaft verfolgen. Wie sah es anderswo aus, weitab von der Umgebung von Weißenfels? Auch Herr Wagner war still.
Wir hingen unseren Gedanken nach. Er hatte Familie.
Nur ab und zu sprachen wir über die gewesene Arbeit in der Flieger-HJ und dem NSFK. Dann nahm mein Blick wieder die vorbeiziehende Landschaft auf.
Obwohl wir nach Südosten fuhren, wurde es immer kälter.
Stunden ratterten wir über die Gleise.
Ich dachte an meine Mutter. Sie wird leiden und zu ihrer Schwester ins Haus Margot gegangen sein, dachte ich, aber selbst nahm ich diesen Tag hin wie damals meinen Schulanfang: ergeben.

"Wir sind bald da", sagte Herr Wagner.
"Eger!" rief draußen einer.
Eine Staatsgrenze hatten wir nicht passiert. Das Sudetenland war 1938 in einem militärischen Akt dem Deutschen Reich angeschlossen worden. Die Kasernen schienen nicht weit weg vom Bahnhof gewesen zu sein. Wir waren plötzlich da und wurden normal freundlich empfangen, ohne Gebrüll und Kommando, sollten erst mal in diesem Raum die Nacht verbringen.
Ein leerer Raum war mit Stroh ausgelegt worden. Es fanden sich immer mehr ein in diesem Provisorium.
Herr Wagner wandte sich mir zu:
"Nun sagst du natürlich 'du' zu mir. Wir sind jetzt Gleiche unter Kameraden."

Dann unterwies uns ein Unteroffizier: Essen fassen, morgen früh Appell, Einkleidung, zivile Habe in den Koffer und den zurück nach Hause schicken!

Es wurde 22 Uhr. Wir waren etwa 15 Mann in diesem Raum mit Stroh. Das geblasene Signal: "Soldaten müssen zu Bette geh'n ....." hörte ich jetzt mit anderen Gefühlen als damals im Zeltlager.

In der Nacht wurde ich munter. Neben mir schlief einer, der redete laut im Schlaf. Ich konnte ihn nicht verstehen. Er gestikulierte, fuchtelte mit den Armen und schlug um sich. Ich hüpfte in Sicherheit: 'Was ist denn das!' dachte ich, 'hoffentlich gibt's nicht noch mehr dieser Typen.'

Der neue Tag hatte uns im Griff. Ich staunte über den Schnee, der in der Nacht über uns gekommen war. Wollte der Himmel mir meine künftigen Jahre sichtbar machen?

Die Einkleidung bedurfte einiger Hürdensprünge. Allein Stiefel, sogenannte Knobelbecher, für meine kleinen Füße zu bekommen, bereitete mir viel Zeitverlust. Dann empfingen wir den fliegerblauen Rucksack. Erstaunlich, was in den alles hineinpaßte. Es wurde zum Schluß eine gerollte Decke und Zeltplane übergeschnallt. Und vor dem Spiegel sah ich mich nun in einer ertragbaren Uniform der Deutschen Luftwaffe. Von nun an hieß es: "Flieger Meißner".

Dann war es so weit: Das letzte Stück "Zuhause" wurde abgegeben. Man schickte es zurück. Ich behielt wenige Kleinigkeiten, die mir "heilig" waren, z.B. den Haustür-und Wohnungsschlüssel.

Noch einmal Essen fassen, dann wurden wir verladen. Ein langer Eisenbahnzug stand bereit, je vier Mann in ein Abteil. Wir wußten nicht, wohin es ging. Nach Frankreich, hieß es lapidar.

Seit 1940 schon war Frankreich in einem zweiten Blitzkrieg besiegt und bis auf einen Teil besetzt worden. Wir fuhren die Nacht hindurch. Zwei Mann schliefen in den Gepäcknetzen, zwei auf den Sitzbänken. Der neue Tag führte uns frühmorgens durch die Pfalz. Mein Gott, welcher Unterschied, hier blühten die Bäume. Und den Rhein sah ich zum ersten Mal. Wir fuhren darüber.

Dathe Osker holte mich ein mit der Geschichte des Rhein: "Deutschlands Strom, nicht Deutschlands Grenze!"
Und die Erdkunde und Geologie hob sich über die Schwelle meines Bewußtseins: "Der Rheingraben!"
Ich starrte aus dem fahrenden Zug. Wir hielten. Die erste Station in Frankreich, die ersten Franzosen: Bahnbeamte mit ihren aufgestylten Mützen.
Essen fassen in der Bahnhofsmission! Sie diente jetzt mehr dem Militär. Alles war bestens organisiert. Wir brauchten nicht zu warten.
Das Kochgeschirr erlebte auch seinen Inhalt zum ersten Mal.

Der Zug rollte an, und weiter ging's nach dem Süden.
Es wurde wärmer. Schließlich waren wir drei Tage und drei Nächte unterwegs.
Dann hieß es: "Aussteigen!"
Ein Blick auf das Stationsschild verriet: "Romorantin".
Ach wie wundersam: kleine Häuser mit Gärtchen, die Fenster und Fensterläden geschlossen. Kein Mensch weiter zu sehen; nur die Sonne strahlte uns an, fast unangenehm. Ein Blick auf die Karte verriet, daß wir vom 50. Breitenkreis bis südlich des 47. gedriftet waren. Wir befanden uns südlich von Blois und Orleans.

Ein riesengroßes blaues Hochzelt nahm uns auf. Drinnen standen etwa 100 Betten. In den festen Unterkünften wohnte das Stammpersonal.
Ich war froh, daß Fritz Wagner in meiner Nähe war. Aber nicht lange mehr. Am nächsten Morgen wurden Namen verlesen, die den einzelnen Zügen der Kompanie zugeordnet wurden, und Fritz kam in den Zug der über Vierzigjährigen. Mit denen mußte man offensichtlich anders verfahren als mit uns jungen Spunden.
Jetzt begann also die Rekrutenzeit!

Appelle gab's genug an der Zahl: Kleiderappell, Gasmasken-Appell, Kochgeschirr-Appell. Letzteres immer nach dem Essen. Da standen wir in einer Reihe, und der Gefreite als Ausbilder, selbst noch jung genug, wollte uns beweisen, welche Macht hinter ihm steckte.

Da flogen die Kochgeschirre durch die Lüfte in den mittagheißen Sand. Als die Reihe an mir war, schaute ich ihn durchdringend an. Er gab mir das Geschirr zurück. Ich glaubte, einen verlegenen Zug in seinem Gesicht gesehen zu haben.

Wir lernten Gehen, Marschieren, Grüßen, Laufen und Hinlegen: alles das, was "ein erster Mensch" lernen muß. Weil die Sonne mit der aufsteigenden Jahreszeit immer heißer auf die Uniformen brannte, ging es bei der Ausbildung weniger heiß zu. Die Sonne schien ja auch auf die Ausbilder. Nach drei Wochen wurden wir verlegt.

In der Nacht kamen wir in einer ehemaligen Negerkaserne in Blois an. Sofort konnten wir uns auf irgendeinen Strohsack eines unbesetzten Bettes legen. Am anderen Morgen war es erstaunlich ruhig: Ostersonntag. Mich weckten Kirchenglocken, die allein die Morgenstille durchbrachen. Ich erinnerte mich an Ostersonntag daheim, wo immer ein großer, wunderbarer Topfkuchen mit Zuckerguß auf dem Tisch stand. Wir nannten ihn Rührkuchen.

Irgendwann am Vormittag hieß es dann: "Raustreten zum Appell!"
Der Spieß meldete dem Kompaniechef, daß alle Rekruten angetreten seien. Der war Musikmeister im Range eines Hauptmannes und sollte die junge Kompanie führen. Nach einer Begrüßungs- und Verhaltensrede schloß er:

"Verstanden!?"
"Jawohl, Herr Musikmeister!"
Damit war er nicht zufrieden. Nach einer Belehrung klang das dann so:
"Verstanden!?"
Alle brüllten: "Arschklar, Herr Musikmeister!"

Die militärische Ausbildung ging hier weiter mit Exerzieren, Drill im Drillichanzug und Kriegsspiel im Gelände. Es war hart, mit aufgesetzter Gasmaske zu exerzieren.

Zur weiteren Last der Ausbildung gesellte sich nun der Karabiner, das Gewehr, das jedermann zuteil wurde. Ich war erschrocken über sein Gewicht von 4 Kilogramm. Und den sollte ich immer schleppen?

Ich sollte mich noch wundern: Nicht nur schleppen, damit wurde exerziert! Mit vorgestreckten Armen mußte er in die Waagerechte gebracht und gehalten werden. Wir sollten uns daran festhalten, hieß es zynisch. Ich konnte das zunächst nicht. Er war mir zu schwer. Aber das ständige Hantieren und die immerwährenden Übungen mit dieser "Braut", als solche wir ihn betrachten sollten, ließen mir den Karabiner leichter werden. Später war es selbstverständlich.
Waffenkunde und Schießübungen, Waffenreinigung und Waffenappelle vervollständigten den Dienstplan.

Hier in Blois mußten wir Impfungen über uns ergehen lassen: Der Stabsarzt packte den Muskel der linken Brust, drückte ihn zusammen und rammte rechtwinklig die Spritze ins Fleisch. Allein beim Zuschauen wurde es manchem übel. In der nächsten Woche kam die rechte Seite dran mit demselben Verlauf: Fleisch zusammengepetzt und senkrecht rein mit der Nadel! Nach wiederum acht Tagen bestach er noch einmal die linke Brustseite.

*

Seit Tagen ging es mir nicht gut.
Jetzt konnte ich nicht mehr und stellte mich im Revier vor. Dort behandelte ein Arzt. Er untersuchte mich und meckerte, daß ich so spät gekommen war:
"Die einen kommen, wenn sie nichts haben, die anderen kommen, wenn es fast zu spät ist!"
Ich hatte eine handfeste, eitrige Angina mit hohem Fieber. Man fuhr mich mit dem Sani-Auto durch Blois, an der Loire entlang in eine weiße Villa am Berg: das Lazarett.
Jetzt waren meine Kräfte endgültig erschöpft. Ich fiel ins Bett, konnte eben noch wahrnehmen, daß drei Mann im Zimmer lagen, bekam eine Spritze und war "weg".
An den wenigen Tagen der Besserung genoß ich den Blick über das

Loire-Tal. Es mußten reiche Leute sein, denen diese Villa gehörte. Wo mögen sie jetzt sein? Ein ungutes Gefühl beschlich mich bei dem Gedanken, daß man denen womöglich die Villa einfach weggenommen hatte.

Als ich zur Truppe zurückkam, hieß es wieder: Verlegung!

Wohin denn nun schon wieder, und wann kommen wir endlich zur fliegenden Einheit? Wir alle in der Kompanie hatten uns dorthin gemeldet. Doch jetzt kamen wir damit einen Schritt weiter: zum Flieger--Anwärter-Bataillon Le Havre.

Ich zählte meinen 19.Geburtstag an diesem Tag.

Außerhalb, auf einer Höhe gelegen, fanden wir unsere Unterkunft in einem ehemaligen Waisenhaus, das von Nonnen bewirtschaftet worden war. Ich sah sie auch ab und zu, denn sie ernteten das Obst in ihrem Garten ab. An dem durften wir uns bei Strafe nicht vergreifen. Aber ich konnte von ihnen kaufen. Das war ein Genuß: erst Kirschen die Menge, später die Weintrauben, mehrere Kilo jeden Tag. Ich schrieb nach Hause, daß ich lebe wie "Gott in Frankreich", denn solche Delikatessen wie auch die Pfirsiche hatte ich seit Kriegsbeginn kaum noch gesehen. Dabei war ich immer schon ein leidenschaftlicher Obstesser.

Während wir in Blois noch an dem leichten MG 15, dem Flieger-Maschinengewehr, ausgebildet worden waren, hatten wir jetzt auch die schweren Waffen zu meistern: die Panzerabwehrkanone, kurz PAK genannt, das schwere Maschinengewehr, SMG geheißen, und die ersten Panzerfäuste kamen auf.

Da hieß es eines Tages, daß morgen ein Tagesmarsch in feldmarschmäßiger Ausrüstung stattfindet.

Um 7 Uhr marschierten wir los mit "leichtem" Gepäck. Den Brotbeutel steckte ich voller Munition, denn die Patronentaschen am Koppel faßten nicht genügend. Gasmaske und Karabiner hingen sowieso am Körper, und ich trug noch das MG 15 auf der Schulter, weil man mich zum MG-Schützen gemacht hatte.

So schleppte ich die ersten 10 Kilometer. Dann nahm mir ein Kamerad das MG ab.

Wir marschierten die Küste entlang. Ab und zu wurden die Fußlappen zurechtgerückt. Die Offiziere marschierten mit, die in ihren handgefertigten Stiefeln setzten ein Bein vor das andere wie schwebend, sie trugen kein Gepäck. Es war "eine Freude", ihnen beim Marschieren zuzusehen! Unsere Knobelbecher mußten da schon härter betreten werden. Die waren nicht fußgeschneidert.

Mittlerweile hatten wir 35 Kilometer geschafft. Wo waren wir eigentlich und wie weit ist es zurück?

Manche machten schlapp. Sie wurden auf ein nachfolgendes Fahrzeug geladen.

Ich war jetzt wieder dran, das MG über die Schulter zu nehmen. Die Kameraden rechneten die gelaufenen Kilometer zusammen: 40 - Leute, es geht zurück - 45 - 50 - 56 Kilometer!

Das ehemalige Waisenhaus kam uns vor wie der Garten Eden.

Die Offiziere sagten nichts mehr. Man hatte sich verrechnet und wir uns verlaufen.

Zum Abendessen eierte jeder mit seinem Kochgeschirr und Riesenblasen unter der Fußsohle über den Hof. Keiner bewegte sich normal.

Das Abendessen wurde immer beim Furier empfangen. Der Furier war ein Unteroffizier oder ein Feldwebel, der für die Verpflegung der Truppe zu sorgen hatte. Seit ich in Frankreich war, gab es allabendlich ein halbes Kochgeschirr voll Rotwein. Das war für mich zunächst arg ungewöhnlich, wir Mitteldeutschen waren selten Weintrinker, aber es schmeckte. Wir konnten sogar für eine Reichsmark eine Flasche Champagner kaufen, vielleicht war es auch nur Sekt.

Ich genoß!

Da überredete man mich, daß ich mich auch melden sollte zu einem 14 tägigen Panzer-Nahbekämpfungs-Lehrgang. Schließlich sagte ich zu, sollte es aber bald bereuen. Das waren Furioso-Tage mit völliger Erschöpfung.

Nicht nur, daß wir Handgranaten zu schmeißen hatten, wirklich scharfe, wir hatten sie auch zu bündeln und als geballte Ladung einem Panzer oben übers Geschützrohr zu legen, "abzuziehen" - also

sie durch Ziehen an einer Schnur des Griffes nach fünf Sekunden zur Detonation - und uns, so gut es ging, in Sicherheit zu bringen. Aber um an das Geschützrohr zu kommen, mußten wir auf den fahrenden Panzer aufspringen. Jeder Panzer hatte auch einen sogenannten Toten Winkel. Den galt es, auszunutzen, um an den Panzer heranzukommen, ohne selbst abgeschossen zu werden. Eine geballte Ladung war auch so anzubringen, daß die Ketten gesprengt wurden. Das alles abverlangte die letzte Körperkraft, den letzten Atem: immer hoch auf den Panzer und wieder runterspringen, ranpirschen, in Deckung robben und dabei sich selbst nicht in die Luft sprengen.
Ich war froh und geschafft, als die 14 Tage vorüber waren.
Die anschließenden drei freien Tage hatten wir Teilgenommenen bitter nötig!

Der Dienstplan sah auch Geländeübungen vor, dabei wurde der Grabenkampf simuliert. Ich kannte Geländespiele von meiner Zeit in dem Jungvolk und der Hitlerjugend her. Jetzt rückte der Ernstfall näher. Zwei Gruppen lagen sich im Graben gegenüber. Es wurde mit Platzpatronen geschossen und was sonst noch nötig war bei solchen Übungen. Da bemerkte ich beim "Feind" eine Bewegung im Graben.
'Die haben doch etwas vor', dachte ich und beobachtete vor mich hin. Da dämmerte es mir, und ich meldete:
"Bitte Herrn Gruppenführer melden zu dürfen, daß der Feind uns offensichtlich in der Flanke aufrollen will!"
Er schaute verdutzt und gab seine Befehle zur Gegenwehr.
Unsere Gruppe hatte gewonnen.

Nach Tagen, ich hatte den Vorfall fast vergessen, hieß es beim Morgenappell:
"Flieger Meißner, um 10 Uhr zum Rapport!"
Donnerwetter! Was hatte ich denn ausgefressen? Die Kameraden schauten und fragten. Ich wußte aber auch nichts.
Wenn man zum Rapport berufen wurde, hatte man in tadelloser Uniform beim Chef der Truppe zu erscheinen, mit Hohem Hut, das war der Stahlhelm, wir nannten ihn auch "die Hurra-Tüte".

Ich trat ein, grüßte mit der Hand am Stahlhelm und Hacken zusammen:
"Flieger Meißner meldet sich wie befohlen zum Rapport!"
Der Hauptmann sah mich an:
"Ich wünsche, daß Sie sich als Kriegsoffizier bewerben. Unsere Wehrmacht braucht Offiziere!"
Ich machte Ausflüchte.
Ich sollte es mir überlegen. Ich hatte aber kein Interesse.
Noch einmal davongekommen, meinte ich.

*

Da kam plötzlich der Befehl, daß wir in Stellung gehen sollten.
Wir wurden an die Küste verfrachtet und bekamen einen Bunker zugewiesen. Ich "bewohnte" mit einem Unteroffizier und noch drei Mann den Bunker mit dem Namen "Gestrandete Piloten".
Bis auf das Wacheschieben war es eigentlich eine geruhsame Zeit. Mit dem Unteroffizier, er hieß auch Wagner, spielte ich viel Schach. Nur fehlte mir der Schlaf, denn Tag und Nacht alle vier Stunden mußten wir zwei Stunden auf Wache und das Meer beobachten. Man befürchtete die Invasion.
Da lösten die Offiziere zu allem Überfluß auch noch einen nächtlichen Alarm aus. Das geschah in den vier Stunden, wo ich hätte schlafen dürfen. Ich fand mich kaum wieder vor Müdigkeit. Mit Stahlhelm, Gasmaske und Knarre (Gewehr) ließ ich mich rückwärts aufs Bett fallen. Auf den Beinen konnte ich mich nicht halten.
Da weckte mich plötzlich ein Leutnant, schnaufte und schrie, er wolle mich vors Kriegsgericht bringen!
Nun, er brachte nicht.

An der Küste hatten wir eine Panzerabwehrkanone. Unsere Bunkerbesatzung sollte sie bedienen. Der Zugführer, Leutnant Horn, kommandierte den Schießablauf. Wir theoretisierten an ihr herum und simu-

lierten das Schießen. Ich wurde als Richtkanonier ausgesucht. Auf der See waren Holzbaken als Ziele aufgebaut worden.

Eines Tages kam der Oberst zur Besichtigung. Alle schweren Geschütze wurden mit scharfer Munition zum Einsatz gebracht. Die Lafette unserer PAK ruhte hinten auf zwei ausladenden Stützstreben. Wir Bedienungsleute saßen mit einer Gesäßbacke je links und rechts auf der Lafette, ein Bein bilderbuchmäßig ausgestreckt.

Der Oberst stand mit dem Fernglas wie unser Leutnant Horn, um die Einschläge verfolgen zu können. Fünf Schuß waren vorgesehen. Ich schaute durchs Zielrohr und richtete, dann mußte ich den Schuß mittels eines Hebels auslösen. Die PAK hatte einen solchen Rückstoß, daß wir kopfüber von der Lafette geworfen wurden, die Mützen flogen vom Kopf, und wir landeten im Sand.

Keiner lachte.

Beim zweiten Schuß waren wir gewarnt. Wir setzten uns nicht auf die Lafette.

Nach dem vierten Schuß sagte der Oberst zu seinem Adjudanten: "Ich bin gespannt, wann die einmal treffen."

Nach dem fünften Schuß aber wandte sich Leutnant Horn zum Oberst:

"Bitte Herrn Oberst melden zu dürfen: fünf Schuß, fünf Treffer!"

Der staunte. Er hatte nicht bedacht, daß wir mit Panzergranaten schossen, die keine Sprengwirkung hatten. Sie durchstießen lediglich die Wand, die im Ernstfall eine Panzerwand gewesen wäre.

Nach Wochen konnten wir zur Kompanie zurück, in unser Waisenhaus. Wieder hieß es eines Tages für mich:

"Um 10 Uhr zum Rapport!"

Der Chef gab nicht auf wegen meiner Meldung zum KOB (Kriegsoffiziersbewerber). Ob ich mir im klaren wäre, daß ein Krieg aus Offiziersmangel verloren gehen könnte. Er wollte dem Kommandeur mein Ja-Wort melden.

Ich bedeutete, daß ich nach dem Krieg gleich mein Studium als Ingenieur aufnehmen wollte, denn die würden dann doch verstärkt gebraucht.

Er bestand aber darauf.
Da nahm mich und noch einen Kameraden ein Feldwebel mit auf eine Dienstreise nach Paris. Im Luftpark St.Cyr sei etwas abzuholen. Die Freude war groß, Paris zu sehen. Wir konnten in einem Hotel schlafen. Ich bestieg den Eiffelturm und erlebte den Luna-Park. Das war ein großer Vergnügungspark mit Riesenrad, Karussels, Achterbahn und Wildflußfahrten, wie ich es noch nie gesehen hatte. Ich bestaunte die hübschen Pariserinnen, denn geschminkte Frauen hatte es in Deutschland selten gegeben. Man legte Wert auf Natur, Glaube und Schönheit, Germania ließ grüßen!
Leider waren die drei Tage allzuschnell vorbei.

Kurze Zeit darauf hingen Listen aus. Damit wurde eine große Versetzungsaktion eingeleitet. Auf den Listen standen alle, die jetzt zu den unterschiedlichsten fliegenden Einheiten versetzt wurden. Jeder suchte aufgeregt seinen Namen. Ich machte mir nun keine Hoffnung mehr. Mußte ich doch zur Offiziersschule.
Aber siehe da, ich entdeckte meinen Namen auf der Liste zu einer Flieger-Anwärter-Kompanie. Ob das ein Versehen war? Ich muckste nicht. Noch hatte ich verschiedene Souvenirs aus Paris nach Hause zu schicken. Es blieb keine Zeit zum Verschnüren. Ich bat den Kameraden auf der Poststelle, den Rest für mich zu erledigen.
Stillschweigend dampfte ich ab.
Die Souvenirs waren nie angekommen.

Wir zählten etwa zehn Fliegersoldaten, die mit dem fahrplanmäßigen Zug nach Stralsund zu fahren hatten. Ein Eisenbahnwagen war für uns reserviert worden. Unser Ziel war jedoch Bug auf Rügen. Dazu mußten wir auf einen Kahn warten, der uns hinschipperte. Deswegen hatten wir hier in Stralsund langen Aufenthalt. Wir besuchten eine Kino-Vorstellung. Man spielte augenblicklich den neuen Film mit Hans Albers: "Münchhausen". Unsere kleine Gruppe teilte sich, denn ich entschied mich für den Film "Lache Bajazzo".
Dann stiegen wir in das Motorboot. Wir fuhren an Hiddensee vorbei. Von der kunstreichen Bedeutung der Insel wußte ich damals wenig.

Drei Stunden dauerte die Überfahrt. Dann bot uns eine Baracke in dem Buger Forst die neue Unterkunft.

Bug ist eine schmale Halbinsel, die sich wie ein Wurm nordwestlich von der Insel Rügen fortsetzt.

Die Folgezeit brachte bittere Enttäuschung und Wut! Den Flugplatz sahen wir nicht. Wir wurden nur geschliffen, daß uns die Zunge zum Hals raushing; und die Verpflegungsverhältnisse ließen zu wünschen übrig.

Nach wenigen Wochen schickte man mich zur Fliegertechnischen Schule Faßberg. In meinen Papieren stand als Beruf "stud.Ing."; das war der Auslöser. Somit bildete man mich zunächst als Bordmechaniker aus.

Faßberg liegt in der Lüneburger Heide. Der Flugplatz war riesengroß, die Hallen und Unterrichtsräume universitätsmäßig eingerichtet. Diese Einrichtungen waren 1934 aus der Hanseatischen Fliegerschule hervorgegangen.

Es mußte gelernt werden, nur gelernt: die gesamte Technik und Funktion besonders der zweimotorigen Heinkel He 111.

Die Stubenkameradschaft war ausgezeichnet. In der freien Zeit wanderten wir durch die Heide nach den Dörfern Müden und Hermannsburg.

Eines Tages besuchte mich meine Freundin Marianne. Sie mußte aber am selben Tage wieder zurück. Wir freuten uns, wenigstens ein paar Stunden zusammen gewesen zu sein.

Die fortschreitende Jahreszeit brachte langsam Kälte ins Land. Während der Arbeit in den Hallen, wo wir gelernte Technik in die Praxis umzusetzen hatten, war es kalt, und abends hatten wir kaum Zeit, die Bude warm zu machen.

Allmählich ging es auf Weihnachten 1943 zu. Unser Spieß organisierte zu einer Feier Unterhaltung. Er hieß Kroll und schickte jeden auf Sonderurlaub, der irgend etwas zur Feier beitragen konnte, damit er seine Utensilien holen konnte. Ich hatte daheim ein Tubaphon, ein Röhrenglockenspiel. Das durfte ich holen.

Es wurde ein Orchester zusammengestellt und sonstige Darbietungen probiert. Ich verdingte mich noch als Imitator von Theo Lingen und Heinz Rühmann. So entstand ein "Zirkus Kroll".

Und als Heiligabend vorüber war, konnte ich mein Instrument per Sonderurlaub von drei Tagen auch wieder nach Hause bringen.

Der Januar 1944 ging noch hin in Faßberg. Ich erinnere mich, viel gefroren zu haben.

Endlich kam die Versetzung zum Fliegenden Personal.

Es ging nach Rahmel. Das lag etwas südlich von Danzig. Heute heißt es anders.

Hier ging es gleich los: Mit den Lehrern rein in die Focke Wulf Weihe, eine Zweimotorige in Holzbauweise.

Es wurde fleißig geflogen.

Als Startverpflegung gab es extra Milchsuppe mit Nudeln, Schokolade und Zigaretten. Ich rauchte aber nicht. So konnte ich anderen eine Freude machen.

Nach den Orientierungsflügen folgte das Zielschießen aus der "fliegenden Mühle". Wir flogen auf See raus. Dort ankerten in Abständen Holzplatten, die waren aus gewisser Höhe "anzustechen", d.h. anzufliegen: schießen, Maschine hochziehen, nächste Holzplatte im steilen Anflug anpeilen, wieder schießen, und wieder hoch. So ging es mehrere Male.

Dann hatte ich mit der Kamera bestimmte Ziele zu erfassen.

Besonders schwierig war der Luftkampf, der auch mit der Kamera zu simulieren war. Die Schüsse wurden photographisch festgehalten und in der Bildstelle ausgewertet. Ich schnitt meist zu meiner und der anderen Zufriedenheit ab.

Dirschau, Verschiebebahnhof Elbing, die Marienburg, Graudenz und Thorn hatte ich auf diese Weise von oben kennengelernt. Zwischendurch genossen wir Tages-Urlaub und fuhren nach Danzig, Gotenhafen und Zoppot.

Da rutschte ich einmal haarscharf am Bau vorbei: Ich verpaßte mit

Kameraden in Danzig den letzten Zug, weil wir den Wochenfahrplan mit dem Sonntagsfahrplan verwechselt hatten. Es war aber Sonntag. Kein Zug fuhr mehr. Es blieb uns nichts anderes übrig, als zu Fuß unser Ziel zu erreichen. Dadurch kamen wir viele Stunden zu spät in der Unterkunft an. Der Spieß hätte uns gerne in den Bau gebracht, weil er uns das Mißgeschick und den Irrtum nicht glaubte. Wir mußten zum Rapport. Ich hatte aber in den Ausbildern gute Fürsprecher. Mit denen erlebte ich auch das sogenannte Luftsackschießen: Ein Flugzeug schleppte einen Luftsack hinter sich her. Den mußten wir vom Boden aus beschießen. Die Treffer waren durch die Leuchtspurmunition zu erkennen. Auf diese Weise betrat ich auch Putzig und die Halbinsel Hela, leider gereichte das nicht zum Kennenlernen.

Was damals, vor meiner Einberufung, bei der Flugtauglichkeits-Untersuchung in Jena nicht gemacht worden war, holte man hier nach: Man steckte mich in die Unterdruckkammer.
Hier drinnen sollte ich die Zahlenreihe von 1 bis 100 aufschreiben und dann wieder zurück von 100 bis 1. Währenddessen entzog man der Kammer immer mehr Sauerstoff und simulierte damit das Immerhöhersteigen. Durch ein Bullauge wurde meine Reaktion beobachtet, ab welcher "Höhe" ich wohl ausfiele.
Ich wurde immer müder. Von 1 bis 100 lückenlos aufzuschreiben, das schaffte ich noch. Aber dann ging es los: 91 - 93 - 89 - 87 - 84, ich wurde so müde, daß mein Kopf immer mehr heruntersank, bis das Bewußtsein aussetzte.
Da kam rechtzeitig genug die Sauerstoffdusche.
Blieb die weg, dann schlummerte man in den sicheren Tod. Somit ist der Höhentod der sanfteste, den man sich denken kann.
Wir Flieger mußten ab 4000 Meter Höhe die Sauerstoffmasken aufsetzen. Da aber auch ein Defekt in der Sauerstoffzufuhr hätte auftreten können, waren wir verpflichtet, uns gegenseitig zu beobachten, weil der Betreffende selbst nicht gemerkt hätte, daß es zuende geht. In solchem Falle konnte durch Drücken auf eine Membrane eine Dusche gegeben werden, und der Fehler mußte sofort ausfindig gemacht werden.

*

Jetzt kam die Zeit des Einsatzurlaubes.
Nachdem man mich zum Gefreiten befördert hatte, durfte ich für 14
Tage nach Hause.
Es war dunkel, als ich in der Lutherstraße ankam.

Am nächsten Tag suchte ich ein Telephon auf, um meiner Freundin
Marianne mein freudiges Hiersein zu eröffnen. Da hörte ich sie am
anderen Ende sagen:
"Ach du lieber Gott, das auch noch!"
Wie vom Donner gerührt, ahnte ich den Sinn ihrer Worte. So war es
dann auch: Sie hatte einen anderen.
Natürlich litt ich darunter.
Zufällig erfuhr ich, daß mein Klassenkamerad und Schulbanknachbar
Rolf ebenfalls auf Urlaub sei. Er war in die Waffen-SS gesteckt wor-
den. Durch ihn wurde mein Seelenschmerz etwas ausgeglichen, denn
er begegnete unserer ehemaligen Mitschülerin Charlotte Lehmann, die
er hofierte, aber das mehr aus Spaß. Wir drei verlebten jetzt unter-
haltsame Stunden.

Die 14 Tage gingen zur Neige. Rolf mußte wieder zur Truppe.
Da erreichte mich ein Telegramm aus Rahmel:
"Urlaub bis auf Widerruf verlängert."
Mein Erstaunen war grenzenlos; konnte ich mir das doch nicht er-
klären! Jetzt erlebte ich noch schöne, vergnügliche Tage mit Lotti. Wir
fuhren nach Bad Dürrenberg, gingen ins Kino und ins Konzert zu
Bernhard Etee.
Von einem Tag zum anderen wuchs die Spannung, wann wohl der
Rückruf kommt. Noch ganze 14 Tage blieb ich zu Hause. Dann kam
das Telegramm.

In Rahmel angekommen, sah ich die Bescherung: Ein Volltreffer hatte
unsere Baracke zerstört und der Bombenteppich das Umfeld. Ich
wurde sofort versetzt zum Kampfgeschwader 55 nach Dijon.

103

Der Mai hielt Einzug. Ich belegte mit anderen Kameraden wieder mal ein Eisenbahn-Abteil und bewohnte es eine Woche lang, so daß es mir dann leid tat, es verlassen zu müssen. Auch ein Eisenbahnwagen konnte eine Heimstatt werden.

Ich gehörte ab jetzt zur IV.Gruppe des KG 55, genannt "Greif". Ursprünglich war es das Boelke-Geschwader, wurde aber 1939 umbenannt. Da der Heimatstandort Gießen war, nahm man dessen Stadtwappen auf: einen geflügelten Greifen.
Das Greifen-Kampfgeschwader bestand im wesentlichen aus Heinkel He 111-Kampfflugzeugen, die von je fünf Mann Besatzung geflogen wurden. Die Reisegeschwindigkeit lag bei 350 km in der Stunde und die Höchstgeschwindigkeit bei über 400 km/h. Das war in der ersten Zeit eine hohe Geschwindigkeit und reichte an die der Jagdfluzeuge heran. Mit der Zeit aber wurden die Jäger schneller, vor allem die feindlichen.

Die erste He 111 war 1935 gestartet. Sie wurde im Laufe der Jahre verändert und verbessert. Vor allem war es ein Flugzeug, das aerodynamisch gut konstruiert war, so daß es dank seiner guten Flugeigenschaften von allen Besatzungen gerne geflogen wurde, weil es selbst bei Einschlägen nicht gleich vom Himmel fiel.

Hier in Dijon wurden die jungen Besatzungen für die Front geschult, und jede freie Stunde war Unterricht oder Wachdienst. Die "Alten" teilten hier ihre Erfahrungen mit. Sie trugen alle die Eisernen Kreuze, die Silberne und Goldene Frontflugspange, das Deutsche Kreuz in Gold und manche das Ritterkreuz, denn sie waren dabeigewesen im Polenfeldzug, hatten Einsätze gegen Frankreich geflogen und vor allem gegen England. Auch waren sie über den Weiten Rußlands gewesen und hatten unter schwersten Bedingungen die sowjetische Kriegsindustrie bombardiert, Versorgungsflüge um Stalingrad unternommen und bei der Räumung der Krim geholfen.
Da ereilte die Gruppe eine böse Überraschung:

Während des Übungsfluges stürzten sich aus großer Höhe "Mosquitos" auf unsere Schulmaschinen und schossen sie ab.

Die "Mosquitos" hatten die Engländer aus Balsa-Holz gebaut, die eine Geschwindigkeit von 720 km/h erreichten. Sie konnten über 11000 m hoch fliegen, während die He 111 nur 7800 m erreichte. Somit waren die "Mosquitos" allen überlegen, was wir Deutschen aufzubieten hatten, auch unseren Jägern.

Durch diese Misere verlor unsere Gruppe im April 1944 vier Besatzungen. Und ich mußte erleben, daß unmittelbar nach meinem Eintreffen wieder drei Besatzungen abgeschossen worden waren. An der Beerdigung mit Salutschüssen hatte ich teilgenommen.

Unter diesen Umständen mußte verlegt werden.

Jetzt dampfte ich wieder aus Frankreich quer durch Groß-Deutschland mit der Gruppe nach Gerdauen in Ostpreußen.

Die Unterkunftsbaracken lagen idyllisch im Wald, wenig ab vom Rollfeld. Neue Besatzungen wurden zusammengestellt. So auch eine, zu der ich gehörte. Dabei stellte es sich heraus, daß ich mit meinem Bordfunker Günter Sakaut gemeinsam Geburtstag hatte auf Tag und Jahr. Hauptmann Wilde war mein Staffelkapitän, Ritterkreuzträger, er stammte aus Halle an der Saale, 40 Kilometer von Weißenfels entfernt.

Eigentlich gammelten wir jetzt in den Tag hinein. Es traten die ersten Benzinversorgungs-Schwierigkeiten auf.

Weil der Sommer uns hierher gefolgt war, wurde es eine schöne Zeit in Ostpreußens Wäldern. Meine Feldpostbriefe kamen und gingen reibungslos. Lotti schrieb sehr inhaltsreiche Briefe. Ich freute mich immer sehr darauf. Sporadisch erhielt ich auch von Förster Moppel Nachricht; er war als Fernaufklärer ausgebildet worden. Aus Marsaille erhielt ich von ihm die letzte Post.

Lothar war bei einer Nachrichteneinheit und schrieb aus Dijon. Ich staunte: Da kam ich doch grad' her! Es stellte sich heraus, daß wir zur gleichen Zeit dort gelegen hatten und wußten es nicht. Wie schön wäre ein Treffen gewesen!

*Die Sonne meinte es gut. Gerdauen besaß ein sehr schönes Schwimm-
bad. Wir gingen alle hin. Nur wurde jetzt den Kameraden offenbar,
daß ich nicht schwimmen konnte.*
Wie peinlich für mich!
*Da nahm sich ein Ober-Leutnant meiner an, er war Kampfbeobachter.
Jetzt klappte es schon recht gut, das Überwasserhalten.*

*Unerwartet begann wieder der Flugdienst. Frühmorgens hatten wir
dem Vortrag des "Wetterfrosches" zu folgen. Die Wettermaschine war
im Morgengrauen aufgestiegen. Jetzt bekamen wir vom Meteorologen
die Auswertung zu hören.*
*Aber im wesentlichen flogen wir Platzrunden. Das steile Einlanden
mußte geübt werden, denn ein langes Anfliegen zur Landung würde
dem Feind u.U. ein leichtes Ziel geboten haben.*
*Plötzlich hatte ich Schwierigkeiten mit den Kühlern. Die Motortempe-
ratur wurde durch Aus-und Einfahren von Kühlern reguliert.*
*Wir waren gelandet, bei laufendem Motor stieg ich aus und meldete
dem Offizier vom Flugdienst:*
*"Bitte Herrn Oberleutnant melden zu dürfen, daß der linke Kühler
sich nicht ein- und der rechte sich nicht ausfahren läßt!"*
*Mein Ausbilder stieg in die Maschine, um nachzuprüfen. Er kam raus
und sagte:*
"Wieso, es geht doch."
*Ich hatte in der erregten Spannung den linken Hebel mit dem rechten
verwechselt, weil ich als Bordmixer von der rechten Seite aus in der
Kanzel die Hebel bedient hatte. Die simultane Anordnung galt aber
vom Flugzeugführersitz aus: linker Kühler, linker Hebel.*
*Jedenfalls mußte die Maschine in die Werkstatt gerollt werden. Wenn
man mir das nun als Absicht unterstellte, drohte das Kriegsgericht.
Aber nach zwei Tagen klopfte mir mein Ausbilder auf die Schulter und
sagte: "Die Motoren waren noch in Ordnung!"*

*

Heinkel He 111

in Dijon 1944

Die Ereignisse an der Front überschlugen sich. Unsere Einsatzgruppen flogen im August 1944 die letzten Einsätze im Osten: Die Weichselbrücken bei Warschau und der Brückenkopf bei Baranow waren ihre Ziele. Und in Frankreich war die Lage nach der Landung der Alliierten am 6. Juni äußerst angespannt.

Wir steckten auf der großen Karte, die an der Wand hing, den Frontverlauf ab. Die Front im Osten rückte immer näher. Wir lagen nicht weit von dem Führerbunker "Wolfsschanze" in Rastenburg weg. Unsere Vermutung aber, vorzeitig Einsätze fliegen zu können, bestätigte sich nicht. Im Gegenteil, wir verlegten wieder mit der Eisenbahn: Es ging nach Ungarn.

Diesmal kletterten wir in Eisenbahn-Waggons, die mit Stroh ausgelegt worden waren. Ich hatte mir soeben meinen Platz zurechtgemacht, da fuhren meine Ausbilder, beide waren Träger des Deutschen Kreuzes in Gold, mit dem Staffelkapitän im Auto vor die Rampe. Mein Name wurde gerufen. Befehl: Ich sollte aussteigen, eine He 111 von Hohensalza im Warthegau abholen und sie nach Ungarn überführen.

"Und mein Gepäck?"

"Das bringen Ihre Kameraden mit!"

"Mensch, hast du ein Schwein!" hörte ich sie sagen, dann sprang ich runter vom Zug.

Von der II.Gruppe der Betriebshafenkompanie des KG 55 in Hohensalza empfingen wir die He 111. Flugzeugführer war ein Leutnant, Beobachter ein Feldwebel, der Funker ein Unteroffizier und ich als Bordmechaniker. Der Erste Wart der Staffel flog auch mit, er machte es sich hinter mir "bequem".

Beim Start traten die ersten Schwierigkeiten auf: Der linke Motor drehte nicht durch. Der Flugzeugführer schaute mich hilflos an. Aber ich konnte den Defekt sofort mit Hilfe der Benzinzusatzpumpe beheben.

Zunächst war es ein schöner Flug; wir hatten auch keine Feindeinwirkung. Doch wir gerieten in eine Gewitterfront. Die He 111 wurde gebeutelt, wir mußten uns festerschnallen. Der Regen peitschte gegen die Kanzel.

Der Flugzeugführer konnte kaum noch mit Ruderausschlägen reagieren. Der Beobachter hatte alle Hände voll zu tun mit der Navigation. Die Geräte spielten "verrückt". Der Funker teilte über die Bordeigenverständigung mit, daß das Funkgerät ausgefallen sei. Ich hatte mit den Motoren zu tun, daß sie uns jetzt nicht im Stich ließen.

Wir befanden uns kurz vor dem Altvater-Gebirge mit seinem 1490 m hohen Gipfel. Wir waren noch 1800 m hoch, und der Steig- und Sinkgeschwindigkeitsmesser zeigte 12 m Fall in der Sekunde! Die Sicht war "gleich null".

Der Flugzeugführer befahl:

"Fertigmachen zum Aussteigen!"

Wir benutzten im Kampfbomber Brustfallschirme. Die lagen meist wahllos in der Maschine. Die Gurte dazu waren immer vor dem Start angelegt worden.

Jetzt klinkte ich den Fallschirm ein.

"Augenblick noch", wünschte ich.

Letzter Kampf des Flugzeuges gegen das Gewitter!

Plötzlich sahen wir schwache Konturen an den Wolken, die bisher eine undurchsichtige Suppe gebildet hatten.

Wir holten tief Luft, und schlagartig stießen wir aus der Gewitterfront. Vor uns links unten im Sonnenschein, das mußte Brünn sein!

Eine Erleichterung bei allen, und der Bordfunker meldete im Mikrophon: "Funkgerät wieder einsatzbereit!"

Wir flogen über Wien. Ich sah den Prater und das Riesenrad. Ich war noch nie in Wien gewesen.

Dann flogen wir die Donau entlang und landeten auf einem großen Grasplatz in Szolnok, östlich von Budapest.

Wir schrieben den 30.Juli 1944, abends 19,30 Uhr.

Unsere Unterkünfte bestanden aus Holzbaracken, die unmittelbar neben ausgedehnten Maisfeldern aufgestellt worden waren. In der Nähe lag das Dorf Rakotzyfalva, nicht weit von der Stadt Szolnok entfernt. Drei Meter hoch war der Mais gewachsen, solchen hatte ich noch nicht gesehen. Die Kolben schmeckten gut. Ich lernte auch, Melonen zu essen; wir konnten sie für Pfennige vom Feld weg kaufen.

Es schien eine schöne Zeit zu werden, aber eine solche Hitze, die jetzt auf uns zukam, hatte ich noch nicht ertragen müssen. Die Mücken plagten uns; wir waren alle bald zerstochen.

Da erwischten mich und andere die Ruhr. So schnell wie benötigt, konnte ich die Toiletten nicht aufsuchen. Ich sprang wie alle durchs Fenster, da wurden wir sofort im Maisfeld unseren "Schmerz" los. Wir ertrugen das mit Humor, noch dazu uns überhaupt kein Dienstplan belästigte.

Zu aller Pein bekam ich auch noch Zahnschmerzen. Auch hier schleppte ich das hin, bis es nicht mehr zu ertragen war. Da begab ich mich zum Zahnarzt der Gruppe. Der Oberarzt praktizierte im Dorf unter schwersten Bedingungen behelfsmäßig, aber gut. Er war nicht mehr jung, vermutlich hatte er deshalb für mich Jüngling ein Herz. Mitleidig begann er die Behandlung, müsse aber gleich weg nach dem nächsten Standort. So lud er mich ein in seine Kutsche, ein Pferdchen davor und seine Bohr-Utensilien hinten drauf. Ich fuhr wie ein Guts-verwalter auf dem Bock mit.

Im nächsten Dorf behandelte er mich gleich weiter. Dazu mußte er die Umdrehungen seines Bohrers mit dem Fuß in Schwung bringen, indem er während des Bohrens fleißig zu treten hatte. Er konnte es ver-blüffend gut, so daß die Wurzel meines Backenzahnes in Zukunft schmerzfrei blieb.

Jetzt konnte ich wieder genießen: Melonen und Obst, Schokolade, Tokajer, Paprika und das Maisbrot. Zu diesem empfingen wir feste Blockmarmelade. Sie war stangenmäßig in Holz verkleidet. Wir benö-tigten zum Auspacken immer eine Zange. Mein Funker Günter Sakaut behauptete, das sei Jam aus England.

Da wurden wir zur 10.Staffel versetzt. Die lag unmittelbar in Szolnok. Es ging wieder los mit dem Wacheschieben an den Maschinen. Don-nerwetter, wie staunte ich, als ich die Flugzeuge in den Waldrand gerollt sah. Mit der Kanzel schauten sie in die Pußta. Wie sind die hierher gekommen?

"Tja", sagten die Kameraden, "wir haben eben Fliegerasse in der Staffel."

am Rande der Pußta in Szolnok

in der Winterkombination

*

Im September 1943 waren die Alliierten in Italien gelandet.

Jetzt hatten zu allem Unglück die Italiener kapituliert. Wir Deutschen waren auf uns allein gestellt.

Eine neue Front kam vom Süden auf uns zu, aber wir gammelten weiter. Von nun an erreichten uns die Bomberpulks. Zum ersten Mal zitterte ich hier vor Todesfurcht. Die Bomben galten einer großen Brücke, die ganz in unserer Nähe über die Theiß führte. Weil die Amis die Bomben aus zu großer Höhe abwarfen, offensichtlich aus Angst vor Flak-Treffern, trafen sie das Umfeld, die Brücke aber blieb unversehrt. Jedoch im Umfeld lagen wir.

Ich hatte mir soeben eine Käsestulle zurechtgemacht, als Fliegeralarm gegeben wurde. Ich lief mit ihr aus der Unterkunft an den Rand der Pußta und sprang zur Deckung in einen Krater. Da pfiff es auch schon. Die Bomben kamen runter. Das Pfeifgeräusch zermürbte den letzten Mut. Da schlug eine Bombe 100 Meter vor mir ein. Mein Käse hüpfte vom Brot, und ich zitterte.

Aber sonst ging es uns gut. Wir schäkerten mit Mädchen, die uns hier besonders schön vorkamen, und sengten in der Sommerglut: August in Ungarn. Nicht selten hatten wir über 40 Grad C im Schatten gemessen. Ich marschierte oft allein 30 Minuten die Landstraße entlang zu einem kleinen See. Den Kameraden war es zu heiß auf der Straße. Ich übte mich im Schwimmen und wurde sicher.

Der Kern der IV.Gruppe lag in Pilsen. Dorthin wurden wir Ende September gerufen.

Auch hier verschwanden die Flugzeuge getarnt im Wald, denn auch hier konnte aus Spritmangel nicht geflogen werden. Außerdem hatte der Feind jetzt Jagdflugzeuge, denen wir todsicher ausgeliefert gewesen wären.

Nach zwei Wochen sollten die noch freien Kampfbesatzungen in den Rüstungseinsatz. Die Industrie brauchte uns: ab nach Münster in Westfalen.

Auf dem Weg dorthin machten wir in Berlin Station. Wir photographierten uns am Brandenburger Tor und erreichten nach Tagen die Firma Hansen in Münster. Hier sah ich die Endmontage der Flugzeuge, meist Me 109, deren Motoren ich mit abzubremsen hatte.

Mal schickte man mich als Kurier nach Osnabrück, mal war ich beim Einflug der Maschinen in Detmold, und ich war Selbstverpfleger, auf keinen Furier angewiesen.

Der ständige Fliegeralarm peinigte uns. Auch am Tage hatte die Bevölkerung unter den feindlichen Jabos zu leiden. Das waren Jagd- Bomber, die im Tiefflug auf harmlose Menschen schossen. Ich erlebte es, als ich mit Kameraden und Mädchen an der Seite spazierenging. Da stieß ein Jabo auf uns herab. Blitzschnell warfen wir uns hinter einer Hecke in eine Erdfurche. Die Maschinengewehr-Garben konnten uns nicht erreichen. Er hatte schlecht gezielt.

Die Luftangriffe rüttelten besonders nachts an den Nerven der Bevölkerung. Münster war immer wieder ein Ziel der Bomben. Was Wunder, nicht nur Industrie konzentrierte sich hier, in der Umgebung standen die Abschußrampen der V 1 und V 2. Das waren Flügelraketen, die von hier aus auf England abgeschossen wurden.

Ich begab mich wie die Bevölkerung in die Hochbunker, wo Hunderte Schutz suchten: Greise wie Babys. Wir hörten die Einschläge um den Bunker und an den Bunker. Die Menschen schrien.

Noch hielt er stand, bis einmal in den Abendstunden, entsprechend der Jahreszeit war es schon dunkel, eine Bombe mitten auf den Bunker fiel.

Man sagte später, der Engländer hätte jetzt Bomben mit einem Raketenantrieb, damit die Betondecken der Bunker durchgeschlagen werden könnten.

Die Decke hielt nicht. Die Bombe schlug ein, mitten auf den großen Bunker, durch den zweiten, durch den ersten Stock bis unten hin.

Ich stand an einer Außenseite des zweiten Stockes und konnte mich festhalten.

Das Inferno starrte ich an: Staub, Dreck, Brocken und Geschrei raubten die Sinne und das Verfolgen der grausamen Situation.

Ich konnte dann noch wahrnehmen, wie Menschen von den Rändern der durchgeschlagenen Betondecken runterfielen auf den zerbombten

Haufen, der Unzählige begraben haben mußte. Nachstürzende Brocken erschlugen auch noch die Draufgerutschten.

Unter Einsatz ihres Lebens erschienen Luftschutzleute, Feuerwehr und Sanitäter. Sie rekrutierten sich aus den Älteren der männlichen Bevölkerung.

Am nächsten Tag suchte ich in einem anderen Bunker Schutz.

So ging es bis Weihnachten 1944.

Nur einmal erlebte ich noch eine menschliche Episode, als sich der Kamerad Alfons in ein Mädchen dermaßen verliebte, daß er gleich eine Verlobung angesetzt hatte. Er war schon älter, ein kleiner Bayer, trug die Silberne Frontflugspange und war Unteroffizier. Durch unsere geselligen Zusammenkünfte kannte ich auch seine Elfriede. Nun wurde ich auserkoren, seine Verlobungsrede zu halten. Das tat ich in einem gemütlichen Kaffee, in dem die Verlobungsrunde zusammengekommen war.

Ich wunderte mich, daß ihre Eltern nicht dabeiwaren. Tage später riefen mich Kameraden von meinem Briefeschreiben ab, ich sollte doch mal kommen.

Da stand die Elfie und war weinerlich aufgeregt. Sie wollte mich sprechen. Da eröffnete sie mir, daß sie den Alfons ja gar nicht haben wollte. Er hätte sie überrumpelt; ohne ihre ausdrückliche Zusage sei diese Verlobung geschehen, die sie zunächst als Scherz angesehen hatte. Nun aber mußte sie erkennen, wie ernst es dem Alfons sei. Und überhaupt hätte sie doch bei meiner Rede immer wütend auf mich geschaut, ob ich denn nichts gemerkt hätte, denn ich sei doch derjenige, in den sie sich verliebt hatte. Mich wollte sie haben, nicht den Alfons.

"Heiliges Donnerwetter", dachte ich, "müßtest dich eigentlich freuen."

Aber ich dachte bedauernd an Alfons und die Katastrophe.

Er war mir dann auch zutiefst böse und schaute mich nicht mehr an, obwohl ich dafür doch nun nichts konnte!

Das Weihnachtsfest stand bevor. Wir bekamen Paketmarken ausgehändigt, jeder zwei. Wenn die Angehörigen zum Fest ein Feldpostpaket schicken wollten, so mußten sie solch eine Marke aufs Paket geklebt haben, andernfalls wurde das nicht befördert, was verständlich war, denn die Post hätte die Menge der Liebesgaben nicht bewältigen können. Das System funktionierte natürlich nur, wenn die Angehörigen diese Marken beizeiten zugeschickt bekamen.

Elfies Bruder war "im Felde", und die Eltern hatten keine Marken bekommen. So überließ ich ihnen meine, denn ich wollte meine Eltern ohnehin nicht belasten. Sie hatten selbst zu knausern, und mir fehlte es an nichts.

Ich bekam dann von Elfriedes Eltern ein Päckchen voller Weihnachtsgebäck, was nicht in meinem Sinne lag.

Unmittelbar nach den Feiertagen ging es zurück nach Pilsen. Die Fahrt führte über Halle-Weißenfels. Ich stieg aus und unterbrach die Fahrt illegal für vier Tage. Somit war ich Silvester zu Hause.

Ich holte meine Cousine Margot und lud Lotti ein. Im Kreise meiner Eltern und bei mitgebrachtem Tokajer rutschten wir in das Jahr 1945. Die Ungewißheit für unsere Zukunft stand im Mittelpunkt unserer Geselligkeit. Wir wußten, daß es in diesem Jahr zuende gehen mußte, ahnten aber nicht, welche Folgen das für uns und Deutschland hatte.

Die West-, Ost- und Südfront rückten bedrohlich näher.

Ich ließ kurzerhand meine Fliegerkombination und die dicken, schafswollgefütterten Stiefel, die wir als Fliegendes Personal mit uns schleppten und sie Filzstiefel nannten, zu Hause.

Wieder auf den Bahnsteig zu kommen, war ohne Urlaubsschein bei Strafverfolgung nicht möglich. Die "Kettenhunde" kontrollierten jeden. So bezeichneten wir Streifensoldaten der Feldgendarmerie, die als Kontrollorgane überall unterwegs waren. Als Erkennung trugen sie ein großes Blechschild auf der Brust, das an einer Kette um den Hals hing. Hier half Lottis Vater. Er war Postbeamter und hatte auch Zutritt bei der Bahnpost. Er schleuste mich durch die Gepäckabfertigung in einen Lift und fuhr mit mir aufwärts zum Bahnsteig. Unkontrolliert stieg ich in den Zug.

In Pilsen stand die Auflösung der IV.Gruppe bevor. Das Kampfgeschwader sollte für den Jagdeinsatz umgerüstet werden.

Nach meiner Ankunft wurde ich gefragt, ob ich bereit sei, zur Reichsverteidigung zu wechseln. Ich stimmte zu und wurde zur Ergänzungs-Jagdgruppe J des IX. Fliegerkorps übergeführt, konnte aber in derselben Baracke wohnen bleiben. Der Flugplatz und sein Areal war eminent groß. Mehrere Einheiten waren hier zusammengefaßt.

Die Verpflegung wurde karger; das Brot war verschimmelt. Da ich nicht rauchte, tauschte ich in den Geschäften von Pilsen meine Zigaretten gegen Lebensmittel ein, besonders gegen Kunsthonig.

Wir sollten auf die neue Serie der Focke Wulf 190 umgeschult werden. Das war ein Jäger, der nach der Umrüstung, mit einem längeren und stärkeren Motor versehen, über 700 km/h schnell war und den feindlichen Jägern annähernd ebenbürtig. Aber die Umschulung zog sich hin. Da passierten häufig Unfälle.

Den schulenden Piloten mit der Me 109 brachen beim Landen die Fahrwerke ab, denn der Grasplatz hatte mit den Jahren Furchen bekommen. Mein Stubennachbar brummte mit der schnellen und starken FW 190 los, die Maschine brach aus, er schoß mit der 190 mitten durch eine Focke Wulf Weihe, die am Rand stand. Ich sah erschreckt eine Stichflamme. Die zweimotorige Holzbauweise der Weihe stiebte auseinander, die Teile flogen in der Luft umher. Aber der Kamerad hatte sich lediglich die Bartstoppeln versengt. Mit etwas Pflaster im Gesicht trauerte er vor sich hin. Er durfte die nächste Zeit nicht fliegen wegen der Schockgefahr. Aber wir flogen ohnehin nicht mehr.

Mancher hatte in der Höhe sein Leben lassen müssen. Er stürzte ab, und wundersam fand man ihn ohne Kopf. Es dauerte, bis man dahinterkam, daß im Kehlkopfmikrophon ein Sprengsatz gesessen hatte, der in einer bestimmten Höhe explodiert war. Sabotage war wohl der Grund, denn die Fertigung wurde durch Kriegsgefangene betrieben.

Selbstverständlich wurden auch feindliche Maschinen abgeschossen, so daß ein Bergungskommando zusammengestellt werden mußte.

114

Ich war einmal dabei: Ein penetranter Gestank von verglühtem Leichtmetall und verbrannten Gegenständen erschwerte das Bergen. Die verstreuten Teile wurden auf einen LKW geladen. Da steckte noch ein Fuß im Stiefel, an der Kopfhaube hing eine Schädeldecke mit Haaren und einem Ohr, und in zerfetzten Fliegerkleidungen steckten Reste von Menschenfleisch.

Ich war froh, auf einen Einweisungslehrgang nach Wischau in Polen abfahren zu können. Aber die mangelhafte Umschulung half nicht mehr. Benzinknappheit und auch andere Versorgungsschwierigkeiten ließen alles erlahmen.

Durch die alliierte Operation gegen unsere Rüstungsindustrie wurden Groß-Deutschland und seine Armee im Herzen getroffen.

Während meiner Abwesenheit flog mein Stubenkamerad, Gefreiter Robert Manz, mit seiner Besatzung einen Verpflegungseinsatz nach Rumänien. Dort war eine SS-Einheit eingeschlossen worden: ein Himmelfahrtskommando, denn Verpflegungsbomben wurden aus niedriger Höhe abgeworfen!

Durch Flak abgeschossen, mußten sie notlanden. Während der Leutnant Mayer und Feldwebel Bogner sich wieder in die eigenen Reihen durchschlagen konnten, blieben Robert und die anderen beiden vermißt.

Als ich wieder nach Pilsen kam, konnten wir uns vor Luftangriffen kaum retten.

Wohl war im März 1945 eine weitere Umrüstung auf den Turbo-Jäger Me 262 befohlen worden. Auch standen die Raketen-Abfang-Jäger Me 163 am Platz, was mich immer verwundert hatte, denn keiner flog sie. Die feindlichen Flieger wurden so dreist, daß einmal einer mit ausgeklapptem Fahrwerk eine Landung vortäuschte. Jeder glaubte an eine Notlandung und hörte auf zu schießen. Der aber schoß eine am Platzrand stehende Me 262 in Brand, gab Vollgas, zog das Fahrwerk ein und dröhnte davon. Ehe sich die Vierling-Flak'ser von ihrer Sprachlosigkeit befreiten, war er davon.

Zwei große Limousinen fuhren am Platz entlang in Richtung der Tanksäule: Reichsmarschall Göring kam mit wenig Gefolge. Wie ein Lauffeuer verbreitete sich die Nachricht.
Wir liefen hin, und schnell war er umringt. Er wollte Benzin. Der Tankwart nahm Haltung an und sagte:
"Bitte Herrn Reichsmarschall melden zu dürfen, daß ich laut Führerbefehl keinen Sprit verausgaben darf."
"So, naja."
Betretenes Schweigen beherrschte die Szene. Dann schaute er über den Platz, wies auf die Turbos Me 262 und Me 163 und sagte:
"Ja, Jungs, wenn wir es mit denen nicht schaffen, dann schaffen wir's überhaupt nicht mehr!"
Grüßte und fuhr davon.
Zwei Tage später hörten wir über Rundfunk, daß der Führer Adolf Hitler seinen Reichsmarschall entmachtet habe.

In unsere Unterkunftsbaracke konnten wir wegen der dauernden Angriffe nicht bleiben. Das Umfeld des Flugplatzes war groß und bewaldet. Überall in den Waldstücken standen Flugzeuge aller Art - und alle unsere He 111. Wir zogen einen Kilometer weiter in Baracken, die im Mischwald standen. Hier hatten unsere Vorgänger Erdlöcher angelegt, die man mit einer Erdschicht belegten Holzplatte von unten her schließen konnte. Die rettete mich einmal vor Verwundung oder Tod: Ein Jabo hatte uns durch die Waldlichtung entdeckt. Er stieß auf uns zu. Ich kletterte als letzter in das Loch hinunter, sah dem Jabo noch genau in die Vorderfront, er stach mich schon gefährlich tief an. Kaum hatte ich den Erddeckel über mir geschlossen, da schlugen auch schon seine Maschinengewehr-Garben genau auf die Abdeckung.

*

Ende April hieß es plötzlich: Infanterie-Einsatz!

Da wir als Fliegendes Personal unsere Karabiner nicht mehr hatten, wir trugen die 08-Pistolen, verteilte man französische Gewehre und dazu nur wenig Munition. Unsere Karabiner-Munition paßte nicht in diese Gewehre.

Wir wurden des Nachts in kriegsmäßiger Ausrüstung mit dem LKW einige Kilometer weit nach Haid gefahren. Fünf Kilometer von hier verlief die Front der Amerikaner.

Im Park eines ehemaligen Arbeitsdienstlagers konnten wir schlafen. Wir verharrten hier einige Tage. Die feindliche Artillerie bellte ganz in der Nähe.

Unvermittelt lernten wir noch einige nette Mädels kennen, darunter eine Hilde Kurz.

Alle hatten Angst.

In der Nacht marschierten wir nach Alt-Zedlisch. Uns entgegen kamen lange Marschkolonnen. Der Mond schien kaum, die Gesichter waren nicht zu erkennen.

"Kameraden", sagten sie gedämpft, "Ihr marschiert doch in die falsche Richtung!"

Wir schwiegen und marschierten wie Gespenster weiter mit unseren französischen Gewehren und deutscher Munition.

Es war kalt, und die amerikanische Artillerie schoß.

Wir konnten uns kurz bei einer Familie aufwärmen, obwohl die Unterhaltung mit der Bevölkerung verboten war. Dann ging es müde weiter.

Wir teilten uns. Mit wenigen erreichte ich eine Scheune, drinnen lag aufgestapeltes Stroh.

Ich wühlte mich senkrecht hinein und fiel in einen tiefen Schlaf.

Am nächsten Morgen sammelten wir uns. Leutnant Sänger führte uns in das nächste Waldstück. Er war Kampfbeobachter gewesen und der beliebteste Offizier der Staffel. Wir waren noch sieben Mann.

"Leute", er gab seine Information vom Einsatzstab weiter, "wir sollen hinter dem Wald die Lichtung und das nächste Waldstück zurückerobern."

Das lag 200 Meter weiter und vermutlich der Ami schon drin.

"Die hohen Herren haben leicht zu befehlen! Da uns aber unser aller Arsch gleich viel wert ist, müssen wir sehen, wie wir heil hier rauskommen. Jeder einzelne ist von nun an auf sich gestellt!"

Ich hatte natürlich wieder das MG.

Wir hörten Panzer. Ihr mahlender Ton zerrte an den Nerven.

Ich ging am Waldrand in Stellung. Meine Deckung bildete ein Baumstumpf. Da bekam ich Beschuß. Die Einschläge lagen in den Baumkronen. Ich sah aber weder Panzer noch Panzer-Spähwagen.

Die Kameraden hinter mir im Wald bibberten:

"Komm zurück!"

"Ich kann doch jetzt nicht zurück, die haben mich vermutlich im Visier!"

Da war Feuerpause. Ich robbte in den Wald zurück.

Wir zogen wieder nach Alt-Zedlisch.

Dieser Ort sollte Verteidigungspunkt werden. Auf der Höhe lag der Friedhof. Hinter seiner Mauer gingen wir zu dritt in MG-Stellung.

Da pfiffen drei Pistolenkugeln an unseren Köpfen vorbei. Wir schmissen uns hin und waren irritiert. Die kamen doch von hinten! Aus irgend einem Hause wurde auf uns geschossen, von der eigenen Bevölkerung. Man hatte Angst vor den Folgen einer Verteidigung. Nicht zu Unrecht, denn jetzt konnten wir von hier aus eine Niederung übersehen.

Wir trauten unseren Augen nicht: Da nahmen Hunderte von Amis Aufstellung wie bei einer Friedensübung. Unser MG hätte sie leichthin niedermähen können.

Wir warteten ab.

Über uns kreiste gemütlich der Artillerie-Beobachter, ein kleiner Hochdecker wie ein Sportflugzeug. Keiner unserer Jäger störte ihn.

Wir zogen es vor, hier zu verschwinden. Mit der Pistole im Anschlag tasteten wir uns durch den Ort.

Unterwegs gerieten wir zwischen die feindlichen Linien, aber wir schlugen uns durch mit der Pistole in der Hand von einem Dorf zum anderen. Da erwischten wir einen verlassenen LKW und fuhren nach Tachau.

Jetzt waren wir wieder zu fünft. In einer abgelegenen und verlassenen Holzbaracke am Rande einer hochgewachsenen Schonung fanden wir Kartoffeln und ungeöffnete Büchsen. Wie staunten wir: gutes Wehrmachtsfleisch war drin. Öl fanden wir auch. Wir brieten uns rohe Kartoffeln und aßen uns erst mal satt.

Da erschienen drei große Gestalten, wandelnde Gerippe. Sie sahen kaum noch aus wie Menschen. Was war ich erschrocken, wie abgemagert diese Männer aussahen.

"Wo kommen die denn her?" fragte ich unbedarft, aber doch sehr schockiert.

"Hier in der Nähe ist so was wie ein Gefangenenlager gewesen", sagte einer.

Dann zeigte ein Feldwebel ihnen einen Weg durch die Schonung.

Erst nach dem Krieg erfuhr ich, was es mit einem KZ auf sich hatte und daß hier ein solches betrieben worden war.

Es wurde Abend.

Wir stillten bei einer Familie unseren Durst und konnten um 23 Uhr aus dem Radio den Tod des Führers Adolf Hitler vernehmen. Leider erfüllte sich nicht die Hoffnung auf einen Waffenstillstand. Die Alliierten wollten keinen, und Großadmiral Dönitz machte weiter. Es blieb uns nichts anderes übrig, als mit dem LKW weiterzufahren. Aber er streikte.

Also ging es zu Fuß weiter.

Plötzlich bekamen wir Artilleriebeschuß, und gleich darauf wurde Panzeralarm gegeben. Wir verkrochen uns in einen Keller und faßten den Entschluß, Zivilsachen aufzutreiben. Aber das blieb vergebliche Liebesmühe.

Ich fand mich jetzt mit dem Obergefreiten Gensch allein. Er war auch mal Kampfbeobachter gewesen und in den letzten Wochen mein Freund. Für unsere müden Glieder suchten wir ein Lager, denn zwei Tage und zwei Nächte waren wir ohne Schlaf.

Wir suchten lange.

Da stießen wir im Schloßgelände in der Nähe von Haid auf ein Häuschen mit großen Fenstern. Wir konnten keinen Menschen erspähen.

Ein Schreibtisch stand drinnen, Bücher und ein Chaiselongue. Alles sah klerikal aus, aber verlassen. Wir kletterten durchs Fenster, rührten nichts weiter an, als daß wir uns in voller Soldaten-Montur zu zweit auf die Liege warfen.

Wir schliefen wie Bewußtlose.

Als wir aufwachten, war es schon spät. Niemand hatte uns bemerkt. Jetzt marschierten wir nach Haid zurück.

Hier trafen wir unsere alten Weggefährten der letzten Monate wieder. Sie betrieben hier die Feldbäckerei, denn der Eine stammte aus einer Bäckerfamilie im Rheinland. Nun jubelten wir über das frische Brot. Aber wo sollten wir für die Nacht bleiben? Bei Hilde fanden wir ein Domizil. Sie freute sich ungemein über unser Wiedersehen. Sie und alle ihre Nachbarn nahmen uns herzlich auf.

Plötzlicher Artillerie-Beschuß: Der bannte uns jetzt drei Tage und drei Nächte an den Keller. Das langgestreckte Gewölbe lag vom Haus ab. Es gehörte zu einem Lebensmittelgeschäft. Treppen führten hinunter mit einer gewöhnlichen Holztür davor. Ich saß mit Hilde ziemlich am Ende des Gewölbes vor einem Fenster, das aber nur durch den Kellerschacht einen Schimmer Licht einließ. Jedes Pfeifen der Granaten und jeder Einschlag ließen uns den Atem anhalten.

In der dritten Nacht bekamen wir einen Volltreffer vor die Tür. Splitter flogen durch das Gewölbe. Fast alle waren verwundet worden. Geschrei!

Ich spürte nichts. Und Hilde? Wir beide blieben unverletzt, obwohl ich Splittereinschläge auch am Fenster feststellte. Sie mußten haarscharf an uns vorübergeflogen sein.

Aber einer Frau war das Schienbein durchgeschlagen. Eine große Wunde klaffte.

Kopflosigkeit rundum! Ich blieb erstaunlich ruhig und legte dem Bein ein Brett unter, band das Bein ab und fest und fuhr die Frau in aller Frühe auf einem Handwagen zum Lazarett.

Auf dem Wege dorthin sah ich die "Bescherung": Der Ort brannte an vielen Stellen. Häuser waren zusammengeschossen. In dem Rinnstein vor dem Rathaus lag ein Soldatenrumpf, das Koppel noch um den

Bauch, oberhalb der Brust und unterhalb der Taille messerscharf durchgetrennt. Kurt kam aus dem Ratskeller:
"Den habe ich gestern noch hier stehen sehen."

Im Lazarett ging es hektisch zu. Man hatte viel zu tun. Da traf ich mit meiner Verletzten auf den Ober-Stabsarzt. Der schaute mich an und fragte:
"Wer hat denn das verbunden?"
"Ich", war meine Antwort.
"Ganz wunderbar, da brauche ich nichts mehr zu machen!"

Die Bevölkerung wollte die weiße Fahne hissen. Aber der Kommandant hatte dem Bürgermeister erwidert:
"Wenn Sie das tun, dann lasse ich Sie und noch zehn Haider erschießen!"
Panzergeräusche erfüllten die Luft. Sonst war es ruhig.
Meine Pistolen vergrub ich in dem Garten hinter dem Haus, die 08 und meine private 6,35 er.
Dann röhrten Panzer am Haus vorbei.
Jetzt Stille, von der die Luft zerreißen mochte!
Wenig später tönten die Eroberer durch den Lautsprecher, daß sich alle Männer auf dem Marktplatz einzufinden hätten.
Ich zögerte und dachte an ein Durchschlagen in Zivil.
Doch ich entschied mich mit Kurt, vor die Tür zu gehen.
Da erschienen Jeeps. Es sprangen Kanadier herunter. Ich hob die Hände.
"Clock - Clock - Clock" prusteten sie. Dabei ergriffen sie meinen Arm und tasteten nach der Uhr. Die war ich gleich los.
Dann mußte ich mich auf den Jeep setzen, Kurt auch. Sie fuhren uns in die Kirche.

Man schrieb den 5.Mai 1945. Wir setzten uns in die Kirchenbänke.
Jetzt und hier begann also meine Gefangenschaft.
Leute vom Volkssturm und Angehörige der unterschiedlichsten Waffengattungen wurden reingestoßen. Die Kirche füllte sich.

Vor dem Altar waren links und rechts zwei Maschinengewehre auf uns gerichtet.

Von der Kanzel runter glotzten zwei große Schuhsohlen. Zwischen diesen glänzte ein Kopf wie eine Steckrübe.

Er kaute immerfort.

Und seitlich auf der Kanzelbrüstung starrte uns noch ein Maschinengewehr an.

Hier ließen sie uns ganze drei Tage schmoren.

Die Bevölkerung durfte sich von 8 bis 10 Uhr und von 16 bis 18 Uhr auf der Straße sehen lassen. Innerhalb dieser Zeit brachten uns Hilde und ihre Freundin etwas zu essen. Das sollte für lange Zeit das letzte gewesen sein.

In meiner Brusttasche bewahrte ich zwei kleine Wörterbücher, die Liliput-Ausgabe von Langenscheid Deutsch-Englisch und Englisch-Deutsch. Mich hatte nie die Ahnung losgelassen, daß ich sie mal brauchen würde. Ein junger Ami sah, daß ich darin blätterte. Er wollte sie haben. Ich gab's nicht her. Da erschien er mit zwei Chargierten. Die nahmen mich vor die Tür und rissen mir alles vom Rock, was noch dran war, und kehrten die Taschen um. Ob Abzeichen, Andenken, Schlüssel, Füller, Geldbörse, alles wurde geplündert, und natürlich bekam der junge Ami die beiden Wörterbücher.

Am dritten Tag verlud man uns auf LKW's. Zunächst rasten sie mit uns nach Weiden. Das überfüllte Lager zwang zur Rückkehr. Auf einem Bein stehend, weil zu viele auf den LKW gepreßt worden waren, über den Köpfen die Reste der Gepäckstücke, fuhren wir nach Pilsen.

An einer Schule prügelte man uns vom LKW. Tschechen vervollständigten das Runterspringen durch Drohungen, Schläge und Steinwürfe.

In dem Schulhof drängten sich Hunderte von Gefangenen zusammen. Das Gebäude selbst war bereits überfüllt. Wir legten uns für die Nächte auf den Kieselsteinboden des Hofes. Die Tschechen schossen in die Luft, und die herabfallenden Patronen verletzten einige.

Wasser lief äußerst spärlich aus einem Hahn, so daß man für einen Kochgeschirr-Deckel voll drei Stunden anstehen mußte.

An sonsten gab es nichts zu essen. Wir konnten vor Schwäche kaum noch aufrecht stehen, mußten meist liegen.

Ich stand plötzlich Horst gegenüber, dem ehemaligen Tambour-Major des Spielmannszuges, dem ich als Jungvolk-Pimpf angehört hatte, und einem anderen, der wie ich bei Flieger-HJ Weißenfels war. Wir rückten zusammen.

Am 9.Tag konnten wir Essen empfangen: einen Kochgeschirrdeckel voll heißen Wassers, drinnen schwammen drei Erbsen.

Am 18.Mai wurden Formulare ausgefüllt. Wir hofften aber vergebens auf einen Entlassungsschein.

Man transportierte uns auf einen Wiesengrund zwischen Pilsen und den Vorort Littitz. Hier wurden wir Verhören unterzogen, dazu gab es eine Scheibe Brot. Wir rissen sonst Gras und Brennesseln, um dem Magen etwas anzubieten.

Auf dem Platz bewegten sich etwa 10 000 Gefangene. Täglich fielen einige um.

Am 22.Mai mußte der Gau Sachsen über das Flüßchen Radbusa ziehen, das bisher mitten durchs Lager geflossen war. Damit filterten sie uns von allen anderen Gefangenen aus.

Am 23. konnten sich zehn Mann ein Brot teilen.

Am 27. bekam ich Gelegenheit zum Arbeitseinsatz. Sie fuhren uns zum Fliegerhorst. Was für ein Gefühl: Ich bin auf unserem Flugplatz direkt vor meiner Wohnbaracke als Gefangener.

Hier sollten wir zu vier Mann eine Latrine bauen. Unsere Flugzeuge konnte ich nur noch als Wracks ausmachen.

Wir bekamen ein Mittagessen. Zunächst freute ich mich darüber. Aber die Folgen waren furchtbar, denn der Magen verarbeitete das schwere Essen nicht. In der Nacht bekam ich Magenkrämpfe, mußte mich übergeben und lag flach drei Tage lang auf der blanken Wiese unter freiem Himmel, wie alle hier.

Regen setzte ein.

Da besaßen einige noch ihren Zeltplanen-Teil. Wenn man von denen mehrere zusammenknöpfte, konnte man ein kleines Zelt errichten.

Ich hatte auch noch eine Zeltplane. Somit krochen wir ins Trockene. Aber andere lagen in Regenpfützen. Des Nachts war das besonders peinigend. Nach und nach bekamen wir alle Filzläuse.

Da begann man, die Bayern und Rheinländer zu entlassen. Jetzt begriffen wir, warum Gau Sachsen von den anderen getrennt worden war. Aber wir kannten nicht die politischen Hintergründe.

Die Parole ging um, daß wir den Russen übergeben würden. Die Verpflegung besserte sich jetzt: ein Brot für acht Mann.

Bei dem nächsten Arbeitseinsatz war ich wieder dabei.

Der spielte sich diesmal auf dem Güterbahnhof zu Pilsen ab. Hier bewachten uns Tschechen, und wir wunderten uns, daß sie uns jetzt freundlicher begegneten. Da äußerten sie sich, daß es ihnen beim Ami schlechter ginge als vorher. Jedenfalls bekamen sechs Mann ein Brot und sogar etwas Fleisch dazu.

Ich entdeckte einen Waggon voller Salz. Davon nahm ich eine Portion in meinem Taschentuch mit. Aber am nächsten Tag hatte sich das Taschentuch zersetzt, und das Salz hatte sich aufgelöst.

Und wieder konnte ich zum Arbeitseinsatz auf den Fliegerhorst. Wir hatten Benzinkanister zu schleppen, und es gab auch hier wieder zu essen. Aber die noch frische Erinnerung bei diesen vertrauten Wegen schmerzte doch sehr.

Mein 21. Geburtstag verstrich, und nun ist schon der 8.Juni, Mutters Geburtstag. Wie wird es da wohl aussehen? Jeder dachte an zu Hause. Die Nerven waren nicht bei jedem stark. Viele drehten durch. Es gab auch Fälle von Hungertyphus.

Jetzt traf Horst seinen Onkel, der schon drei Wochen im selben Lager war.

In den großen Ami-Zelten begann eine Abfertigung; ich betätigte mich als Schreiber.

Bezirk Zwickau wurde abgefertigt, Bezirk Leipzig und - hurra: Halle-Merseburg. Aber danach geschah gar nichts mehr. Die immerfort neuen Parolen machten uns mürbe.

Ich wurde wieder krank, hatte 39 Fieber. Es war schon Anfang Juli.

Jetzt klärte sich auch, warum wir noch nicht entlassen und abtransportiert wurden: In unser Thüringen und Sachsen war der Russe eingezogen. Bis dahin hoffte ich noch, zu Vaters Geburtstag am 7.Juli zu Hause zu sein.

Wir durften jetzt wenigstens eine Wahlanschrift angeben, die außerhalb der russischen Zone lag. Jedoch ich wußte keine. Zwei Weißenfelser teilten meinen Schmerz. Schließlich konnten sie doch Adressen in Kassel angeben.

Einer wußte für uns andere Rat: Er war mal im Ernteeinsatz im Schwäbischen bei Nördlingen gewesen. Den ehemaligen Ortsbauernführer wußte er noch. Diese Adresse gaben wir an.

Am 9.Juli sprangen wir wieder auf einen LKW, diesmal in freudiger Erwartung. Im Konvoi fuhren wir durch Pilsen, dann kam Mies und - mein Gott - Haid.

Mir klopfte das Herz. Ob ich wohl Hilde sehe?

Jetzt kam die Kirche. Viele Menschenaugen verfolgten uns. Jetzt das Haus, mir lief es eiskalt über den Rücken, Hilde stand auch draußen und winkte. Ich rief, sie machte erschreckte Bewegungen. Aber es ging zu schnell weiter.

Nach 500 Metern mußte unser LKW anhalten. So ein Pech, Hilde konnte uns nicht mehr sehen.

Es ging weiter. Die Bevölkerung winkte und jubelte uns zu. Ich sah wieder freie Menschen.

Der Fahrer raste: Regensburg - Ingolstadt - Augsburg.

An einer Brücke hielt er, winkte uns runter vom Fahrzeug und fuhr davon.

Wir waren frei!

*

Die Dunkelheit hatte auch die Straßen leergefegt. Wo sollten wir jetzt hin, wir fünf?

Schließlich fanden wir das Stift St. Elisabeth. Die Schwestern wiesen uns ein Bett zu. Was waren wir erleichtert und glücklich, nach zehn Wochen wieder einmal in einem Bett schlafen zu können.

Am anderen Morgen bekamen wir sogar ein Frühstück.

Dann zogen wir weiter.

Beim Bummel durch die Stadt packte uns das Entsetzen. Nur Trümmer links und rechts der Straße. Wo waren all die Menschen geblieben, die einstens hier wohnten? Da entdeckten wir unter einem zerbombten Haus einen Eingang. Wir stiegen hindurch und sahen eine Frau an einem Herd kochen. Das Ofenrohr führte durch ein Trümmerloch. Gegen Bezahlung konnten wir ein warmes Essen einnehmen. Wir fühlten uns wie neugeboren.

Überhaupt zeigten sich die Leute barmherzig uns entlassenen Gefangenen gegenüber.

Als wir auf irgend einem Fahrzeug am Nachmittag Weitingen erreichten, bekam ich in einer Molkerei für uns fünf Hungrige Butter, Käse und gekühlte Milch. Oh, wie schmatzten wir!

Mit dem Milchauto fuhren wir am anderen Tag bis Nördlingen.

Am Abend trafen wir in unserem Ziel ein: Wechingen.

Der ehemalige Ortsbauernführer bekleidete das Amt natürlich nicht mehr. Sowohl der Begriff als auch das Amt waren eine Einrichtung der Nazi-Zeit. Dieser Mann brachte uns zum Bürgermeister.

Nach kurzer Beratung verteilte er uns auf Bauernhöfe, wo dringend Arbeitskräfte benötigt wurden. Mich brachte er zu einer Bäuerin, deren Mann vom Krieg noch nicht heimgekehrt war. Sie hatte ein Kind von fünf Jahren, eine nicht mehr junge Schwiegermutter, eine Magd und einen Knecht. Der war aus Ostpreußen geflohen, hatte selbst mal einen Hof gehabt und hieß nach altem deutschen Brauch "Wilhelm".

Jetzt betätigte ich mich als Kleinknecht. Wilhelm war oft ungehalten, weil ich nicht gleich zu seiner Zufriedenheit arbeitete.

Die Bäuerin sah, daß ich nichts Passendes auf dem Leib hatte. Da gab sie einmal Zigarren, die konnte ich in Deiningen gegen einen

Rock und einen Hemdenstoff eintauschen, ein andermal gegen Speck und Schmalz ein paar Schuhe. Die umliegenden Dörfer für diese Tauschgeschäfte mußte ich zu Fuß erreichen, aber ich war ja das Marschieren gewöhnt. Mit der Zeit arbeitete ich mich ein. Großknecht Wilhelm war mit mir zufrieden, aber nicht mehr mit der Bäuerin. Sie hatten jetzt öfter Auseinandersetzungen. Die Gründe waren verschiedenster Art. Ich hielt mich zurück, weil ich von der Hofhaltung wenig Ahnung hatte. Aber ein schweres Zusammenleben war es auch für mich. Die Mentalität dieses Menschenschlages hier lag uns Fremden nicht. Wir arbeiteten, was wir vermochten: Ich mistete aus, machte die Feldarbeit, lernte die Pferde beherrschen, doch immer war es nicht genug, immerfort war die Bäuerin unzufrieden. Ich hatte mich schließlich so eingewöhnt, daß ich in der Lage war, auf meinem Rücken die schwersten Säcke Korn auf den Dachboden tragen zu können.

Wilhelm verließ den Hof. Das tat mir sehr leid, denn unterdessen hatten wir uns respektiert und sogar angefreundet. Nun mußte ich als Großknecht arbeiten. Saubohnen wurden gedroschen, was mich dermaßen eindreckte, daß ich von dem Wasser der Pumpe allein nicht mehr sauber werden konnte. Mein Bettlaken war schon drei Monate nicht gewechselt worden. Ich bekam Eiterwunden am linken Bein.

Da fuhr ich mit einem geborgten Fahrrad nach Öttingen zu einem Spezialarzt für Hautkrankheiten; er war aus Ungarn: Es wäre eine Krätze.

Mein Weißenfelser Kamerad Horst war sehr deprimiert. Als ich zu ihm kam, hatte er die Nase voll und hörte nun am 4.September auf zu arbeiten. Am selben Tage reiste er noch in Richtung Hof.

Ich traute mich noch nicht. Die Gerüchte überstürzten sich: Russe und Amerikaner würden sich aus Deutschland zurückziehen, Engländer und Franzosen die vollständige Besetzung übernehmen, weil Rußland die Mandschurei und die japanische Mutterinsel zu besetzen habe, Amerika die anderen japanischen Inseln. Oder: Der Russe ziehe sich aus Thüringen wieder zurück. Oder: Der Amerikaner hätte die Handelsbeziehungen mit Rußland abgebrochen, und in Berlin würden schon wieder Schützengräben gebaut.

Immer und immer wieder wanderten die Gedanken nach Hause. Wie wird es dort aussehen? Was wird Lotti machen? Wie wird es dem ehemaligen Klassenfreund Rolf ergehen? Schließlich hatte er der SS angehört.

Da kamen Flüchtlinge durch Wechingen. Sie kamen aus dem Sudetenland. Ich dachte an das Schicksal der netten Hilde. Nur die viele Arbeit lenkte mich ab. Ich pflügte und schrotete, machte Rüben und Kartoffeln raus. Immer half die Magd Emma.

Aber schon lange plagte mich ein Stechen in der Brust. Ich bekam Fieber und fürchtete Schlimmes. Der Arzt in Öttingen meinte, es sei eine Überanstrengung. Ich mußte im Bett bleiben. Da verstärkte sich die Sehnsucht nach Hause.

Schließlich ging ich vorzeitig wieder an die Arbeit, denn diese tötenden Blicke der Bäuerin und Großmutter konnte ich nicht länger ertragen: Man konnte doch nicht essen, ohne daß man arbeitet!

Ende September blieben von uns fünf Kameraden allein ich und Horsts Onkel noch hier in Wechingen.

Ich wurde immer wieder gefragt, warum ich nicht auch weggegangen sei. Nun, es gab weder Nachrichten, wie es in der russisch besetzten Zone aussah, noch darüber, wie man überhaupt die Zonengrenze passieren konnte. Immerhin bestand die Gefahr, daß der Russe uns erneut ins Gefangenlager steckte, was ja auch vorgekommen war.

Die Arbeit wurde mir zur Quälerei. Nur in der Magd Emma fand ich eine Stütze. Sie sagte immer:

"Geduld bringt Rosen!"

Der Oktober kam. Ich fuhr Mist auf die Felder, pflügte, erledigte mit Pferd und Wagen die bäuerlichen Wege bis Nördlingen. Aber meine Eiterwunden am Bein wollten nicht heilen. Da wurde es Zeit für mich! Auch Horsts Onkel hielt es nicht mehr aus. Und Emma hatte auch genug. Sie stammte aus dem Nachbardorf. Wir packten unsere Sachen.

Am 21.Oktober gingen wir zur gleichen Zeit vom Hof. Für die Nacht schliefen Horsts Onkel und ich in einer Scheune bei Emmas Eltern. Mit dem Frühzug dampften wir ab nach Nördlingen. Emma und ihr Vater brachten uns zur Bahn.

"Bleib' doch hier bei uns", sagte Emma verhalten.
Mein Heimweh konnte sie sicher nicht verstehen.

*

*An diesem Tage bedeutete Nördlingen schon unsere Endstation, denn
die Reichsbahn-Züge fuhren unregelmäßig. Und auf einem Lastwagen
mitgenommen zu werden, bedeutete glücklichen Zufall. Es fuhren
nämlich kaum welche, weil wenig deutsche Lastwagen übriggeblieben
waren. Schon im letzten Kriegsjahr fuhren meist nur solche, die mit
Holzvergasung angetrieben wurden. Da saß hinter dem Führerhaus
ein Kessel wie ein Ofen, den der Fahrer in Abständen mit Holzstücken
füttern mußte. Die dadurch entstandene Vergasung trieb den Motor
an. Benzin für Lastwagen war in den letzten Jahren spärlich gegeben
worden, nur durch Zuteilung auf Marken, wenn volkswirtschaftliche
oder kriegswichtige Notwendigkeit nachgewiesen werden konnte.*
*Ein geregeltes und geordnetes Leben im Lande hatte sich auch jetzt
noch nicht eingestellt. Die Besatzungsmächte regierten, kontrollierten
und ordneten an. Lebensmittel gab es nur durch Zuteilung auf Marken, wenn man weiter nichts besaß, was man eintauschen konnte.*
*Im Gasthaus "Walfisch" kamen wir unter. Mir war bewußt, daß es in
den nächsten Tagen und vielleicht Wochen ein Vagabundenleben
werden wird. Trotzdem fühlte ich mich erleichtert, ich war frei, wenn
mich auch die Ungewißheit der beruflichen Zukunft beschäftigte.*

*Der Entlassungsschein aus der Gefangenschaft berechtigte zur kosten-
losen Bahnfahrt. Wir versuchten, an die Grenze zu kommen, wo die
Westalliierten den Sowjets gegenüberstanden. Am nächsten Tag erreichten wir schon Schwäbisch Hall. Nun galt es, der Zonengrenze
näherzukommen. Das konnte nur schrittweise geschehen, wie es die
Gelegenheiten zuließen: mal mit der Bahn, manchmal mit einem Lastwagen oder einem Pferdefuhrwerk.*
Über die jeweilige Lage etwas von der Bevölkerung zu erfahren, war

nicht möglich, denn die Nachrichten flossen spärlich, meist nur von Mund zu Mund. Da blühten wieder die Gerüchte! Jedenfalls wußten wir nicht, was uns erwartet und ob es überhaupt eine Möglichkeit geben würde, diese sogenannte Zonengrenze zu überschreiten.

Die Siegermächte hatten die von ihnen besetzten Gebiete unter ihre Hoheitsgewalt gebracht, so daß es eine französische, eine britische, eine amerikanische und eine russische Zone gab. Die Russen jedoch grenzten die von ihnen besetzte Zone von den anderen besonders streng ab, weil sie mit der Staatsform der Diktatur gegensätzliche Ideologien vertraten. Die im Westen wollten eine deutsche Demokratie errichten, der Diktator Stalin aber eine kommunistische Diktatur. Der Keim von Feindseligkeiten war dadurch bereits zu erkennen.

Nachdem wir im Elisabeth-Heim von Schwäbisch Hall sehr gut geschlafen und gegessen hatten, war ich mit mir zufrieden; und als wir am nächsten Tag auch noch über Bad Mergentheim, Lauda und Tauberbischofsheim sogar Würzburg erreichten, fühlte ich mich meinem Ziel näher. In der Pestalozzischule konnten wir schlafen.
Leider wurde mir dann auf dem Bahnhof mein Brotbeutel gestohlen. Die letzten persönlichen Habseligkeiten waren damit weg.
Der Ärger häufte sich, als wir am Abend des 25.Oktober in Seligenstadt ankamen und keine Schlafmöglichkeiten fanden. Da fuhr noch ein Zug nach Schweinfurt. Wir überlegten nicht lange und fuhren mit. Hier schliefen wir in einem Bunker, doch gab es am nächsten Tag von hier aus kein Weiterkommen. Wir erwischten ein Auto und fuhren kurzerhand zurück nach Würzburg.
Jede Gelegenheit des Fortkommens mußten wir wahrnehmen, selbst wenn ein Zick-Zack-Kurs einzuschlagen war. In Würzburg hatten wir das Glück, weiterzukommen: Wir sprangen auf einen offenen Wagen eines Güterzuges. Die Nacht hindurch ratterten wir über Gmünden, Fulda, Bebra und Kassel. Es war unbändig kalt. Wir konnten uns nur etwas schützen, indem wir uns in die Windschattenecke des offenen Waggons quetschten.
Bescheidene Freude wurde uns dann zuteil, als wir früh um sieben Uhr schon weiterfahren konnten nach Göttingen.

Es war Sonntag. In der Bahnhofsbaracke von Göttingen bekamen wir etwas zu essen, konnten aber von hier nicht weiter. So wurde uns ein Lager in der Voigtschule zugewiesen.

Immer wieder mußten wir die Lage erfragen, Erkundungen einholen, vielleicht traf man doch einmal auf Menschen, die etwas Genaueres wußten.

Es war bedrückend zu sehen, wie aus schönen Häusern Steinhaufen geworden sind, wie die Menschen über Straßen und verwilderte Anlagen huschten, wie jede Wand, die noch stand, mit Zetteln beheftet war, worauf Menschen ihre Angehörigen suchten, oder wie mit Kreide an den Trümmersteinen die neue Bleibe geschrieben stand.

Der Montag brachte uns keinen Schritt weiter. Heute vor einer Woche hatten wir Wechingen verlassen. Wir waren gezwungen, noch einmal in der Voigtschule Göttingen zu schlafen, aber wir schnupperten wenigstens die Nähe der Zonengrenze.

Am Dienstag morgen kaufte ich noch auf die letzten Lebensmittelmarken eine große, harte Knackwurst.

Jetzt galt es, sich vorzutasten. In Friedland sei ein Grenzübergang. Also mußten wir versuchen, dorthin zu kommen. 30 Kilometer waren zu überwinden.

Was ein Glück! Da fuhr ein Zug!

"Friedland! Endstation!" wurde gerufen.

Es stiegen viele Menschen aus, Frauen und ehemalige Soldaten. Wir schlossen uns dem Strom an. Das Dorf Besenhausen war nun endgültig der letzte Ort auf westlichem Boden. Dort verlief die Grenze zu Thüringen und damit die zur Zonengrenze.

Warten und wieder warten.

"Geduld bringt Rosen", hatte Emma gesagt.

Am Nachmittag wurde ein Durchlaß gewährt. Die Menschentraube schob sich vorwärts, wir mittendrin, und da sah ich auch schon die ersten Russen in den schmutzig-braunen Uniformen, die den Soldaten nicht zu passen schienen. Sie waren ihnen allen etwas zu groß. Die Haare kahl geschoren, Maschinenpistole im Anschlag, so schauten sie gleichgültig an unserem Treck vorbei.

Mein Entlassungsschein galt als Eintritt.

Die erste Bahnstation hieß Arendshausen. Tausende von Reisenden warteten hier schon. Jetzt kamen wir dazu. Kaum ein Platz blieb, damit man sich überhaupt hinhocken konnte. So wurde das Stehen die angenehmste Art zu warten.

Es dunkelte, aber an einen Zug war nicht zu denken.

Der auf dem Bahnsteig patroullierende Russenlandser konnte keine Auskunft geben.

"Bald", sagte er immer.

Nun wurde es schon Nacht. Ich war unterdessen ins Gespräch gekommen mit einem jungen Heimkehrer. Er wollte nach Ammendorf bei Halle. "Na, da sind wir ja Landsleute."

Wir blieben zusammen in der Meinung, auf derselben Strecke nach Hause zu gelangen.

Um drei Uhr kam der Zug. Gedränge, Geschiebe, Aufgeregtheiten; der Russe schoß mit seiner Pistole in die Luft. Aber das beeindruckte die wenigsten.

"Aussichtslos!" sagte Horsts Onkel.

Der Hallenser war beim Holzköfferchen geblieben, eigentlich zum Aufpassen. Wie staunte ich, als ich entdeckte, daß der Kerl meine schöne Knackwurst aus der zusammengerollten Decke gestohlen hatte und verschwunden war.

Der Zug fuhr ohne mich und Karl ab. Den Hallenser hatte ich nicht mehr gesehen.

Wieder forderte die Nacht von uns Geduld.

Um halb vier Uhr dampfte etwas heran. Es war tatsächlich ein Personenzug. Den erklommen wir diesmal.

Um fünf Uhr rollte er an. Ein Gefühl der Erwartung überkam mich. Aber an der nächsten Station blieb er stehen - und stand bis Mittag.

Die seelische Anspannung stieg bis kurz vorm Zerplatzen.

Dann rollte er wieder.

Jedesmal, wenn er bremste, hielten im Zug alle die Luft an.

Doch am Abend erreichte ich Halle an der Saale.

Im Zug blieb die Ungewißheit, ob ich heute noch weiterkommen würde. Es waren bis Weißenfels ja nur noch 40 Kilometer.

Oh Freude über Freude: Ein Zug bot den Anschluß sofort nach Wei-
ßenfels.
Gegen neun Uhr fuhr ich im Heimatbahnhof ein.

War das noch mein Weißenfels? Dreckig der Bahnhof, düster die Stra-
ßen, der Gang über die Behelfsbrücke war mir fremd.
Der Marktplatz allein war erleuchtet, zu dem ich beim Vorwärts-
streben schauen konnte. Kurz erinnerte ich mich der Feste, wenn die
Maikönigin in der Walpurgisnacht, der Nacht zum 1.Mai, erschien
oder wenn die Paraden Tausende von Zuschauern freudevoll staunen
ließen.
Jetzt beschallten Lautsprecher die Gegend, ohne daß es eine Ver-
anstaltung gab, wie Psycho-Terror, Stalin-Orgeln aus Lautsprechern.
Das war mein zweiter Eindruck von einer sowjetisch besetzten Zone.

Mit jeder Straße wurde es stiller und dunkler.
Ich erreichte die Lutherstraße.
Die Haustür war verschlossen, ich hatte ja keinen Schlüssel mehr.
Im Hochparterre wohnten uns befreundete Hausgenossen.
Ich kletterte und klopfte ans Fenster.
Das bekannte Gesicht schaute raus, und sein Auge mußte sich an die
Dunkelheit erst gewöhnen.
"Rolf!" rief er erstaunt.

Er öffnete, und ich setzte den Fuß auf die erste Stufe.
"Ihr wohnt nicht mehr hier!"
Ich staunte, ahnte aber, was geschehen war.
"Die Kommunisten haben deine Eltern aus der Wohnung geschmissen.
Wart, ich bringe dich zu deiner Mutter."
"Wo ist mein Vater?"
"Den hatte der Amerikaner ins Gefängnis gesteckt, dann aber wieder
entlassen. Als dann der Russe kam, ist er weg von Weißenfels."
Nach 15 Minuten standen wir vor der Lisztstraße Nummer 14.
"Bleib' erst mal vor der Tür", flüsterte er und klingelte.

"Ach, Herr Albert", hörte ich sie sagen.
"Frau Meißner, können Sie eine gute Nachricht ertragen?"
Kurze Stille.
"Sie bringen mir gewiß meinen Jungen!"

Junger Mann
von der SBZ zur DDR

Ich schaute in eine neue Welt.

Alles war unbekannt und ungewohnt: mit meiner Mutter als Unter-mieter in einem Zimmer und einer kleinen Wohnküche.

Ein neues Leben mußte ich beginnen; an nichts konnte ich anknüpfen; mein Leben befand sich an einem Wendepunkt. Ich überflog die spärlichen Reste unserer Wohnungseinrichtung.

"Nun setz' dich erst mal, mein Junge!"

"Ja, Mutti, was aber mache ich nun beruflich?"

"Daran denkst du jetzt nicht, erhole dich erst einmal!"

Nach und nach vermißte ich jetzt die fehlenden Möbel und die für uns kostbaren Stücke: Erinnerungen und Nachlässe. Ob Schreibtisch, Tep-pich, Lampen oder Gardinen, Couch oder Sofa, alles hatten die Kom-munisten gebrauchen können. Das kinderlose Ehepaar, ehemals Untermieter in dieser Wohnung, war mit Polizei gekommen und befand unsere Wohnung in der Lutherstraße für sich als angemessen. Meine Mutter hatte 24 Stunden Zeit gehabt, um zu räumen. In ihrer Bedrängnis half Lotti, das Nötigste einzupacken. Sie hatte zufällig von der Zwangsräumung erfahren, weil sie auf dem Landratsamt beschäf-tigt war.

Mein Vater wohnte in Leuna in einer Garage. Dorthin war er zu Fuß geflohen, als der Russe kam. Obwohl der Amerikaner unsere Region erobert hatte, überließ er sie den Sowjets, denn auf Jalta hatten sich die Alliierten Deutschland in die entsprechenden Besatzungszonen aufgeteilt. Mir war unverständlich, wie ein amerikanischer Präsident, damals Roosevelt, der Stalinistischen Gewaltherrschaft den großen

Teil Deutschlands überlassen konnte. Das zeigte mir wenig geschichtlichen Weitblick. Die Welt sollte demzufolge später auch daran "zu knabbern" haben!

Mein Vater hielt sich weitgehendst versteckt und führte dabei seinem Bruder Helmut die Bücher. Onkel Helmut baute sich hier in Leuna einen Maler-Betrieb auf. Die besagte Garage diente zugleich als Büro-Raum. Mein Vater hatte Weißenfels verlassen, weil er gewarnt worden war. Zunächst hatte ihn der Amerikaner ins Gefängnis gesteckt, dann aber wieder freigelassen.
Und meine Mutter hatte man abgeholt, damit sie das Gefängnis säuberte. Nun aber, mit dem Einzug der Sowjets, war alles noch ungewisser, noch zweifelhafter und willkürlicher.

So wie die Bevölkerung sich erst an deren Mentalität gewöhnen mußte, so staunte auch der Russe über die Gewohnheiten und die Wohnkultur der Deutschen. Auf ihren Panje-Wagen waren sie den abziehenden Amerikanern gefolgt, meist mit lappenumschnürten Füßen. Sie meinten, daß hier überall Kapitalisten wohnen würden in den Mietshäusern. Die Ein-und Zweifamilienhäuser hatten die Offiziere gleich beschlagnahmt.
In dieser Verbindung erzählte man sich wundersame Geschichten. Das Klo z.B. galt als das Strickzimmer: "Strick ziehen, Scheiße weg!" Mitunter hatten sie die Hausbesitzer herbeizitiert und ihnen Sabotage vorgeworfen, weil die Kartoffeln, die sie in der Klo-Schüssel gewaschen hatten, beim Ziehen der Wasserspülung verschwanden.
Da befuhr ein Radfahrer das steile Gefälle der Zeitzer Straße. Ein Russe hielt ihn an und nahm ihm das Rad weg. Offensichtlich des Fahrens unkundig, stürzte der Russe. Der Bestohlene lachte kräftig aus verständlicher Schadenfreude. Da zückte der Russe seine Pistole und erschoß den lachenden Fahrrad-Besitzer.

Als die ersten Besatzungstruppen abgezogen worden waren und die Verwaltungstruppe nachschob, wurde es besser. Aber die bedrückende Atmosphäre lockerte sich erst nach Jahren.

Der Begriff "Russe" traf eigentlich nicht zu; erst allmählich wurde die Bezeichnung "Sowjet" verwendet.

Das Riesenreich der UdSSR mit seinen elf Zeitzonen brachte Soldaten aus der Tundra und Taiga, aus der Steppe und dem Hochgebirge nach Deutschland. Sie alle waren als Sowjets vereint, beherrscht von dem Diktator Stalin, der den Arbeiter- und Bauernstaat proklamierte und aus einem Marxismus-Leninismus einen Stalinismus gemacht hatte. Durch Terror festigte er in den dreißiger Jahren seine Schreckensherrschaft. Nicht nur alle möglichen Gegner liquidierte er, sogar Freunde und Helfer seines Systems ließ er in sogenannten Säuberungsaktionen erschießen.

Allein in der Roten Armee veranlaßte er in den Jahren 1936/37 ein Blutbad, indem er über 40 000 Offiziere umbringen ließ, mehr, als im Zweiten Weltkrieg gefallen waren.

Da schreckte er auch nicht vor Deportationen ganzer Völker zurück. Seinen Machtbereich konnte er durch das Ungeschick der westlichen Politiker bis Mitteldeutschland, also bis Mitteleuropa, ausdehnen.

In dieser bedrückenden Welt mußte ich mich zurechtfinden und mir mein neues Leben gestalten.

Der nächste Tag war der 31.Oktober, Reformationstag und noch Feiertag, wie immer in Mitteldeutschland. Das sollte sich aber mit der Zeit ändern.

Meine Cousine Margot kam. Sie hatte im Juni einen Klaus zur Welt gebracht, und heute wurde getauft. Meine Mutter war als Patin ausgesucht. Jetzt aber sollte ich an diese Stelle treten. Die für Margot unverhoffte Wiedersehensfreude mit mir war getrübt durch die Ungewißheit, wo ihr Otto, der Vater des Täuflings, wohl sein wird. Er war im letzten Kriegsjahr noch Offizier geworden und dann in amerikanische Gefangenschaft geraten. Diese Amis hatten jedoch eine Gruppe von Offizieren gesammelt und sie dem Russen übergeben, wohl wissend, was das für diese Leute bedeuten wird. Meine Cousine erfuhr das von einer Flaschenpost, denn die Bahnstrecke Eisenach-Berlin führt am 'Haus Margot' vorbei.

Als der Gefangenentransport diese Strecke passierte, hatte Otto Gelegenheit, eine Nachricht in die Flasche zu stecken und sie auf die

Wiese zu werfen, die zu dem Grundstück gehört. Margot fand die Flasche, und die Ungewißheit quälte von nun an die ganze Familie. So geschah es dann auch, daß er nach einem unsäglichen Leidensweg erst Weihnachten 1949 aus russischer Gefangenschaft nach Hause kam. Jetzt hielt ich seinen Jungen übers Taufbecken der Lutherkirche. Der Herr Pfarrer war "unser Luftkotelett".

*

Was sollte nun ein junger Mann in dieser Situation machen? Die Ingenieurschulen geschlossen, die Industrien produzierten nicht, zerbombt verdüsterten sie die Landschaft, und die noch vorhandenen Industrieanlagen wurden auf Geheiß der russischen Militärregierung abgebaut: "Demontage" war das Wort der Zeit.

Sogar die Maste der elektrischen Eisenbahn-Anlagen trennte man oberhalb ihres Fundamentes ab, so daß sie links und rechts der Gleise lagen. Die Sinnlosigkeit des Spiels mußte doch auch den Besatzern klar sein, denn zu verwenden waren die Torsos auch in ihrem Lande nicht mehr. So rosteten sie langsam vor sich hin.

"Genossen, beeilt euch bei der Demontage, damit der Aufbau beginnen kann!"

Junge Männer wurden von der Straße weg eingefangen; man brauchte sie beim Abbau in den Uranbergwerken Aue im Erzgebirge.

"Ab nach Aue", hieß es.

Mich rettete bei einer Straßenkontrolle mein Entlassungsschein aus der Gefangenschaft vor der Zwangsverpflichtung. Spezialisten wurden gezwungen, auf Jahre in der Sowjetunion zu arbeiten. Meist waren es Ingenieure, sie durften ihre Familien mitnehmen.

Mit meiner Mutter fuhr ich nach Leuna, um meinen Vater zu begrüßen. Das wurde für die Wochenenden der nächsten Zeit unser Programm.

Oma und Opa konnte ich nicht wiedersehen. Sie waren kurz vor dem

138

Einrücken der Amerikaner gestorben. Tante Gertrud und Margot hatten sie zu sich ins 'Haus Margot' geholt, damit ihnen in den Kriegswirren nichts geschah. Dann war Opa mit seinen 87 Jahren zum Liegen gekommen und rief alle um sich; meine Mutter war auch dabei. Es wurde gebetet für die Heimkehr der Enkelkinder, er verabschiedete sich von jedem und starb.

Oma saß im Lehnstuhl und sagte:

"Hol' mich bald, Vater."

So war es dann auch.

*

Meine Freude bestand darin, daß wir jungen Menschen uns trafen und Kino- und Tanzveranstaltungen besuchten. Jeden Samstag- und Sonntagabend war Tanz in den Wirtschaften. Wir fuhren zu diesem Zweck sogar mit den Rädern auf die Dörfer.

Da begegnete mir beim Kartenkauf an der Kinokasse Falko Haase, mein Kunstmaler-Freund. Ich streifte wieder mit durchs Atelier seines Vaters. Der Professor zeigte mir den Anfang seines großen Auftrages: eine überlebensgroße Statue in Stein von Lenin. Die groben Profile waren bereits behauen. Er witzelte:

"Was zeigt Lenin mit der ausgestreckten Hand?"

Ich wußte es nicht.

"Na, er sagt: So hoch liegt der Dreck in Rußland!"

Auch Klassenkamerad Rolf war wieder da und Horst, der die Heimat von Wechingen aus vor mir erreicht hatte. Und als ich mich zwecks meiner neuerlichen Einbürgerung beim Amtsarzt vorzustellen hatte, traf ich auf Gisela, meiner scheuen Leidenschaft aus den schulischen Kindertagen. Sie assistierte hier und lächelte mich an. Ich aber hatte mit dem Wickel meiner Wunden zu tun, die immer noch nicht verheilt waren, und sagte nichts. Es berührte mich unangenehm.

139

*Wenn ich mein noch ungewohntes Domizil in der Lisztstraße erreichen
wollte, ging ich oft durch die Gustav-Adolf-Straße. Ein scheeler Blick
in die Lutherstraße streifte dabei das Haus Nr.2b.*
*Da traf ich Oma Förster und ging mit ihr ein Stück des Weges bis zur
Ecke Lutherstraße. Wo blieb Rolf? Sie weinte und schimpfte:*
*"Diese Verbrecher haben mir meinen Rolf genommen! Er gilt als ver-
mißt, muß wohl an der Westfront gefallen sein, wir wissen nicht wo!"*
*Den Kloß in meinem Hals bekam ich nicht runter. Fühlte ich doch
eine Mitschuld, denn im Gegensatz zu Försters waren wir die Nazis.
Familie Förster war vor der Hitlerzeit sozialdemokratisch eingestellt
gewesen und hielt sich während des Nationalsozialismus' zurück. Nun
war ich es, der aus dem Krieg zurückkam, mein "Moppel" nicht. Ich
brachte nicht mal richtig das "Auf Wiedersehen" heraus. Ich erfuhr
noch von ihr, daß auch Stiller Horst aus der Luther-Bande gefallen
sei.*

*Die Trauer wurde in dieser Zeit verdrängt durch die Umstände, wie
das Leben weiterhin zu meistern sei. Beim Tanz vergaß man. Der
eigentliche "Katzenjammer" über den Verlust packte mich erst später.*

*

*Mit 21 Jahren wußte ich nun nicht, welche Tätigkeit für mich als
ernsthafter Beruf in Frage kommt. Das quälte mich. Am liebsten hätte
ich etwas gemacht, das mit der Fliegerei verbunden werden konnte.
Aber durch die wirtschaftliche und vor allem politische Situation sah
man in dieser Berufsrichtung auch für die Zukunft keine Perspektive.
So wie mir erging es vielen jungen Menschen damals. Eine Bevölkerung vegetierte. Die Tauschgeschäfte blühten: Teppich gegen Kartoffeln, Anzug gegen Eier, Silberzeug und andere Wertgegenstände
gegen Milch, Öl oder Mehl. Und überall dabei und dazwischen das
Schicksal der Flüchtlinge aus Ost-und Westpreußen, aus Pommern
und Schlesien, aus dem Sudetenland und dem Warthegau.*

Die Züge der Eisenbahnen waren nicht nur überfüllt, die einzelnen Wagen waren kaum noch zu erkennen, so hingen die Menschen lebensgefährlich außen am Zug, standen auf den Trittbrettern, saßen auf den Puffern oder hielten sich auf den Dächern der Wagen fest. Durchs Fenster des Abteils rein und raus, ob alt oder jung, das waren gängige Wege, um mit dem Zug fahren zu können. Die Menschen kratzten alles zusammen, was tauschenswert war, nur um die Familie, vor allem die Säuglinge und Kleinkinder, nicht verhungern zu lassen. Hin und wieder wurde dabei gestohlen. Auch Russen-Soldaten stiegen hinzu und nahmen den "Fahrgästen" die letzte Habe ab.

Wir selbst hatten nichts als nur die Lebensmittelkarten, die uns hungrig genug hielten. Zum Tauschen war uns nichts mehr geblieben. Aber im Vergleich zu den Millionen Flüchtlingen, die ihre Heimat verlassen mußten, die größte Strapazen zu ertragen und unterwegs auch noch den Tod ihrer Kleinkinder und alten Leute zu beklagen hatten, ging es uns gut.

Man hatte sich im großen und ganzen ruhig zu verhalten, sich im Durchschnitt zu geben, Mittelmäßigkeit war die Plattform für den Alltag, um nicht aufzufallen. Die Sowjets gemeinsam mit den deutschen Kommunisten beäugten Auffälligkeiten.

Der Bürger bewegte sich gedämpft.

Und doch gab es Bewegungen, Unruhen bei dem einzelnen. Viele wollten in die britische oder amerikanische Besatzungszone, mitunter mal auch nur so, um Heringe zu besorgen oder Glühbirnen. Sie gingen "schwarz über die Grenze" und zurück, oft unter Strapazen und auch unter Lebensgefahr. Aber an die hatte man sich im Laufe des Krieges gewöhnt. Risiko gehörte zum Alltag.

Wir jungen Menschen tanzten, im "Stadthallen" oder im "Deutschen Haus". Jeder suchte dabei seine Zukunft.

Lotti hielt sich immer mehr zurück. Sie kam nicht mit zum Tanzen. Ich spürte, daß etwas zwischen unserer Freundschaft stand, was sie scheute zu sagen. Vor Weihnachten dann wollte ich es wissen. Immerhin fühlte ich Zuneigung.

Da eröffnete sie mir, daß sie sich verloben wird mit einem Heimkehrer, der junger Offizier war und seine Lehrerexamen bereits hinter sich hatte. Seit geraumer Zeit war sie die Sekretärin des Schulrates von Weißenfels. Hier hatte die erste Begegnung mit ihm zu einer dauerhaften geführt. Sie meinte, daß sie doch für eine Lebensbindung mit mir zu alt sei.

Und doch verfolgte sie meine Vorhaben und teilte die Probleme. Da sagte sie eines Tages zu mir:

"Morgen früh gehst du ins Lehrer-Seminar und meldest dich beim Direktor. Ich habe dich angemeldet!"

Ich schaute sie ungläubig an, widersprach - und folgte.

*

Die Besatzungsmacht hatte alle Lehrer aus dem Schuldienst entfernt, die in irgendeiner Weise mit dem Nationalsozialismus verbunden waren. Auch der "kleinste" Parteigenosse war entlassen worden. Somit war ein Vakuum in den Schulen entstanden, das schnellstens durch sogenannte fortschrittliche Lehrer aufgefüllt werden mußte.

Weißenfels bot sich da traditionsgemäß als Lehrerbildungsstätte an, denn schon 1794 wurde hier ein Lehrerseminar eröffnet. Und 1822 wirkte der bedeutendste deutsche Pädagoge der Zeit als Leiter: Wilhelm Harnisch. Er setzte die Theorien Pestalozzis in die Praxis um, so daß sich dieses Institut zur bedeutendsten Einrichtung dieser Art in Deutschland entwickelte. Auch der Rechenmeister und Musikpädagoge Ernst Hentschel nahm hier seine Tätigkeit auf. Und Moritz Hill kam 1930 nach Weißenfels. Er gründete hier eine Taubstummen-Anstalt, die mehr die Laut- und Lippensprache als Selbsthilfe lehrte gegenüber der Gebärdensprache. Die Anstalt wirkte als Gehörlosenschule bis 1933. Da mußte sie wegen Geldmangels aufgelöst werden.

Das Lehrerbildungsinstitut bestand bis zum Zweiten Weltkrieg. Jetzt galt es, die Tradition aufleben zu lassen, aber mehr der Not gehorchend.

Deshalb war eine schnelle Ausbildung in einem Neulehrer-Lehrgang vonnöten. Die Vollendung des Studiums folgte danach und war um so härter, anstrengender und dauerte länger als üblich.

Meine Anmeldung für dieses Seminar konnte nicht unproblematisch sein. Man wurde politisch beäugt. Ich war Hitlerjugend-Führer und mein Vater bekannter Parteigenosse gewesen. Diese Leute wurden ausgegrenzt. Aber Lotti hatte trotzdem mit dem Schulrat über mich gesprochen, der als Sozialdemokrat während der Nazi-Zeit seiner Lehrertätigkeit nicht nachgehen durfte. Mein Vater hatte früher für ihn gutgesagt, so daß ihm nichts weiter zu leide geschehen war.
"Lassen Sie die Finger von Meißner!" hatte er erwidert.
Sie ergriff trotzdem die Courage und rief den Direktor an:
"Morgen früh bekommen Sie einen Neueingang, ein Herr Meißner wird sich melden."
Er fragte zurück. Dann Lotti:
"Ja, Herr Schulrat weiß darüber Bescheid."

Am anderen Morgen verließ sie nicht das Telephon. Ich fand mich frühzeitig im Seminar ein und stellte mich vor.
Nach einem kurzen Gespräch griff der Direktor zum Telephon und wollte bestätigen, daß ich eingetroffen sei, und sich vergewissern, weil er mit dem Schulrat noch nicht persönlich darüber gesprochen hatte.
Ich hielt den Atem an:
Im Vorzimmer des Schulrates rasselt das Telephon.
Lotti ahnt und ergreift hastig den Hörer.
"Hier ist Herr Meißner eingetroffen; ich wollte vom Schulrat die Bestätigung. Eigentlich sind die Seminar-Klassen besetzt, der Lehrgang läuft ja bereits 14 Tage."
Lotti: "Der Schulrat ist in einer Besprechung, aber das geht in Ordnung, Sie möchten den Herrn aufnehmen. Die Verspätung kommt durch seine Gefangenschaft."
Er wendet sich mir wieder zu:
"Ja, Herrn Schulrat habe ich selbst nicht sprechen können, aber das geht wohl in Ordnung, da will ich Sie mal einweisen."

Am 16.Januar 1946 betrat ich einen fast leeren Klassenraum. Es war noch früh. Die Teilnehmer trudelten nach und nach ein. Ich stellte mich mit dem Rücken ans Fenster, um die Tür und den Raum übersehen zu können.

Da kamen sie: alte und junge Abiturienten, ehemalige Offiziere und Arbeiter. Mit jedem, der die Tür öffnete, kolorierte die kleine Gemeinschaft. Ich schaute angespannt. Mußte ich doch die Gepflogenheiten erlauern, was Usus ist und wie man sich verhält.

In einer Minute ist es acht Uhr, da wird der Unterricht beginnen bei einem Herrn Dr.Dr.

Die Tür tat sich wieder auf und herein trat - Lothar, mein "Karl".

*

Weitgehende Folgen hatten für mich die unterhaltsamen Stunden bei meinem Freund Rolf, dem ehemaligen Klassenkameraden und gemeinsamen Fronturlauber. Er selbst war gesellig, und unter Witz und Humor fand sich bei ihm eine lockere Gesellschaft ein.

Schon im Dezember hatte er uns seine Cousine Ingeborg vorgestellt. Sie war in Riga geboren worden, der Vater Lette, und als der Führer rief: "Heim ins Reich", da siedelte die Familie nach Posen über.

Der Vater wußte, was unter sowjetischer Herrschaft dem einzelnen bevorstand, besonders ihm als Geschäftsmann. Er hatte ein großes Lebensmittelgeschäft betrieben. Nun aber waren sie Flüchtlinge wie so viele, nur daß hier in Weißenfels die familiären Wurzeln der Mutter lagen.

Ingeborg lud mich zu ihrem Geburtstag ein, und Sylvester feierten wir bei Tanz inmitten der Clique im Stadttheater, wo die Kapelle Kurt Ruppé spielte.

Mag es die Gesellschaft gewesen sein oder der Rausch des ersten Sylvesters im Frieden, mag der jugendliche Überschwang oder die Anmut des Mädels beteiligt gewesen sein: Wir verliebten uns.

Ich holte sie von nun an allabendlich vom Geschäft ab, wo sie als Stenotypistin tätig war.

Das Band der Liebe wurde enger.

Deshalb war ich bereits gebunden, als mich mein Schwarm aus der Lutherstraße, Christa, fragte, wie es mit uns beiden stünde. Wir freuten uns des Wiedersehens und gingen ins Kino. Ich hatte sie Jahre nicht gesehen; sie war schön geblieben, mir aber etwas über den Kopf gewachsen.

Und Waltraud aus den Kindertagen kam nicht selbst, sie ließ fragen, ob ich mich bereits gebunden hätte. Die Absage auch an sie fiel mir nicht leicht. Ich freute mich aber, daß ich solch' nachhaltige Chancen bei ihnen gehabt hatte.

*

Die Tage waren ausgefüllt mit dem Studium. Man legte ein enormes Tempo vor. Übungen und Vorlesungen vermischten sich miteinander. Das Niveaugefälle der Lehrgangsteilnehmer war gar nicht so groß, wie ursprünglich angenommen, obwohl im Laufe der Monate die Zahl der Ausscheider größer wurde.

Ich saß natürlich neben Lothar. Er war während des Krieges außerplanmäßiger Finanz-Inspektor geworden und des trockenen Tuns überdrüssig. In seinem damaligen Dienstort Calbe an der Saale war er eine Ehe eingegangen, eine Früh-Ehe, denn er zählte nur ein Lebensjahr mehr als ich.

Im Krieg wurden viele solcher Bindungen vollzogen. Nun fuhr er zum Wochenende dorthin, während er die Woche über in seinem alten Zimmer bei der Großmutter in der Lutherstraße wohnte. Der Großvater war noch vor Ausbruch des Krieges gestorben.

Wir saßen zusammen wie eh und je, arbeiteten gemeinsam und machten unsere Späße.

So auch am 1.Mai.

Eine Großveranstaltung in ganz Weißenfels war angesagt: der erste 1.Mai nach dem Kriege, noch dazu in einem aufbauenden Arbeiter- und Bauernstaat, wenn auch unter sowjetischer Obhut.

Die Teilnehmer des Lehrgangs bekamen den Auftrag, eine Veranstaltung im Gloria-Palast auszugestalten. Wer in der Lage war, etwas beitragen zu können, sollte sich nicht zurückhalten. Der Gloria-Palast galt als größtes Kino von Weißenfels mit einer beachtlichen Bühne.

Lothar fiel ein, daß wir beide uns als Clowns engagieren könnten. Kindliche Erfahrung lagen seit dem Kinderfasching im 'Haus Margot' vor. Er hatte auch eine Idee und meinte, daß wir dazu zwei Degen benötigten. Nun, die waren in den Familien nicht mehr aufzutreiben. Jedwede Waffe mußte abgegeben worden sein. So war sowohl der Degen meines Vaters aus dem Ersten Weltkrieg weg als auch der von Otto aus dem Zweiten Weltkrieg. Demzufolge suchten Lothar und ich auf einem riesengroßen Schrottplatz in der Neustadt in Weißenfels nach so etwas Ähnlichem. Der Platz war sogar von einem Russen-Soldaten bewacht worden. Als wir tatsächlich zwei alte Degen gefunden hatten, wurden wir von dem Russen angehalten. Die Erklärung "Erster Mai" und "Theater" und "Sozialiste" gab uns den Weg frei - mit den beiden Degen.
Die Vorstellung zeigte Gesang, Tanz, Sketche - und uns als Clowns: Entsprechend geschminkt kam ich mit einem Koffer auf die Bühne. Wir spielten zwei alte Freunde, die sich nach langer Zeit wiedersehen, aber doch letztlich in einen entsetzlichen Streit gerieten bis zum Duell mit den Degen: ein bißchen Charlie Rivels, ein bißchen Grock. Wir nannten uns "Dotto und Döttzchen", was auch auf meinem schwarzen Regenschirm geschrieben stand. Lothar entdeckte mich von der Empore aus und ließ sich an einem Kletterseil, das wir einer Turnhalle entnommen hatten, von oben herunter. Als er mitten am Seil hing, rasselte in seiner Tasche ein riesengroßer Wecker.
Der Auftritt ließ tausend Menschen staunen. Tags darauf hörte ich, daß die Leute gemeint hatten, wir seien Profis.

In den kommenden Monaten häuften sich politische Diskussionen. Wir wurden in den Marxismus-Leninismus und in das Kommunistische Manifest eingeführt, in die materialistische Geschichtsauffassung, wir plagten uns mit allen Fächern, die etwas mit Pädagogik zu tun hatten, und wir vertieften auch die Allgemeinbildung.

Auf einem unserer Heimwege hinkte uns freudestrahlend Rolf Pape entgegen. In den letzten Monaten des Krieges war er noch als Jagdflieger mit der Me 109 für die Reichsverteidigung ausgebildet worden und hatte beim Anflug an einen Bomberpulk einen Schuß in den Fuß bekommen, den er dann einbüßte. Wir unterhielten uns nur kurz.

Es gibt im Leben sonderliche Momente oder Begegnungen, deren Wert, Schwere und Tragweite erst viel später deutlich werden. Dies' war so ein Augenblick, denn wir sahen uns nie wieder. Nach Jahrzehnten erfuhr ich, daß er schon in seinen fünfziger Jahren gestorben sei.

*

Von nun an überschlugen sich meine persönlichen Begebenheiten:

Im Neulehrer-Lehrgang trieb man zum Abschluß, das bedeutete erhöhten Einsatz.

Ingeborgs Vater verließ die SBZ, die Sowjetische Besatzungs-Zone, um sich in der amerikanischen Zone anzusiedeln. Er bedeutete meinen Eltern, mitzugehen, denn unter der Sowjetherrschaft würden noch schwerere Jahre auf uns zukommen. Er kannte die politischen und wirtschaftlichen Verläufe von Lettland aus.

Aber wir blieben seßhaft.

Er wurde bei lettischen Freunden in Fulda aufgenommen, von wo aus er einen neuen Lebensmittelhandel aufbauen wollte.

Zu gleicher Zeit rückte unser schulischer Einsatz in die Nähe. Ich hatte mich demzufolge für einen Dienstort zu entscheiden.

Und Ingeborg eröffnete mir, daß sie ein Baby erwarte - - .

Der jugendliche Schwung bedingt wohl die Spannkraft, das alles mit einem Mal überwinden zu können.

Wo sollte ich nun hin? Urplötzlich stand eine Familiengründung vor mir. Ingeborg war voller Zuversicht, trotz der zeitlichen Verhältnisse mit Wohnungsnot, Lebensmittelmangel und wenig Geld.

147

*Meine Mutter meinte, ich sollte das Kind erst mal zur Welt kommen
lassen, zur Heirat sei immer noch Zeit.*

Mütter haben Weitblick!

*Ich aber bestand auf Ehre und Zumwortstehen. "Sei getreu bis in den
Tod....." hatte es zu meiner Konfirmation geheißen. Obwohl ich kaum
wieder an einem Gottesdienst teilgenommen hatte, hallten diese Worte
in mir nach.*

*Lothar bestärkte mich. Er hatte ja auch ein Kind, einen Sohn, und es
lebe sich gut in einer jungen Ehe, meinte er. Auch sollte ich mit nach
Calbe an der Saale kommen, wohin er sich versetzen ließ. Da würden
wir doch zusammenbleiben. Seine Frau wohnte dort, und er wurde
dorthin überwiesen.*

*Meiner Bitte entsprach man nicht sofort. Jeder Bezirk sorgte für seine
Schulen, und Calbe lag im Bereich von Magdeburg/Staßfurt. Schließlich gab man den Weg frei.*

*Im August noch hatte ich mich verlobt, und zu den Abschlußfeierlich-
keiten des Lehrgangs wurden schöne Reden gehalten, die nachhaltig-
ste vom Schulrat:*

*"Werden Sie konkret", hatte er gesagt. Schließlich wäre die gehabte
Abschlußprüfung der Anfang. Wir stünden im kommenden Berufsleben
täglich und stündlich vor einer Prüfung, die wir vor Schülern und
Eltern zu bestehen hätten.*

Und er schloß mit den Worten Gerhart Hauptmanns:

"Licht spenden, heißt innerlich verbrennen!"

*"Da kommt ja was auf mich zu", dachte ich, und verließ damit Wei-
ßenfels und seine Umgebung.*

*

*Bisher hatte ich das Studium der Pädagogik als für mich vorüberge-
hend angesehen, als Sprungbrett in einen anderen Beruf. Pädagogik
konnte als Grundlage dienen für andere Studienbereiche. Jetzt aber
wurde es ernst. Mit der Einweisung in der Tasche und Lothar an der
Seite fuhr ich in den ersten Dienstort meiner pädagogischen Laufbahn.*

In Halle/Saale mußten wir umsteigen. Ich schaute mich um. Es waren ja erst zehn Monate vergangen, als ich hier voller spannender Erwartung auf das Zuhause von der Gefangenschaft und Fremde auf den Anschluß nach Weißenfels kieperte. Und doch war in dieser Zeit so viel geschehen, daß ich meinte, vor einer Ewigkeit hier gewesen zu sein.

Der Zug in Richtung Magdeburg bummelte durch jede Station.

Als Calbe in Sicht kam, zeigte mir Lothar das Wahrzeichen dieser Stadt: Der Wasserturm ragte über den Horizont.

Die Bahnstation nannte sich Calbe-Ost.

Wir stiegen aus, traten aus dem Bahnhof und standen mitten unter Feldern. Nur ein desolater Steinweg führte einen Buckel hinauf. Sonst war von der Stadt nichts zu sehen, dabei sollte sie 15 000 Einwohner zählen.

"Wenn wir auf den Buckel kommen, geht's immer geradeaus", sagte Lothar. Also marschierten wir los. Auf dem Buckel sah ich wieder nur Felder.

"Immer geradeaus!"

Nach zwei Kilometer erreichten wir die ersten Häuser. Da hieß es wieder:

"Immer geradeaus".

Vereinzelt standen jetzt Häuser an der Straßenzeile, aber die Stadt selbst zeigte sich nicht. Ein weiterer Kilometer war gelaufen. Langsam tauchte ein übliches Straßenbild auf.

"Dort links um die Ecke und dann immer geradeaus!"

Schließlich erreichten wir das Zentrum: die Querstraße. Sie war überraschend kurz, und ich begriff, daß dieses Calbe aus einem Straßendorf hervorgegangen sein mußte, das sich nur in der Länge so ausdehnte.

"Am Ende der Straße links rum, und dann immer geradeaus, dann sind wir da."

Eine Stunde Fußmarsch; ich war bis jetzt nicht begeistert von diesem Calbe.

Lothar wohnte mit seinen Schwiegereltern in einem Häuschen. Es blieb wenig Platz, seit sich die Familie vergrößert hatte.

Auf dem Wohnungsamt zog man die Schulter, als ich meine schulische Einweisung vorlegte. Das kann sich ja doch nur um Tage handeln, dachte ich und bezog ein Zimmer in einem Hotel. Es nannte sich zwar so, war aber mehr ein Gasthof. Den Preis konnte ich verkraften.

Die Stadt empfand ich als Unikum. Kleinste Häuser, deren Dachrinnen nicht viel höher waren als die hochgestreckte Hand, häuften sich Straße für Straße. Dazwischen verloren sich, meist betriebsbedingt, zweigeschossige Häuser. Landwirtschaft und Gurkeneinlegereien prägten das Bild dieser Kleinstadt, die seit Jahrhunderten den umliegenden Börde-Dörfern als Marktflecken diente. Weil außer Gurken und Kartoffeln vor allem Zwiebeln angebaut wurden, nannte man es "Bollen-Calbe", denn zur Zwiebel sagte man "Bolle". Mir wurde auch klar, warum Lothar mich mit den Worten "da liegen die Kartoffeln und Zwiebeln auf der Straße" bewegte, mit nach Calbe zu kommen. Leider mußte ich dann feststellen, daß ich unter den satten Leuten verdammten "Kohldampf" schob. Aber das ist wohl immer so, wenn man als Fremder in eine gewachsene Gemeinschaft eindringt.
Jeden Morgen fand ich mich um 6,45 Uhr vor dem Wohnungsamt ein. Zunächst wurde ich vertröstet, dann zu Adressen geschickt, bei denen man von vornherein wußte, daß da nichts frei sei.

*

Am 1.September 1946 stand ich nun mit Lothar und noch vier Anfänger-Kollegen im Lehrerzimmer inmitten erfahrener Lehrer. Die anderen Vier kamen vom Lehrer-Lehrgang in Staßfurt. Der Schulrat hatte uns in die Heinrich-Heine-Schule eingewiesen. Während das ältere Fräulein Schulleiterin für alle eine Begrüßungsrede hielt, stand ein ergrauter, hagerer Lehrer am Fenster und trommelte mit den Fingern an die Scheiben. Man übersah das.
Bald erfuhr ich, daß dieser "Trommler" der ehemalige Rektor dieser Schule war, den die Kommandantur kurz zuvor seines Amtes enthoben

und an seine Stelle eine nicht mehr junge, aber feine Dame gesetzt hatte. Daß er ein Experte auf schulischem Gebiet war, erfuhren wir später.

Die erste Konferenz meines Berufslebens begann. Die Klassen wurden den entsprechenden Lehrern zugewiesen und die Regularien erledigt. Mich berührte es, als die erfahrenen Schulmänner zu mir "Herr Kollege" sagten. Ich fühlte mich noch nicht so weit. Wir sechs Neuen tasteten uns in die Materie und fanden bei den Älteren erstaunliche Unterstützung. Immerhin füllten wir Stellen altgedienter und bewährter, aber entlassener Lehrer.

Dieser Tag galt für Lehrer und Schüler in der SBZ als ein Neubeginn, denn ab heute trat das "Gesetz zur Demokratisierung der deutschen Schule" in Kraft: Es brachte nichts anderes als die "Einheitsschule". Fortan wurden alle Jungen und Mädchen bis zum 8.Schuljahr gemeinsam ohne Unterschied der Herkunft und Begabung unterrichtet. Das Gymnasium wurde "Oberschule" benannt und ging vom 9. bis zum 12. Schuljahr. Ohne Rücksicht auf seine Herkunft sollte jeder die Möglichkeit haben, die Oberschule wie alle weiterführenden Bildungseinrichtungen besuchen zu können. Leider blieb das letztere Makulatur! Wer kein Arbeiterkind war, wer kein Mitglied in der FDJ, der Freien Deutschen Jugend, war, oder wer sich gar kirchlich engagierte, durfte kein Abitur machen. Ein Lehrergremium selektierte am Ende des achten Schuljahres.

Ich bewältigte meine ersten pädagogischen Gehversuche vom Hotel-Zimmer aus.

Im Saal der "Roland-Gaststätte" fand eine Kreislehrer-Konferenz statt. Es gab Diskussionsbeiträge, die ein noch verhältnismäßig offenes Wort zuließen. Mit den Jahren schrumpfte das immer mehr zur Phrase.

Zunächst berührten mich die angesprochenen Probleme nur peripher, ich amüsierte mich sogar über die Rededuelle. Ich dachte an mein Wohnungsproblem. Dazu jeden Tag um sechs Uhr aufstehen, nur damit ich vor das Wohnungsamt zu stehen komme!

Die erste Woche verging, die zweite auch. Ich erfuhr, daß auf eine freiwerdende Wohnung 20 Suchende kamen. Ich wurde ungeduldig und wollte Schule und den dazugehörigen Krempel hinschmeißen, abbrechen und nach Hause zurückfahren.

Da geschah ein Wunder: Man nannte mir die Grabenstraße 36, einen Herrn und eine Frau Kuhne. Dieses kinderlose Ehepaar bewohnte das Parterre des eigenen Häuschens, selbst nicht viel mehr als knapp bemessen. Die nahmen mich äußerst freundlich auf. Hatten sie doch eine Zwangseinweisung befürchtet, aber Angst vor dem Typen gehabt, der da wohl komme. Nun waren sie froh, und es erklärte sich ihre Freundlichkeit.
Ich schlief im Wohnzimmer auf der Couch, und wir fanden ein innig freundschaftliches Verhältnis zueinander. Er war Diplom-Handels-Lehrer, in den 60 er Lebensjahren und für die nächsten Monate mein väterlicher Freund, der eigentlich die Erziehung des Elternhauses an mir fortsetzte, ohne daß es mir unangenehm gewesen wäre. Mit gro-ßen Augen und gespannten Ohren übernahm ich so manchen gesell-schaftlichen Schliff, einzelne Verhaltensweisen und konziliante Rede-wendungen. Frau Kuhne war um etliche Jahre jünger als er und auf lockere Gemütlichkeit bedacht.
Sie hatten nie ein Mietsgeld von mir angenommen.

Als der kommende Winter ungewöhnlich streng und besonders lang anhielt, saß ich im warmen, kachelofenbeheizten Zimmer, schaute die Leute am Fenster vorbeitapsen, die Eisenbahnschwellen im Schnee hinter sich herzogen, und war alle Wintersorgen los. Schorsch Kuhne kannte alle Leute und war selbst überall bekannt. Dadurch stellten ihm Freunde, die als Kumpel im "Karl-Schröter-Schacht" arbeiteten, einen Wagen voller Rohbraunkohle, sogenannter Knorpelkohle, vor die Tür.

*

Die Schulleitung hatte mir ein sechstes Schuljahr "in die Hand gedrückt."

Ich erfuhr bald, daß es als "Schambach-Klasse" in die Schulgeschichte eingegangen war, denn der Schüler Schambach hatte einem anderen ein Auge ausgeschossen. Auch sonst waren die Buben recht wild. Es war eben noch eine Zeit mit Kriegsfolgen auch in der Schule.

Am 2.Schultag zog die gesamte Schule in den "Busch": Kräutersammeln war angesagt. Unter Anleitung der Biologie-Lehrer wurden Kräuter gesammelt, die dann sortiert und getrocknet bei einer Sammelstelle abgegeben wurden.

Der "Busch" war eine dichtbewachsene Insel, die nur zu erreichen war, wenn man erst die Saale überquerte und dann noch einmal einen Nebenarm von ihr. Da die Wilhelmsbrücke gesprengt worden war, hatte eine behelfsmäßige Fähre den Zugang übernommen.

Die Schulklassen standen mit ihren jeweiligen Lehrern geordnet hintereinander, bis alle übergesetzt worden waren. Nun warteten wir vor der kleineren zweiten Fähre. Da löste sich der Schambach aus seinem Klassenverband, zog das Hemd aus, sprang ins Wasser und schwamm hinüber. Andere der Klasse wollten ihm nach, aber ich konnte sie zurückhalten. Alle waren gespannt auf meine Reaktion, die Schüler und auch die Lehrer.

Ich verzog keine Miene.

Am anderen Ufer empfing uns Schambach siegesbewußt. Ich ging auf ihn zu und verabreichte ihm eine dermaßen kräftige Ohrfeige, daß er rückwärts ins Gebüsch fiel.

Ich hatte in Zukunft nie mehr Disziplinschwierigkeiten.

Bis Oktober hinein wurden auch Kartoffelkäfer gelesen. Da rückte der Schulverband aus zu den Feldern um den Wartenberg herum, der mit 121 Metern als Endmoräne die höchste Erhebung der Landschaft bot. Für die abgelieferten Käfer gab es Geld, Pfennige, die sich die Kinder gerne holten.

"Der amerikanische Imperialist hat uns die Schädlinge abgeworfen, damit die Versorgung gestört wird!" hieß es von amtlicher Stelle. Aber das glaubte keiner.

153

Wir Junglehrer mußten 20 Stunden in der Woche unterrichten, die andere Zeit war ausgefüllt mit Seminaren, Vorlesungen und Lektionen, die teils von erfahrenen Kollegen gehalten wurden oder von uns. Wir bekamen in dem Falle unverhofft und kurz vor Stundenbeginn die Aufgabe zugeteilt. Die Schüler kannten wir nicht, da irgendwelche Klassen des entsprechenden Jahrganges zur Verfügung gestellt wurden. Die Themen zur Vorbereitung waren bekannt.

Ich hatte nie vermutet, daß Unterrichten so anstrengt. Mittags überkam mich das Gefühl, als taumelte ich nach Hause, hätte mich am liebsten schon an den Straßenrand gesetzt. Da ich in einer ehemaligen Mittelschulklasse, die nun durch das "Einheits"-Schulgesetz keine mehr war, Geschichtsunterricht erteilte, mußte ich viel lesen. Schorsch Kuhne stellte mir umfangreiche Geschichtsbücher zur Verfügung. Da klappten oft meine Augendeckel über der Wissenschaft zu. Erst langsam, nach einem Jahr, gewöhnte sich mein Kreislauf an die Anstrengung.

Alle Junglehrer des Kreises fanden sich zu den Seminar- und Weiterbildungstagen ein. Als Leiter des Ganzen wurde der ehemalige Rektor der Heinrich-Heine-Schule berufen, der "Trommler" vom ersten Tag. Man konnte wohl nicht an seiner schulischen Größe vorbei.

Unbarmherzig und streng bildete er uns in Didaktik und Methodik aus, so daß ich in meinem zukünftigen Berufsleben in allen Fächern gut gerüstet war. Zur Psychologie und Pädagogik kamen Dozenten von außerhalb angereist.

Zwischen all den Aktivitäten plagte mich der Hunger. Auf die Lebensmittelmarken gab es pro Monat zwei Pfund Fleischwaren, 550 Gramm Brot, 500 Gramm Zucker, 250 Gramm Nährmittel und kein Fett. Wenn ich aber sonnabends von der Schule in die Grabenstraße eilte, da roch es aus den Häuschen nach Pflaumenkuchen, daß mir fast die Sinne schwanden. Man war hier eben mit der Landwirtschaft verbunden.

Ich faßte geschwind mein Köfferchen und hastete zum Bahnhof Calbe-Ost! Nach einer abenteuerlichen Bahnfahrt befand ich mich dann für

den Rest des Wochenendes im Schoß der Familie und bei einer werdenden Mutter.
Im Oktober schon hatten wir geheiratet, still und bescheiden ohne kirchlichen Segen.

*

Die Weltpolitik beeinflußte das Leben auch im privaten Bereich. Die westlichen Besatzungszonen schlossen sich im Dezember 1946 zusammen, so daß sich aus vier Besatzungszonen schließlich zwei Staaten festigten. Das gehörte zur zwangsläufigen Entwicklung Europas, denn durch die wachsenden Gegensätze zwischen Ost und West, zwischen der kommunistischen Ideologie und der pluralistisch demokratischen Gesellschaft, schotteten die Sowjets die SBZ immer strenger vom Westen ab. Das führte zum Todesstreifen an der "grünen Grenze" mitten durch Deutschland und später zum Mauerbau.
Diese Geschehen prägten auch den politischen Unterricht, dem wir Junglehrer ausgesetzt waren. Je mehr wir die Indoktrination zu spüren bekamen, um so widerspenstiger argumentierte ich. Das ist ja schlimmer als unter Hitler, dachte ich und griff immer wieder mit meiner erworbenen demokratischen Gesinnung die Lehren des Marxismus-Leninismus-Stalinismus an. Durch den Rundfunk war man ja mit der freien Welt verbunden. Nur wurden die westlichen Sender ständig gestört, so daß man mit der Zeit den Sender Rias-Berlin z.B. nicht mehr hören konnte. Aber es blieb für mich noch genug zu erfahren, wie man in der Welt dachte. Das führte zu Auseinandersetzungen, die mit der Zeit Nachteile für mich brachten, z.B. bekam ich nie einen Ferienplatz, der allein von gewerkschaftlicher Hand vergeben wurde.

Dem Wohnungsamt war ich immer noch aufs engste verbunden. Mein täglicher Gang dorthin mußte denen mit der Zeit "auf den Keks gehen", meinte ich. Immerhin wollte ich Frau und das kommende Kind bei mir haben.

155

Eines Tages wies man mir am anderen Ende der Stadt eine Unter-
miete zu. Sie bestand aus einer großen Stube und einem Eckzimmer,
das Gasanschluß hatte. Hier richtete ich eine Küche ein.
Nachdem die älteste Tochter der Wohnungsbesitzer ausgezogen war,
standen ihnen die Räume nicht mehr zur Verfügung. Auch zu diesen
Leuten entwickelte sich ein gutes Verhältnis.
Es galt nun für mich, Bezugscheine zu besorgen für alle möglichen
Gebrauchsgegenstände. Ich erwischte Schränke aus Pappe mit Schie-
betüren. Holzleisten hielten alles zusammen. Ich war glücklich über
die Errungenschaft.

Da aber der Monatslohn von 98,--Mark nicht ausreichte, wollte ich
zusätzliches Geld machen, indem ich eine Flasche Schnaps an die
Russen zu verkaufen versuchte. Ich hatte gehört, daß die für so etwas
Überpreise zahlten.
Ich begab mich im Dunkeln mit einer Pulle zu ihrem Standort, den ein
giftgrüner Bretterzaun uneinsehbar machte. Ursprünglich diente das
Gebäude als Berufsschule.
Ich hatte wohl einen unglücklichen Augenblick erwischt, denn mein
Angebot hörte ein Offizier. Der nahm mich mit zum Kommandanten.
Voller Wut wollte er mir die Flasche auf den Kopf hauen, ließ es aber
bei dem Ausruf "Kapitaliste" und "Spekulant", und eine bewaffnete
Begleitung mußte ich in meine Unterkunft führen. Erst wollte ich sie
ins Zimmer der leeren, zugewiesenen Wohnung leiten, schließlich
führte ich sie doch in die Grabenstraße. Hier durchwühlten sie die
Schränke, die nicht die meinen waren.
Die Gewehr-Soldaten stammelten "Kapitaliste!". Aber der Offizier
dämpfte ihren Ausbruch. Jedenfalls fanden sie nicht, was sie vermute-
ten und begleiteten mich ins Gefängnis.
Kuhnes fehlte dann der Photoapparat.

Da lag ich nun in einer Zelle und sagte mir, daß ich wohl nicht zum
Geschäftsmann tauge.
Am nächsten Tag entdeckte ich an der Steinwand der Zelle Schillers
"Glocke" geschrieben. Donnerwetter, das war kein Dummer vor mir.

Nach zwei Tagen ließ mich der deutsche Polizei-Oberste von Calbe ins Wachzimmer bringen. Er kannte mich etwas und sagte, daß er nicht wisse, was die Russen wollten, sie hätten in dieser Sache nichts mehr von sich hören lassen, und entließ mich.

Als ich wieder in der Schule erschien, wurde ich von den jungen Kollegen lachend begrüßt, denn sie hatten vier Wochen vorher im Gefängnis gesessen. Man feierte früher nämlich den Heldengedenktag. Der eine Kollege hatte im Krieg einen Arm verloren, war jetzt der Initiator, der die anderen anregte, am Denkmal für die Gefallenen der Weltkriege einen Kranz niederzulegen. Das taten sie - und wurden eingesperrt.

Nun fragte mich der einarmige Kollege:
"Warst du zufällig in der Zelle, wo 'Die Glocke' an der Wand steht? Die habe ich drangeschrieben."

*

Der Winter in diesem Jahr war besonders hartnäckig. Ich bedauerte immer unseren Hausmeister, wie er die großen Kohlekübel über den Hof schleppen mußte und die Klassen mit der stinkenden Knorpelkohle versorgte. Noch im März lagen meterhoch getürmte Schneeberge am Straßenrand.

Hin und wieder bekam ich Kartoffeln, ein paar Kohlköpfe oder Möhren, was ich zum Wochenende nach Weißenfels mitnahm. In den Zug hineinzukommen, war immer noch nicht mühelos. Stundenlange Verspätungen ließen mich oft den Anschluß nicht erreichen. Hinzu kam die Kälte in den Eisenbahnwagen.

Mitunter war ich nur die Nacht und ein paar Tagesstunden daheim. Sonntagmittag ging es wieder zurück.

Mitte März endlich konnten wir eine LKW-Fuhre zusammenstellen. Ingeborgs Verwandter betrieb ein Fuhrgeschäft mit einem klapprigen Lastwagen, den wir in Anspruch nehmen konnten.

Ingeborg brachte einen wunderschönen Tisch in die Ehe mit, und meine Eltern überließen uns ihr Schlafzimmer, das unser Prunkstück wurde, denn es bestand aus massiver Eiche mit polierten Nußbaumflächen. Geschirr hatte mein Vater in Leuna "organisiert", so nannte man das, wenn man auf Beziehung etwas bekam, und die Küchenutensilien waren durch Geschenke zusammengekommen. Für manches erhielt ich auch einen Bezugschein.

Die hochschwangere Frau im Führerhaus und meine Mutter hinten drauf, stehend inmitten der Ladung, denn zum Sitzen gab's keinen Freiraum, erreichten wir nach drei Stunden Fahrt das Domizil in der Nienburger Straße.

Letztlich war es doch recht gemütlich geworden in unserer neuen Heimstatt. Das große Zimmer diente als Wohn-und Schlafzimmer zugleich. Das Wohltuendste darin bot ein großer Kachelofen.

In der Nacht zum 23.März setzten die Wehen ein. Ich heizte sofort den Ofen an und holte die Hebamme. Die Geburt unseres Kindes spielte sich nun in diesem Zimmer ab. Die Hebamme hatte den Vorgang im Griff, und die Vermieterin war auch munter. Ich mußte erleben, unter welchen Schmerzen eine Frau zur Mutter wird.

Wir hatten in dieser Nacht Glück mit der Gasflamme, sie brannte, wenn auch nur ganz sparsam. Aber um das Wasser warm zu halten, reichte es aus. Gas gab es nicht immer und nicht ausreichend, meist nur stundenweise. Wenn wir, auf der Höhe wohnend, noch ein Flämmchen nutzen konnten, hatten die in den unteren Stadtteilen kein Gas; dafür lief bei uns lange kein Wasser mehr, wenn es bei denen da unten immer noch floß. Die langgestreckte Stadt bot ein kontinuierliches Gefälle von Süd nach Nord.

Um sechs Uhr in der Frühe konnte dann alles und jedes erlöst aufatmen. Unsere Angela kam in ein schmuckvoll ausgelegtes Körbchen.

*

Da stand ich vor Unterrichtsbeginn in der Tür des ersten Einganges

158

der Schule und hatte Aufsicht, als mein zweites Schuljahr begann.

Ein junger, schlanker Mann mit einer Schildermütze als Kopfbedeckung schritt auf die Schule zu, gab mir die Hand und sagte:

"Ich bin der Neue, Günter, aber ohne 'h'!"

Aus dieser Begegnung entwickelte sich eine Freundschaft, denn es stellte sich heraus, daß unser beider Interessengebiete im musischen Bereich lagen. Er hatte noch sein Abitur nachgemacht, denn das im Krieg als Notabitur abgelegte fand keine Anerkennung. Nun war er auch Junglehrer.

Als wir wieder mal zu einer Unterrichtslektion zusammenkamen, wo allen Junglehrern die mustergültige Behandlung des Kunstliedes vorgeführt wurde, sang als Einstieg dieser neue Kollege das "Caro mio ben" von Giordani. Mich überraschte seine schöne, weiche Stimme. Als er dann in einer weiteren Stunde noch von Schubert "Die Forelle" sang, war ich begeistert.

Ich neigte ohnhin immer mehr zu den schöngeistigen Fächern, deshalb wählte ich speziell für die kommenden Lehrerprüfungen das Fach Deutsch. Hier konnte ich Literatur bearbeiten und bieten.

Die Interessen innerhalb des Studiums wurden unterstützt durch eine kleine Gemeinschaft, die sich herausgebildet hatte. Unter uns jungen Menschen galt eine Frau als Junglehrerin, die ein Dutzend Jahre älter war, zwei Kinder hatte und deren Ehemann im Krieg als vermißt galt. Sie mußte jetzt die Familie ernähren und wurde Lehrerin. Da sie aber im Gegensatz zu uns allen eine große Wohnung besaß, fanden die Studier- und Fetestunden bei ihr statt. Sie fungierte mit ihren größeren Lebenserfahrungen als unsere "Mutter der Kompanie". Wir arbeiteten gemeinsam meist am Abend unsere Vorlesungen aus und genossen anschließend auf ihrem Grammophon die schönsten Opern und Sinfonien, die ich in den Musikhandlungen meist in Halle/Saale mit Schokolade erkaupelt hatte, denn mein Schwiegervater war ein pfiffiger Geschäftsmann.

Auch zwischen den Unterrichtszeiten hatten wir unsere Späße, was die Anstrengungen etwas auflockerte.

"Alles fließt", sagte Heraklid. So auch bei uns. Wir wurden durch die Gründung einer neuen Schule auseinandergerissen, aber gottlob nur durch getrennte Gebäude.

Als Folge der Einheitsschule mußte nämlich eine neue Schule errichtet werden. Da gründete man die "Friedrich-Schiller-Schule". Sie wurde vorläufig im Bau der alten Hilfsschule untergebracht. Jede Schule hatte Lehrer dorthin abzugeben, und ich war dabei. In gewisser Hinsicht war ich froh darüber, denn das ältliche Fräulein als Rektorin behagte mir auf die Dauer in ihrer kleinlichen, engherzigen Schulleitung nicht. Den Stundenplan zu gestalten, war ja zu der damaligen Zeit noch kein großes Werk, aber sie stand oft nasegestülpt davor und wußte unvorhergesehene Ereignisse nicht locker zu meistern. Als mein Kollege Dieter heiraten wollte und er bei ihr für den Sonnabend um Dispens bat, stand sie lange vor dem Stundenplan, grübelte und sagte schließlich:

"Sagen Sie mal, Herr Sch., muß das sein?"

Aber in der neuen Schule erlebte ich es nicht besser. Da setzte man uns ein noch älteres Fräulein "vor die Nase": Vom Regen in die Traufe, dachte ich, linientreue Genossen stehen offenbar noch nicht genügend zur Verfügung.

Als Schulleiterin nahm sie sich das Privileg, ein 8.Schuljahr zu leiten; 9. und 10. gab es nicht, noch nicht: strengste Einheitsschule!

Meine Klasse wurde ich dadurch los, aber die Bindungen blieben. Die Schülerinnen und Schüler erlebten von nun an gar zu amüsante Augenblicke im Unterricht.

Sozialistische Kampflieder einzuüben stand auf dem Plan. Dazu stellte sie sich vor die Klasse auf den Stuhl; ihr Wuchs war ja nicht groß, so daß sie sich selbst vergrößern mußte, damit die Sicht zur Dirigentin jedem ermöglicht wurde. Da stand es nun, das Fräulein Schulleiterin in den Jahren, mit langem Kleid und großer Warze auf der Backe. Aus der waren drei starke Haare gewachsen, aber das gehörte zur täglichen Perspektive. Ihre Beine kleideten dicke, selbstgestrickte Strümpfe und steckten in braunen, ausgetretenen Schuhen, denn ein großer Ballen hatte die ursprüngliche Form des Schuhes ausgebeult.

Und das dunkle Kleid, blau-beige und großkariert, das immer bis zu den Knöcheln reichte und immer dasselbe war, gehörte ebenso dazu wie der Unterricht in die Pause hinein.

Immer wieder, jedesmal, wenn es zur Pause klingelte, blieb ihre Klassentür verschlossen. Die aufsichtsführenden Kollegen verzweifelten - und gaben schließlich auf. Sie gewöhnten sich daran, daß der Klassenverband der Schulleiterin erst dann nach unten auf den Schulhof ging, wenn alle anderen bereits wieder nach oben geklingelt wurden. In den Konferenzen jedoch pochte sie auf Einhaltung der Schulordnung, der Pausenpflicht und Pausenaufsicht. Man grinste.

Eigentlich konnte ich mich glücklich schätzen, aber das Lernen und Lehren zugleich verursachte doch einen gewaltigen Druck auf die Seele. Wir wurden streng kontrolliert. Unverhofft stand der Ausbildungsleiter in der Schultür, kontrollierte den Stundenverlauf, die Lehrerhaltung und die schriftlichen Vorbereitungen.

Ich mußte wohl eine "geschickte Hand" beim Unterrichten haben, denn ich erhielt wenig Anweisungen. Lothar erging es ebenso. Als einmal der Schulrat meinem Unterricht beigewohnt hatte, sagte er zum Schluß:

"Es war nichts, was mir nicht gefallen hätte. Machen Sie weiter so!"

Das gab Auftrieb. Die Arbeit mit den Klassen machte mir Spaß. Oft fand ich mich freiwillig bereit, die sogenannten Musterlektionen zu halten. Also war ich wohl auf dem Weg, ein Lehrer zu werden.

*

Sorgen dagegen begleitete die junge Familie: Ernährungssorgen für die kleine Angela. Wohl bezog ich jetzt ein Monatsgehalt von 124,--Mark, was aber einen Einkauf auf dem Schwarzmarkt nicht ermöglichte. Ein Brot kostete dort 30,--Mark und ein Kilo Palmin 90,--Mark.

Ingeborg kaufte Milch und Baby-Nahrung im Vorgriff der Zuteilungs-marken. Das große Geschäft in der Querstraße verkaufte ihr zunächst auf die vorgezogenen Lebensmittelabschnitte, bis die Inhaberin eines Tages sagte:

"Tja, Frau Meißner, da müssen Sie langsam mit schwarzem Kaffee anfangen!"

Daselbst beobachtete ich, wie eine Bäckermeistersfrau untenrum einen Beutel hinreichte.

Hilfe bekamen wir von Ingeborgs Eltern und den meinen. Mein Vater organisierte viel, meist Gegenständliches oder Chemisches, denn das Leuna-Werk war in seiner Nähe.

Meine Eltern hatten unterdessen eine Wohnung in Leuna bezogen. Als meine Mutter umziehen wollte und der Rest des Haushaltes vor der Wohnung der Lisztstraße auf einem Wagen abfahrbereit stand, kam die Polizei und verhaftete meine Mutter. Der Hauswirt hatte Alarm geschlagen. Sie meinten, Mutter wollte nach dem Westen, was zu dieser Zeit unter Schwierigkeiten, aber mittels Verbindungen noch möglich war.

In der Gefängniszelle fror sie jämmerlich. Sie hatte sich nicht auf die Situation einstellen können. Einen Wärter flehte sie an, ihr doch wenigstens eine Decke zu geben. Er war barmherzig.

Erst nach drei Tagen kam sie frei, als Onkel Helmut aus Leuna kam und bestätigte, daß sie nach dort ziehen wollte.

Die Großfamilie bemühte sich um uns sehr. Man besuchte uns häufig in unseren anderthalb Zimmern. Da hieß es dann: vier Mann in zwei Betten! Das war in der damaligen Zeit nichts Ungewöhnliches. Als uns Kuhnes noch eine Polstergarnitur zur Verfügung stellten, konnte auch die noch belegt werden.

Nur bei der Kindererziehung war ich mit Ingeborg nicht einer Mei-nung, kam ich doch frisch vom Studium der Entwicklungs-Psychologie. Sie dagegen reagierte mit den Gefühlen einer Mutter, was ich heute aus der Sicht eines Großvaters als das Bessere ansehe. Das Gefühl und die Zuneigung zum Kind entscheiden den Wert beim Erziehen.

Als Ingeborgs Vater im Westen Fuß gefaßt hatte, reisten Mutter und ältere Schwester nach. Das bedingte für die Folgezeit immer mal eine Reise Ingeborgs mit dem Kind nach Fulda. In den Jahren damals war es noch möglich, mit besonderer Genehmigung, einem sogenannten Interzonenpaß, in den Westen reisen zu können. Im Laufe der nächsten Jahre blockierten die Behörden diese Möglichkeit.

Diese Fahrten der jungen Mutter machte sie zunehmend unzufrieden. Sie sah, wie die Wirtschaft im Westen Deutschlands aufblühte. Und hier sah man keinen Fortschritt, nur in den Parolen. Die Wirtschaft drüben motorisierte der Marshall-Plan, hier sollte es aus eigener Kraft gehen. Sie meinte auch, keine Perspektive zu sehen in meinem Beruf.

"Wir können ja nicht einmal einen neuen Bettbezug kaufen!"

Auch die Energie-Versorgung verschlechterte sich. Stundenlang saßen wir abends bei Kerzenlicht. Wenn dann durch den zugeteilten elektrischen Strom eine Glühbirne kaputtging, saß man wieder im Dunkeln, denn Glühbirnen gab es nicht zu kaufen.

Die Schulen bekamen Zuteilungen. Was Wunder, wenn trotzdem in den Klassensälen die Glübirnen fehlten. Ich hatte mir auch mal eine ausgeschraubt.

Die Planwirtschaft brachte von Anbeginn Versorgungsschwierigkeiten, die anscheinend durch Zahlenangaben verschleiert werden sollten. Das führte zu amüsanten Anordnungen: Die Lehrer wurden in alle Lebensmittelgeschäfte geschickt. Sie sollten Marmelade zählen. Alle Bestände in den Regalen und dahinter waren zu registrieren. Überall begegnete mir dabei stille Heiterkeit.

Wir wurden auch beordert, Vieh zu zählen. Jedes Schwein oder Perlhuhn, jede Henne oder jeden Hahn, jedes Rind oder Pferd sollten wir notieren. Dazu steckten wir unsere Köpfe in die Ställe, auch in den Hühnerstall.

Danach wurde ich krank: Diphtheritis.

Frau und Kind sah ich drei Tage lang nur durch ein Fenster. Dann lag die Frau neben mir, auch Diphtheritis.

So vergingen sechs Wochen in anstrengender Geduld.

Weihnachten stand vor der Tür, die Mitte unserer Familienfeste. Mein Vater kam Heiligabend bepackt und nach abenteuerlicher Bahnfahrt in Calbe an, voller nervöser Spannung, ob wir wohl aus dem Krankenhaus heraus seien.

Wie glücklich und erleichtert war er, als er uns in der Wohnung vorfand.

Es war eine sonderbare Zeit, auch eine tragische, denn es geschahen Todesfälle, die leicht zu vermeiden gewesen wären. Mich verfolgt bis in unsere Tage die Beerdigung zweier Kinder, eines Buben und seiner älteren Schwester, beide Schüler in unserer Schule. Die stehen als Beispiel für viele.

Da war vom Gaswerk die Gaszufuhr gesperrt worden, die Gasflamme in der Küche erlosch. Die Mutter vergaß, an ihrem Herd ebenfalls den Hahn zuzudrehen. Am Abend ging sie aus, und die Kinder gingen ins Bett. In der Nacht schickte das Gaswerk wieder Gas durch die Rohre. Es strömte bei den schlafenden Kindern in die Wohnung, und sie fanden einen qualvollen Tod.

*

"Lernen, lernen und nochmals lernen!"
Den Ausspruch schrieb man Lenin zu. Wir angehenden Lehrer sollten ihn beherzigen. Eigentlich waren wir schon aus eigenem Antrieb bestrebt, alles wahrzunehmen, was die Bildungs- und Ausbildungspalette bot. Ich steigerte mich in meine Aufgaben, die ich gerne erledigte und dabei die wirtschaftliche Situation verdrängte. Es war selbstverständlich, daß die Menschen im allgemeinen bis in die Abendstunden hinein arbeiteten. Danach wurde gelesen, wurden Freunde empfangen oder man ging zu ihnen, auch diskutierte ich mit Ingeborg über unser Dasein. Dabei zeigte sie wenig Interesse an meinen schöngeistigen Beschäftigungen. Für sie stand das Materialistische im Vordergrund:
"Was ist er - was hat er!"

Beflissen besuchten wir Junglehrer Konzerte und Opern, Schauspiele und andere Künstlerabende. Halle an der Saale bot damals ein sehr gutes Theater mit namhaften Künstlern. Auch in der Universität wurden Vorträge besucht.

Da rezitierte eines Tages Werner Krynitz im Auditorium maximum Szenen aus Goethes "Faust" 1. und 2. Teil. Krynitz galt zu der Zeit als der beste Rezitator Gesamtdeutschland. Eine unglaubliche Faszination ging von ihm auf mich über: Wie er die Sprache und Gestik der jeweiligen Figur anpaßte, mit welcher Dynamik er die Verse modulierte, und das über zwei Stunden ohne Konzept.

Ich hatte mich bisher besonders um die Gedichtsbehandlung im Unterricht bemüht, um das Gedicht als Kunstwerk. Mit dieser Rezitation kam der Durchbruch; es war ein Initial-Erlebnis.

Ich meinte, mich auf autodidaktischem Wege vervollkommnen zu können und lernte Texte der Gedichte, Fabeln - und Goethes "Faust". Im Rahmen der Kulturveranstaltungen und Betriebsfeste rezitierte ich - und das kam an: zunächst.

Die Einheitsschule wurde mit Hilfe eines sowjetischen Schuloffiziers immer mehr reglementiert. Überlieferte Gepflogenheiten oder tradierte Schulinhalte verschwanden nach und nach aus dem Schulbetrieb.

Als es bei der Stundenplangestaltung mitunter schwierig wurde, die Forderungen der Geistlichkeit, den Religionsunterricht frühmorgens anzusetzen wegen ihrer folgenden Verpflichtungen, beschrieb der sowjetische Schuloffizier mit der flachen Hand eine Fläche, die von links oben nach rechts unten glitt, und sagte:

"Machen Sie so mit denen!"

Es dauerte nicht mehr lange, da wurde der Religionsunterricht gänzlich aus den Räumen der Schule verbannt.

Als die Jugendweihen immer mehr vorangetrieben wurden, konnte ein konfirmierter Abiturient in der Regel nicht mehr studieren, wenn ihm nicht vorher schon der Besuch der Oberschule versagt worden war.

Seit meiner ersten Berührung mit der Lehrer-Ausbildung in Weißenfels waren nun drei Jahre vergangen. Die Schulbehörde gab für uns den

Weg frei zur Ersten Lehrerprüfung. Im Juli 1949 konnte ich sie mit Lothar gemeinsam in Calbe ablegen. Zusätzlich erschienen Prüfer aus Magdeburg. Es war eine größere Sache. Meine schriftliche methodische Arbeit hatte natürlich das Gedicht als Kunstwerk im Unterricht zum Gegenstand gehabt.

Wir erhielten nach bestandener Prüfung die Berechtigung, uns "Schulamtsanwärter" nennen zu dürfen.

"Ja, was waren wir denn bisher?"   -   "Schulamtsbewerber!"

O - - o

Frohe Botschaft vor Weihnachten 1949:
Otto ist aus russischer Gefangenschaft zurückgekehrt, Margots Mann,
Vater meines Patenjungen, gewesener Berufssoldat, schon bei der
Landespolizei vor Hitler, dann übernommen von der Wehrmacht,
Unteroffizier, Feldwebel, Regimentsfahnenträger, Oberfeldwebel,
Fahnenjunker, Leutnant, Eiserne Kreuze, Silbernes Sturmabzeichen,
dreimal verwundet, und dann das Mißgeschick mit den Amis, die ihn
an die Sowjets übergaben.
Wir liebten ihn alle, diesen Otto: lebensfroh, lustig, urbehagen, ge-
schickt. Seine Briefe hatten immer Humor gezeigt, wir lasen sie gerne,
und er unterschrieb sie jedesmal mit "Euer O--o".
Nun war er da, abgespannt mit Narben in der Seele und Krankheiten
im Korpus. Der Russe hatte die Offiziere zunächst nach Sachsen-
hausen bei Berlin/Oranienburg gebracht, ins ehemalige Konzentra-
tionslager, das sie genauso unterhielten wie die Nazis vorher, nur mit
anderen Insassen.
In Wörlitz bei Dessau in Gefangenschaft gekommen, schleppte sie der
Amerikaner über Köthen bis Röbblingen am See. Das war Ottos Ge-
burtsort, und die Mutter wohnte nur 5 Kilometer entfernt. Aber an
eine Flucht war nicht zu denken. Die Gefangenen wurden 14 Tage auf
einer Wiese zusammengehalten, und der Ami schoß pausenlos 60 cm
über die Köpfe.
Dann pferchte er je 90 Mann auf einen offenen LKW.
Es war die Zeit der Kirschen. Die Äste ragten über den Straßenrand.
Saß ein Schwarzer am Steuer, war das Leben der 90 gerettet. War
aber der Fahrer ein Weißer, fuhr der bewußt nahe am Straßenrand
entlang, so daß manchem Gefangenen der Kopf abgerissen wurde.

Auf diese Weise kam Otto nach Bad Hersfeld, wo er wochenlang 20 Stunden um ein bißchen Wasser anstehen mußte. Der dann neu zusammengestellte Transport brachte ihn bis Bad Kreuznach. Wieder flogen die Köpfe ab.

Von hier ging's nach Monaten bis Orly in Frankreich. Nun zerschnitten sie sich die Hände an kurzem Gras, das sie auf den Knien aus dem Flugplatz jäten mußten.

Seit Wörlitz war ein Jahr vergangen, als er in Erfurt den Russen übergeben wurde.

Die Hoffnung, nach Hause zu kommen, wurde ihnen spätestens in Sachsenhausen genommen. Hier vergingen wieder Monate, bis er mit dem Trupp ehemaliger Offiziere in einen geschlossenen Güterwagen gestoßen wurde. Zuvor hatte man darin Kohle befördert.

Die Russen konnten nicht zählen, höchstens bis zur Neun. Deshalb bauten sie eine Reihe rechts auf bis zu acht Mann, dann links wieder acht. Schließlich merkten sie doch, daß hier auf dem Güterbahnhof zwei Mann fehlten, sie waren geflüchtet. Da zogen ein paar Russen in die Stadt und brachten zwei unbescholtene Zivilisten an. Die Zahl stimmte wieder!

Sie glaubten alle zunächst an die Lüge, daß sie in Stettin in ein Umerziehungslager kämen. Otto hatte aber einen Nagel gefunden, mit dem er sich ein Loch in die Wagenplanke bohren konnte. Da sah er Frankfurt/Oder, es kamen polnische Ortschaften und schließlich russische.

28 Tage lang durften sie nicht aus dem Güterwagen mit Kohleresten. Täglich gab es eine Scheibe getrocknetes Brot. Die Notdurft wurde in einen Trichter verrichtet, der in einem Ofenrohr steckte, das durch die Waggontür nach draußen führte. Die Kameraden sahen den Kacker einmal von vorn und einmal von hinten.

Und Otto sah den Kaukasus und das Schwarze Meer. Er war als Eroberer schon einmal hier gewesen.

In einem Zirkuszelt in Adler wurde ihnen nun alles abgenommen, bis auf die Hose, Hemd und Pullover. Es ging nach Sotschi zum Straßenbau.

Nach verschiedenen Lagern und Arbeitseinsätzen wurden sie in Tiflis noch einmal gefilzt, so daß Otto schließlich nur noch eine Unterhose anhatte, die ihn in der Folgezeit bekleidete.

Wasser sammelte sich in seinem Körper, und Muskelschwund machte sich bemerkbar. Aber immer, wenn es frühmorgens zum Arbeitseinsatz ging, hatte sich während der Nacht das Wasser wieder verteilt. Die Lagerärztin kniff alle in den nackten Hintern, war er fest, dann war man arbeitsfähig.

Otto trank Öl. Die Folge war Durchfall, dann blutiger Stuhl; er bekam Bauch-Typhus und kam ins Lazarett nach Otschamtschire. Die Räume hatten noch Fenster, die Gänge nicht. Durch große Löcher blies hier der kalte Meereswind herein. Die Kranken bekamen ihn ab, wenn die Tür aufging oder sie das Klosett aufsuchen mußten.

Otto bekam eine Rippenfellentzündung dazu und noch doppelte Lungenentzündung. Die russische Ärztin bemühte sich um ihn, auch der deutsche Arzt als Mitgefangener.

Die vierte Blutübertragung bescherte ihm zu allen Leiden noch Malaria, denn der Spender war Träger, ohne es zu wissen.

Otto hatte gesehen, wie die Toten in einem Graben verbuddelt worden waren. Deshalb packte ihn der feste Wille, hier wieder herauszukommen. Da träumte er von einem alten Mann, vor dem zwei Kugeln schwebten, eine weiße und eine rote.

"Eine Kugel ist das Leben, die andere das Sterben; du mußt dich wehren, fasse Mut!" hatte er gesagt.

Da senkte sich die eine Kugel, die andere schwebte nach oben. Otto verfolgte unter Anstrengung die aufwärtsstrebende Kugel, erwachte aus dem Koma, und von Stund' an ging das Fieber zurück. Man hatte ihm eine Kampferspritze gegeben.

"Was war denn los?" fragte der Bettnachbar, "Du hast aber stark phantasiert!"

Zu gleicher Zeit erschienen zu Hause seiner Frau Margot im Traum sieben Katafalke. Auf einem lag Otto. Trotz des hellen Himmels ging sie in einem diffusen Licht auf ihn zu.

Da stieg ein großes schwarzes Kreuz hinter Otto auf bis zum Himmel. Aber plötzlich kamen Möhren geflogen, die deckten alles zu.

Da erwachte sie.
Am Tage vorher hatte sie Möhren geschnippelt.

Ottos Nachtfunzel bestand aus einer Kartoffelscheibe, durch die ein Docht gezogen war, und einem Glas Kerasin. Wanzen plagten ihn sehr. Ganze Generationen versuchte er zu bekämpfen. Armeeweise griffen sie an, hatte er gemeint.

Die Rippenresektion nahm man an ihm mit einer Gipsschere vor. In der Folgezeit trat ständig Eiter aus der Schnittwunde.
Da wurde er nach Tiflis verlegt, weil sich Stalin angesagt hatte, der sollte oder konnte keine schweren Fälle sehen. Auch hier achtete man streng darauf, daß sie kein Papier und keinen Bleistift bei sich führten, denn sie durften nichts aufschreiben.
Von Tiflis ging's nach Suchum, zu einem Lazarett-Aufenthalt mit Arbeitseinsatz. Hier nun kam der Malaria-Ausbruch.
Wenn ab und zu Heimattransporte zusammengestellt wurden, war Otto nie dabei. Er stand wohl auf der Liste, aber da hinderte einmal der Narbenbruch am Abtransport, ein anderes Mal ein offenes Bein.
Es peinigte ihn eine Gewebeentzündung. Er versuchte selbst eine Behandlung, indem er den Smog und Schmand einer Tabakspfeife auf das Bein strich. Das verätzte die Entzündung und ließ den Schurf abfallen. Nun wäre er aber dran, meinte er, die Wunden seien so weit verheilt.

Da entdeckte eine Frau der Entlassungskommission, daß er ursprünglich bei der Polizei gewesen sei. Otto nannte sie eine von den Beute-Germanen, denn sie sprach gut deutsch. Sie stellten die Polizei mit einer politischen Einheit gleich. Er wurde dem Polit-Offizier vorgestellt, der ihn mehrfach ins Gesicht schlug. Er glaubte Otto nicht. So fand sich Otto im Arbeitslager wieder.

Im Spätherbst 1949 marschierten 15 Gefangene 40 Kilometer weit zu einem Bahnhof. Sie wurden wieder in Güterwagen verladen und sollten die Heimfahrt antreten. Aber Otto sagte:

"Solange ich nicht die polnische Grenze überfahren habe, glaube ich an nichts mehr!"
Irgendwann kam er in Frankfurt/Oder an. Von dort konnte er seine Frau benachrichtigen.
Mit ihm stand Heiligabend vor der Tür.

***

*

Bei meinen Gedichtsvorträgen und Rezitationen stand mir immer wieder mein mitteldeutscher Sprachklang im Wege, so sehr ich mich auch bemühte, den hochdeutschen Klang hineinzubringen. Es befriedigte mich nicht.

Da wollte mir der Vertreter des örtlichen Kulturbundes helfen, der meinte, ich sollte mich prüfen lassen.

Im April 1946 schon hatte sich in Calbe eine Ortsgruppe des "Kulturbundes zur demokratischen Erneuerung Deutschlands" gebildet. Hier fanden alle kunstbeflissenen Menschen eine Bindung, eine Vereinigung und eine Kommunikation.

Der Leiter dieser Gruppe meldete mich in der Akademie der Künste in Halle an. Ein Vorsprech-Termin war festgelegt worden, und ich fuhr hin.

Geteilt wurde meine Anspannung mit Günter, dem ohne 'h', der Ähnliches auf dem Gebiet des Gesanges erreichen wollte.

Eine Kommission von Experten prüfte: ich beim Schauspiel, er beim Gesang. Es wurden viele geprüft an diesem Tage.

Ich trat ein und nahm Oberkörper mit Köpfen diffus wahr, die geordnet in Hufeisenform saßen, bestimmt ein Dutzend an der Zahl. An der hufeisenoffenen Seite stand ich nun rezitationsbereit.

Eine Handbewegung bedeutete mir, daß ich anzufangen hatte.

Nach einer Minute brach man ab. Ich sollte aufgeben. Man hätte so viele hervorragende Interpreten, daß es für mich keinen Zweck hätte.

Ich gab nicht auf.

Schon die politischen Zwänge sollten mich in die Kulturarbeit fliehen lassen. Es war eine Plattform, auf der man gesellschaftlich tätig sein konnte, ohne in die Fänge der Partei gelangen zu müssen.

In Magdeburg gab es ein Schauspiel-Studio. Der Kulturbund verfügte über Kontaktpersonen dorthin, und ich nahm sie wahr. Da ich durch meinen Beruf zeitlich gebunden war, konnte ich meinen Wunsch nur durch Privatunterricht realisieren.

Das gelang mir.

Von nun an fuhr ich wöchentlich zweimal dorthin und nahm Schauspiel-Unterricht bei dem Hauptdarsteller Adolf Peter Hoffmann.

Als Schauspiel-Pädagoge und Regisseur konnte er mir ein ganzes Studium ersetzen.

Meine Sprecherziehung lag in den Händen des Könners Georg Menzel.

Schwer allein fiel mir die Finanzierung.

Ich lernte zunächst Gedichte. Dann übte er mit mir Stanislawski-Etüden.

Stanislawski war ein bedeutender russischer Theater-Pädagoge, der eine Methode entwickelt hatte, die das internationale Theater beeinflußte.

Bis mir eines Tages Adolf Peter Hoffmann Rollen zu lernen aufgab: Ich studierte Goethes Orest aus der "Iphigenie", den Mortimer aus Schillers "Maria Stuart" und den Karl und Franz von Moor aus Schillers "Räubern".

Ich drang durch Hoffmann in die Theater-Wissenschaft ein, bekam einen Platz im Theater, und die Stücke wurden beim nächsten Unterricht "beleuchtet".

Auf mein Zweites Staatsexamen mußte ich mich allerdings auch noch vorbereiten.

Mein Tag zählte 25 Stunden!

Adolf Peter trommelte eines Tages die Größen des Schauspiel-Studios zusammen, Regisseure und Darsteller von Namen. Ich sollte ihnen vorsprechen.

Da begann ich mit dem Orest:

"Reiche mir aus Lethes Fluten den letzten kühlen Becher der Erquickung........."

Daran schloß sich der ebenso wichtige Monolog:

"Laß mich zum ersten Mal mit freiem Herzen in deinen Armen reine Freude haben!"

Als nächstes sprach ich den Mortimer-Monolog:

"Ich zählte zwanzig Jahre, Königin ...."

Und aus Schillers "Räubern" spielte ich die Passage, wo Karl von Moor wütet:
"Rache! Rache! Rache dir! grimmig beleidigter, entheiligter Greis!"
Als letztes ließ ich den Bruder Franz von Moor verzweifeln:
"Verraten! Verraten! Geister ausgespien aus Gräbern ......"
Und dann die Abschlußbesprechung.
Einer sagte:
"Er ist ein Regisseur! Wir brauchen Regisseure!"
Als wir bei Hoffmanns in der Wohnung ankamen, fragte gleich die Frau des Hauses, auch Schauspielerin:
"Na, wie war's?"
Adolf Peter:
"Sie halten ihn alle für toll begabt!"
Nur er hielt mich nicht dafür. Wenn ich nicht eine absolute Spitzenkraft werden könnte, wäre es ein "zu hartes Brot", das ich mir einhandelte für meinen Lehrerberuf. Hier sollte ich für das Theater tätig werden, meinte er, die Jugend brauche Anregungen, Anleitungen, theaterbegeisterte Vorbilder!

Das Studium der Literatur erschloß mir Goethes "Faust", und ich lernte ihn auswendig. Daraus ergab sich mein erster großer Rezitationsabend. Als Veranstalter fungierte der Kulturbund.
Plakate kündigten mich an. Der große Zeichensaal der Oberschule bot gute Akustik. Ein Konzertflügel stand bereit zur musikalischen Umrahmung.
Zunächst sprach ich die meisten Szenen des Ersten Teiles, die keine Frauenrollen beinhalten, dann als Lösung die Schlußszenen des Zweiten Teiles, wo Faust Mitternacht im Palast durch die Begegnung mit Frau Sorge erblindet, indem sie ihn anhaucht, anschließend 'Großer Vorhof des Palastes', wo Faust stirbt, dann die 'Grablegung' und der Schluß mit den Heiligen Anachoreten, wo Fausts Seele gerettet wird und der Chorus mysticus die letzten Worte spricht:
"Alles Vergängliche
ist nur ein Gleichnis;

das Unzulängliche,
hier wird's Ereignis;
das Unbeschreibliche,
hier ist es getan;
das Ewig-Weibliche
zieht uns hinan."
Hier setzte die Pianistin wuchtig mit dem Largo in c-moll von Chopin
ein.

Nicht nur große Städte werden von bedeutenden Menschen bewohnt,
man findet sie auch in kleinen, in Kleinstädten wie Calbe. Hier
begegneten mir Musiker, Maler und Kleinstadtpoeten.
Durch meinen Kollegen und Musenfreund Günter lernte ich hier eine
Pianistin kennen, die in der Folgezeit am Flügel die Wirkung meiner
Rezitationen verstärkte, indem sie zwischen den Szenen die passende
Musik erklingen ließ.

Ich sprach immer auswendig. Eine gelesene Rezitation ist keine.
Die Freunde hielten es nicht durchhaltbar, so ohne jede Hilfe zwei
Stunden lang vorzutragen, wo jedes Wort werkgetreu sitzen muß.
Ich hielt es durch wie Krynitz, das bedingte aber intensivste
Vorbereitung. So hielt ich es auch später bei Rezitationsabenden mit
Fabeln und Balladen, Gedichten, Prosatexten und den Faustbear-
beitungen von Lessing, Lenau und Geibel unter dem Motto:
'Der Faustgedanke in der deutschen Dichtung.'

Unterdessen hatte ich viele "Faust"-Aufführungen gesehen. Aber im-
mer wieder orientierte ich mich an der Krynitz-Rezitation.
Es ist eine Kunst eigener Art, diese Rezitation. Nicht jeder Schauspie-
ler kann zugleich auch rezitieren, und wenn er es tut, fehlt oft die
Veranschaulichung durch mangelnde Ausdrucksstärke.
Er ist gewohnt, mit der Bewegung seine Aussage zu verdeutlichen.
Hier aber tritt das Wort allein hervor und muß mit sparsamen Gesten
bildhaft werden. Die Inhaltsschwere gilt es zu präzisieren. Da muß
jede Betonung des Wortes, jeder Satz in seiner Diktion abgewogen
werden.

Natürlich beanspruchte mich auch die Schule.

In sogenannten Ganztagungen wurden wir donnerstags von 8 bis 18 Uhr "berieselt und gebimst", jahrelang, auch in Arbeitsgemeinschaften am Nachmittag. Diese Schulungen hatten das Studium an der Universität zu ersetzen. Sie erwiesen sich später im Berufsleben, härter und umfangreicher, vor allem praxisbezogener gewesen zu sein als die durchgehenden Semester der pädagogischen Anstalten.

Nach zwei Jahren meines Ersten Staatsexamens meldete ich mich nun zum Zweiten an, allein, denn Lothar war zu dieser Zeit im Institut für Musikerziehung der Martin-Luther-Universität Halle und machte erst seinen Fachlehrer.

Ich laborierte an der wissenschaftlichen schriftlichen Arbeit, die dann genehmigt wurde unter dem Thema:

"Sturm und Drang und Lebensechtheit in Schillers 'Räubern', dargestellt an Karl und Franz von Moor".

Damit waren die pädagogischen Weichen gestellt worden für die Germanistik.

*

In dieser Zeit überstürzten sich die politischen Ereignisse.

Die Gegensätze zwischen der Bi-Zone, der Zweizonenverwaltung im Westen Deutschlands, und der sowjetisch besetzten Zone schaukelten sich immer höher.

Da gab es im Westen einen Marshall-Plan, der die Wirtschaft belebte und der Bevölkerung sichtbare Besserungen brachte. Im Osten dagegen blieb die Versorgung miserabel. Man wollte sich selbst am Schopfe packen und mit eigener Kraft aus dem Sumpf ziehen.

Da wurde durch die Sowjets der Verkehr nach West-Berlin unterbrochen, die Stadt lag auf dem Gebiet der SBZ. Die Westmächte beantworteten das mit einer "Luftbrücke".

Da setzten die Machthaber im Osten den Berliner Magistrat ab, so daß sich Berlin spaltete.

Und schließlich errichtete der Westen einen föderalistischen Bundesstaat als republikanisches, demokratisches Gebilde mit klaren Grenzen zwischen Rechten des Bundes und der Länder, "Bundesrepublik Deutschland" genannt.

Die Mächtigen in der SBZ beantworteten das wiederum mit der Proklamation einer "Deutschen Demokratischen Republik", fortan "DDR" geheißen. Stalin nannte diese Gründung einen "Wendepunkt in der Geschichte Europas". Hier gab es nie freie Wahlen. Dieses Staatsgebilde konnte sich nur halten, indem es die militante Sowjetunion im Rücken wußte.

Ich konnte natürlich auch hier meinen Mund nicht halten und opponierte gegen die Anfänge einer endgültigen Teilung Deutschlands.

Die Folgen dieser Staatsgründung spürte dann auch unser Städtchen Calbe.

Bevor man die alten Länder in der jetzigen DDR neu in Bezirke ordnete, mußte Calbe den Anspruch aufgeben, eine Kreisstadt zu sein. Sie ging im Kreis Schönebeck an der Elbe auf. Umorganisationen, Auflösungen und Verärgerungen beherrschten das Bild. Immerhin bestand Calbe über tausend Jahre und war seit 1815 Kreisstadt, gewachsen aus den 17 umliegenden, fruchtbaren Dörfern der Börde. Schwarzerde und Löß sind die Bestandteile des Bodens. In alle Welt wurden von dieser Stadt aus vor dem Krieg Kartoffeln, Gurken und Zwiebeln geliefert. Jetzt war's damit vorbei, denn auch diese Fruchtbarkeit verstand man anderweitig "zu nutzen".

Überhaupt zeigte diese regierende Sozialistische Einheitspartei seltsames Geschick, durch irrige Organisation und falsche Investition alles kaputtzumachen, was sich als vorteilhaft erwiesen hatte.

Sie bauten ein Eisenwerk, ein ganz und gar nicht rentables, und zerstörten damit einen der fruchtbarsten Böden zwischen der Stadt und dem Bahnhof Calbe-Ost, die Strecke, die mich bei meiner ersten Begegnung mit Calbe genervt hatte. Hier bestanden Versuchsfelder und Obstplantagen. Das Eisenwerk sollte das erste Niederschachtofenwerk der Welt werden.

Allerdings gab es so etwas schon einmal auf dem amerikanischen Kontinent, hatte sich aber nicht bewährt.

Aus einheimischen Rohstoffen, wie Braunkohlenkoks, wollte man jetzt und hier damit Roheisen herstellen, um die metallurgische Basis der DDR aus eigener Kraft zu stärken.

Es wurde nach 18 Jahren dann auch das erste, was man wieder stillegte. Und wie hatte doch der Staatsratsvorsitzende Ulbricht bei der Einweihung vollmundig gegen die bösen Kapitalisten des Westens getönt:

"Es ist nichts so fein gesponnen, es kommt doch ans Licht der Sonnen!"

*

Wie fruchtbar der Boden ist, verdeutlichte er mir selbst als jungen Calbenser in den ersten Jahren:

Über der Saale liegt das vorklösterliche Dorf Gottesgnaden, mit der Fähre zu erreichen. Es ist Calbe eingemeindet. Die großen Ackerflächen gehörten bis Kriegsende zu einer Domäne. Durch die Bodenreform wurde ein großes Ackerfeld von ihr in Gartenparzellen zu je 600 qm aufgeteilt. Man konnte sich melden. Ich tat es und sollte und mußte nun kleingärtnerisch tätig werden. Wie groß die Fläche war, merkte ich erst, als ich sie bearbeiten sollte.

Ingeborg zeigte kein Interesse, sie meinte, mit Kind und Haushalt ausgefüllt zu sein. Außerdem hatte sie selbst keine Ahnung vom Gartenbau. Sie stammte aus einer Familie, die durch Handel wohlständig gewesen war.

Gartengeräte hatte ich nicht, gab es nicht, nur manchmal und zufällig. An Saatgut war für mich Neuling ohnehin schwer heranzukommen.

Da hatte ich Glück: Tomatenpflanzen konnte ich haben. Wieviel?

"Nun, so 25 Stück", nannte ich willkürlich, ohne zu wissen, was sie erbringen. Ich aß ja ohnehin keine Tomaten. Die Gärtnersfrau belehrte mich noch, daß ich sie nicht so dicht setzen sollte, denn das

seien Buschtomaten, die brauchte man nicht an Stöcke zu binden.
Wunderbar, dachte ich, kommt mir grad' recht!
Da kam die Ernte.
Über die ersten Tomaten freute ich mich noch. Mal was anderes,
selbst zu ernten. Ingeborg war mit denen bald gesättigt. Es reiften
aber immer mehr heran, so daß ich sie mit dem Fahrrad allein nicht
wegbrachte. Mein kleiner Handwagen mußte her, den mir einstens
mein Großvater geschenkt hatte.
Schließlich waren alle Töpfe und Behälter voller Tomaten. Die
Pflanzen meinten es immer besser; ich brachte immer mehr an. Wir
wußten bei der Raumnot nicht, wohin mit ihnen. Hinter dem
Küchenherd war viel Platz, da türmten sich die Haufen, einen halben
Meter hoch und mehr. Wer wollte schon Tomaten haben in Calbe,
alle hatten selbst genug.
In meiner Verzweiflung schrieb ich allen Verwandten in Weißenfels,
sie sollten doch die Tomaten holen.
Sie kamen freudig mit leeren Koffern. Nach einer gemeinsamen,
bett-engen Nacht brachte ich sie zum Bahnhof, ihre Koffer voller
Tomaten.

Die Disteln wuchsen 1,50 Meter hoch.
Einmal half mein Vater, reiste extra an und servierte mir nach einem
Tageseinsatz vier mannshoch getürmte Haufen gerodeter Disteln.
Dieses 600 qm große Gartenland gab ich bald wieder ab.
Unterrichten, studieren, rezitieren und dann noch einen Garten bear-
beiten wollen, das ließ sich nicht vereinbaren.
Die Kulturarbeit klammerte sich an mich.
Außerdem konnte ich hier Aktivitäten zeigen, ohne mich dabei vorder-
gründig in die marxistisch-leninistischen Fänge begeben zu müssen.
Schlechterdings konnte man sich hinter einer Kulturarbeit verstecken,
die in der DDR einen hohen Stand bekam und mit staatlichen
Geldern gefördert wurde. Letztlich diente das auch als Steigbügel für
die politische Indoktrination; aber ich persönlich fand hier einen
erträglichen Freiraum, denn wir Lehrer galten a priori als
Staatsfunktionäre.

Da war ich Schulbeauftragter der Jugendbühne, war Zweiter Vorsitzender des 'Kulturbundes zur demokratischen Erneuerung Deutschlands' und Mitglied des Goethe-Ausschusses.

Zum 200.Geburtstag des Dichters plante man eine Großveranstaltung im "Roland", der bot den größten Gaststätten-Saal. Orchester, Gesangvereine und Vortragende wurden stufenförmig auf die Bühne gebaut bis hoch zum Bühnenhimmel. Über 800 Zuschauer überfüllten den Saal. Ich stieg eine Bühnentreppe hoch hinauf und rezitierte Goethes "Urworte Orphisch", die der Festredner in seine Huldigung einbaute. Er war mein Ausbildungsleiter, der einstige "Trommler", ein Meister des Wortes.

Vielleicht war alles etwas zu viel für mich.

Onkel Doktor schickte mich zur Kur, prophylaktisch, wie er sagte.

Ich verbrachte in einem Herbst wunderschöne Wochen in Heiligendamm, gleich neben Kühlungsborn gelegen.

Da liegt ja Rostock in der Nähe, dachte ich. Hier wirkte unterdessen Adolf Peter Hoffmann als Schauspiel-Direktor. Ich fuhr hin.

Freudiges Wiedersehen und gleich Teilnahme an Einladungen feinster Art! Ich sollte dabeisein. Bei Vorstellungen saß ich in der Intendanten-Loge.

Man schaute, und ich genoß es.

Wie doch das Leben sonderbare Begegnungen bastelt. Da plazierte sich während der Kur an den zugeteilten Eßtisch eine Dame aus Thüringen. Sie war Pianistin. Gleich strickten wir beide an einer gemeinsamen Darbietung.

Natürlich wurde es ein "Faust"-Abend. Es war eine goethezugewandte Zeit damals.

Im großen Bühnensaal des Erholungsheimes rezitierte ich aus "Faust I" und "Faust II". Erika Simon untermalte mit Werken von Liszt und Chopin. Der Saal war gefüllt mit 400 Menschen.

Adolf Peter hatte seine Späher ausgeschickt, schüttelte bei der nächsten Begegnung mit dem Kopf und war zufrieden.

*

Nun war es so weit, daß das ältliche Fräulein als Direktorin abgelöst wurde. Ein Partei-und Gefolgsmann der SED, der Sozialistischen Einheitspartei Deutschlands, die immer mehr die Zügel zum Regieren und Reglementieren anzog, trat an ihre Stelle. Er merkte bald, daß ich kein solcher Gefolgsmann war. Daraus ergaben sich immer mal Spannungen, die sich u.a. in einem schlechten Stundenplan niederschlugen. Ich war z.B. der einzige in der Schule, der sonnabends sechs Stunden zu unterrichten hatte. Auch sonst wurde mir manches aufgebürdet, was andere als lästig oder unangenehm von sich abwehrten.

Zur inneren Ruhe blieb mir keine Muße, denn Ingeborg offenbarte mir eine erneute Schwangerschaft. Das bedeutete einen Schlag gegen unseren sozialen Stand, gegen die Hoffnung, sich etwas leisten zu können. Und die Ernährungsschwierigkeiten waren im wesentlichen nicht viel besser geworden, vor allem was Baby- und Kindernahrung betraf. Aber meine Mutter sagte:
"Wo ein Kind satt wird, werden es auch zwei."

Nun verstärkten sich wieder die Gänge zum Wohnungsamt, harte Gänge, hartnäckige Gänge, bedrückende Gänge. Aber ich war kein Unbekannter mehr in diesem Städtchen. Das führte zum Erfolg, zu einem ganz großen, denn uns wurde eine Wohnung zugewiesen, die für die damaligen Verhältnisse als konfortabel zu bezeichnen ist: drei Zimmer, eine Küche, einen Korridor und ein Bad mit Toilette.
In das eine Zimmer mußten wir allerdings erst mal ein alleinstehendes Fräulein aufnehmen, das unseren Besuchern im Korridor die Gelder aus den Taschen klaute.

Am 8.Mai 1951 feierte man wie immer am 8.Mai den "Tag der Befreiung". Im Volksmund hieß es sarkastisch:
"Ja, die haben uns auch befreit von allem, was wir noch hatten!"
Ich mußte in der Reihe eines Fackelzuges mitmarschieren, setzte mich aber beizeiten ab, weil der Zeitpunkt einer Niederkunft gekommen war.

181

Als ich um 21 Uhr nach Hause kam, saß die Frau mit den ersten Wehen. Die Entbindungen hatten jetzt im Krankenhaus zu geschehen, die Hebammen durften sie nicht mehr in Wohnungen vornehmen, wie das bei Angela noch erfolgt war.

Ein Krankenwagen, eine Taxe oder eine sonstige Fahrgelegenheit stand nicht zur Verfügung. Also begaben wir uns auf den Weg; 20 Minuten bis zum Krankenhaus wurden uns lang!

Die Krankenschwester beteuerte mir, daß sie mich anrufen wolle, wenn es so weit sei, denn über uns im ersten Stock wohnte der Hausbesitzer, war Steuerberater und hatte ein Telephon.

Aber nichts tat sich.

Am anderen Morgen tappte ich mit unserer vierjährigen Angela ins Krankenhaus. Da lag ein Mädchen im Körbchen, unsere Bettina. Sie sei schon gestern abend um 22,50 Uhr zur Welt gekommen.

Wie ärgerlich so ein nichtgehaltenes Versprechen doch sein kann!

*

Mit Riesenschritten marschierte das Zweite Staatsexamen auf mich zu. Zwischen Sommer und Herbst bestand ich es in Schönebeck an der Elbe. Man verpaßte mir jedoch einen Prädikats-Schlenker: Stünde ich doch noch nicht auf dem Boden des Marxismus-Leninismus; ich müsse noch eine zeitlang an der politischen Weiterbildung teilnehmen.

Das hatte mir Stalin eingebrockt, denn von dem gab es ein Buch: "Der Marxismus und die Fragen der Sprachwissenschaft".

Dieses Buch zu lesen fand ich für müßig.

"Der mit seiner Basis und dem Überbau", dachte ich, "was kann der schon Großes von der Sprachwissenschaft wissen, vielleicht ein Plagiat."

Ich hatte mich auf die echten Sprachwisssenchaftler verlassen.

Ein Mitglied der Prüfungskommission hackte aber immer wieder in dem Stalin-Buch herum, ich kam ins Schwimmen und mußte zugeben, daß ich das Buch gar nicht gelesen hatte.

Alle anderen Prüfungsdisziplinen deckten diesen Makel ab und verschafften mir schließlich mein Zertifikat.

Sonderbar, wie sich mein Prüfungsergebnis rumsprach. Der Grund lag vielleicht in meiner Vorreiter-Rolle, vielleicht auch in dem unüblichen Ergebnis. Jedenfalls kam der einarmige Kollegen-Freund auf mich zu und jubelte:

"Mensch, hast du ein tolles Prädikat verpaßt bekommen! Das ist ja eine begehrenswerte Auszeichnung!"

*

Der Erste Vorsitzende unserer Ortsgruppe des Kulturbundes wechselte den Beruf. Obwohl nicht mehr jung, wollte er studieren, wollte Lehrer werden. Der Geschäftsführer dieser Kulturvereinigung, ein ehemaliger Jäger irgendeines Fürsten, jetzt Geschäftsmann im Briefmarkenhandel, drängte mich zum Ersten Vorsitzenden, und er schaffte es.

Unter einer Vielfalt der Veranstaltungs-Palette engagierten wir für die Kinder das Puppentheater aus Dessau. Herr Zilling mit seiner Truppe bot ein künstlerisches Puppenspiel, das auch uns Erwachsene begeisterte. Mit jedem neuinszenierten Stück kam er nach Calbe; der Saal war immer ausverkauft. Die Kinder waren begeistert.

Hier witterte unser Geschäftsführer eine Einnahmequelle für den Kulturbund. Da ich vom Theater etwas verstünde, sollten wir selbst spielen. Er drängte. Ich wollte es mir durch den Kopf gehen lassen. Immerhin galt es dann, eine Bühne zu bauen, die erst konstruiert werden müßte. Es durfte kein Kasperle-Theater werden.

Da bot zufällig ein Puppenspieler-Nachkomme eine Zahl von echten Hohensteiner Puppen an, einen ganzen Koffer voll. Der Kulturbund kaufte. Das sollte der Grundstock sein. Nun mußte wohl das Theater gebaut werden.

"Langsam", sagte ich, "wir müssen die Technik des schnellen Auf-und Abbaues durchdenken."

Mein Freund und Kollege, Kulissen-Maler, Stücke-Schreiber, Puppenschöpfer und Gestalter, vertrat meine Meinung. Aber da hatte uns der Briefmarkenhändler schon übertölpelt: In der Geschäftsstelle lagen unerwartet dicke, schwere Leisten, fast Balken. Die sollten zum Gerüst gearbeitet werden mit Scharnieren, Haken und Ösen.

Ich war geschockt!

Er hatte auch schon die Zutaten organisiert: Bohrer, Nägel, Schrauben und Haken. Er hatte uns im Griff; wir waren zum energischen Widerspruch zu jung - und bauten.

Schließlich bildete sich ein Ensemble von fünf Personen.

Mein Kollege begann, die Puppenköpfe selbst zu entwerfen und zu modellieren. Große künstlerische Bühnen dienten dabei als Vorbild. Wir inszenierten nach und nach "Die goldene Gans" und den "Froschkönig", "Die verlorene Zeit" und "Ferkelchen Quiek", "Das Gespenst" und "Das kalte Herz". Dazu mußten immer neue Puppen hergestellt werden und neue Kulissen. Die Kreisbildstelle stellte uns eine Tonband-Einrichtung zur Verfügung, damit wir Bühnenmusiken schneiden konnten.

Das gab unserem Spiel eine ungeahnte Wirkung. Bühnenmusiken und Motiv-Untermalungen stahlen wir von Schallplatte und Rundfunk. Die Tonbänder wurden in der Nacht gecuttert, da der Schulbetrieb den Tag belegte.

Wir spielten an Nachmittagen in Calbe und fuhren auf die Dörfer, um die Kinder zu beglücken.

Aber einfach zu fahren war da nun nicht! Ein Fahrzeug mußte jedesmal neu organisiert werden. Ich sprach mit Volkseigenen Betrieben und Privatunternehmern, ich erbettelte mir Fahrzeug und Fahrer, benachrichtigte die Dorfschulen und die Gastwirte, die einen Saal zur Verfügung stellen konnten.

Dann luden wir auf und luden ab, wir bauten auf und spielten. Wir bauten wieder ab und luden wieder auf. Wir saßen bei Regen und Kälte hinten auf dem offenen LKW. Zu Hause luden wir wieder ab und verstauten alles in der Geschäftsstelle, die uns zugleich als Werks- und Proberaum diente. Da blieb das Schimpfen über das schwere Bühnen-Gebälk nicht aus.

Wir mußten besessen sein von einer pädagogischen Kulturarbeit!
Unterdessen war auch Lothar mit im Ensemble.

Da erlebten wir eines Tages das Staatliche Puppentheater Dresden.
Es war den Landesbühnen Sachsen angegliedert und die erste
repräsentative Puppenbühne in der DDR, die durch das Gastspiel des
russischen Puppenspielers Sergej Obraszow angeregt worden war. Es
arbeitete mit den bisher in Deutschland kaum bekannten Stabpuppen,
die starke Ausdrucksfähigkeit und außerordentliche Lebendigkeit
aufweisen und verblüffend natürlich wirken.
Das Dresdner Ensemble umfaßte 30 Mitglieder, davon acht Spieler,
meist Schauspieler, die für die Arbeit des Puppenspiels besonders
ausgebildet worden waren. Sie arbeiteten mit einer Drehbühne, 27
Scheinwerfern und einer kompletten Tonband-Apparatur. Das Theater
war elf Meter breit und fünf Meter tief.
Wir waren verblüfft und erstaunt, was das moderne Puppentheater bieten
konnte. Diese Faszination verursachte den Durchbruch meiner
Phantasie zu einer neuen Calbenser Puppenbühne.

Ich begann zu entwerfen, zu rechnen, zu projezieren und zu modellieren,
bis die Freunde mit dem Modell zufrieden waren.
Durch Materialarmut konnten nur mühselige Teilerfolge errungen
werden. Ich wollte eine Leichtmetallbauweise, schnellen Auf-und Abbau.
Leichtmetall in der DDR aber kam wie Bananen von einem anderen
Stern. Schließlich schloß ich eine 10 cm dicke Akte ab, hatte 50 kg
Hydronaliumrohr erschrieben und konnte rufen:
"An die Arbeit!"

Mit Hilfe eines Mechanikers wurde gelötet, genietet, gesägt, genäht
und Stück für Stück fertiggestellt.
Endlich war die Bühne sieben Meter breit, dreieinhalb Meter tief und
drei Meter hoch geworden. Der Hintergrund wurde von einem acht
Meter langen Rundhorizont abgeschirmt und die Kulissen von einem
Bühnennwagen getragen, der uns zwei Drehbühnen ermöglichte, so daß
der Szenenwechsel mitunter nur Sekunden beanspruchte.

Dieser ganze Koloß mußte ausgeleuchtet werden. Von einem Kasper-
theater aus der Kinderzeit konnte ich auf diese Puppenbühne kaum
schließen.
Ich errechnete und erkämpfte sechs Spezialscheinwerfer und ließ vom
Klempner vier Horizontleuchten anfertigen. Jede war mit zweimal 100-
Watt-Birnen bestückt und beleuchtete den Horizont von unten her,
während die Scheinwerfer den Vorder- und Mittelgrund bestrichen.
Durch Farbscheiben war jeder Effekt möglich. Ich entwickelte ein
Beleuchterpult, von dem aus alle Lichtquellen beliebig gesteuert werden
konnten. Da hatte ich fünf Schiebewiderstände untereinander geordnet,
und auf jeden fünf Kontaktmöglichkeiten eingerichtet, die durch einfache
Stecker hergestellt werden konnten. Somit war es möglich, jeden
Scheinwerfer beliebig mit jedem Widerstand zu verbinden. Ein beson-
derer Schalter erzeugte Blitzeffekte oder wie bei den Aktschlüssen
plötzliche Dunkelheit. Nach Mühen fand ich einen Elektriker, der das
bauen konnte.
Unterdessen hatte ich das Ensemble auf zehn Mitglieder erweitert. Wir
gingen von Handpuppen auf Handstab-und Stabpuppen über, eine
notwendige Forderung durch die Ausmaße unserer neuen Bühne.
Als erstes Stück spielten wir mit der neuen Bühne das orientalische
Märchen "Aminbek".
Alte Volkskunst mit der modernen Technik zu verbinden und beides in
den Dienst pädagogischer Arbeit zu stellen war für uns alle ein
beglückendes Arbeitsgebiet. In sieben Jahren hatten wir mit acht
Inszenierungen über 100 000 Kinder und auch Erwachsene erfreuen
können.

Da gab es Puppenspieler-Tagungen.
Hier lernte ich sie kennen, die Berufs-Puppenspieler, mit ihrer Seele
voller Liebe und Hingabe zu ihrer Kunst.
"Puppenspiel kann zur Lebenshilfe werden; es deutet die Welt!" meinten
sie.
"Schaut euch während des Spieles das Publikum an, wie es sich selbst
erkennt, wie es über sich und seine Welt lacht und auch traurig ist!"
"In erster Linie ist doch das Puppenspiel ein Spiel für Kinder?"

"Nicht nur! Das künstlerische Puppenspiel kann eine Schule zur Selbsterkenntnis sein. Der Mensch erkennt durch das Puppenspiel seine Welt und seine Probleme. Da vermag das Vorbild in der Puppe zu beeinflussen.!"

"Friedrich Schiller meinte vor 200 Jahren schon, daß die Bildung des Verstandes und des Herzens mit der edelsten Unterhaltung vereinigt werden sollte", warf ich ein.

"Das trifft besonders auf das Puppenspiel zu und in dieser Verbindung auf den Heranwachsenden", meinten sie, "Sammlung, Befreiung, Beglückung und Erbauung sollten Grundbilder sein, die ermahnen und belehren, die eine verwirrende und bedrohende Umwelt in Sinnbildern deuten."

"Na, das setzt aber bereits pädagogische Kleinarbeit bei der Herstellung der Puppen und beim Anlegen der Spielstücke voraus!"

"Wohl wahr! Hier ist größte Sorgfalt nötig! Das Puppenspiel hinterläßt im Leben des Kindes Eindrücke, die sich nie wieder verwischen lassen. Die Grenzen zwischen der realen Welt und der des Scheins fließen ineinander."

Weiter meinten sie zu uns Lehrern gerichtet:

"Mit dem Puppentheater sind wir in der Lage, in alle Winkel des Herzens hinunterzuleuchten und einen Weg zu finden, der gleichermaßen zum Verstand wie zum Herzen führt."

"Und das erreicht ihr Lehrer mit keinem Unterricht", meinte ein anderer, "sei er noch so künstlerisch und kunstvoll. Puppenspiel gehört zu den erregenden Grunderlebnissen, die ein Kind haben kann.!"

Wir Lehrer erkannten, daß uns hier ein Erziehungsapparat in die Hand gegeben war, der gelebte Pädagogik bedeutete, wo das künstlerische Puppenspiel zum Medium des Pädagogischen und im Kinde eine freiwillige Annahme der Erziehung bewirkt wird.

Das wurde und wird leider nicht genutzt, oder man hat es nicht erkannt! Die Fernseherei hat die Kleinkunst verdrängt. Über den Bildschirm flimmern Filme brutalen, unwahren und verlogenen Inhaltes. Fremdartige Überfütterungen unserer Jugend mit Schund, Schmutz, Grausamkeiten und Sensationen drohen ihre Erlebnis-Intensionen zu *ersticken, und Tageszeitungen berichten von Wesen, die unser Leben quälend belasten!*

In der Geschichte "Puppenspiel" von Manfred Kyber sagt eine sterbende Alte:

"Die Menschen sollten mehr an ihr Puppenspiel aus der Kinderzeit denken, dann wäre das Puppenspiel des Lebens nicht so traurig und so verworren."

*

Mein Deutsch-Unterricht bescherte mir viel Korrekturen.

Ich saß auch an diesem Tage an meinem Schreibtisch und las in den Arbeitsheften der Schüler. Ingeborg war mit den Kindern auf den Spielplatz gegangen wie fast jeden Nachmittag. Er lag eingerahmt in hohes Buschwerk 15 Minuten entfernt. Draußen war es ruhig, und ich hörte auch nicht, daß sie vorzeitig nach Hause gekommen war.

Da stürmte sie aufgeregt herein:

"Du sitzt hier in aller Seelenruhe, und in Calbe ist der Teufel los!"

Ich erstaunte.

"Ja hörst du denn nicht im Radio, daß es in Berlin Unruhen gibt?"

Ich hatte nicht eingeschaltet.

"Und im Eisenwerk wird gestreikt, man hat schon Uniformierte verprügelt. In der Stadt sind Krawalle, deshalb bin ich vom Spielplatz weg."

Wir wohnten außerhalb des Stadtkerns.

"Bleib' mit den Kindern hier, ich gehe mal los."

Vor den öffentlichen Gebäuden lagen Akten, Plakate, Bilder und Büsten. Alles war durchs Fenster befördert worden. Papierfetzen und Briefbögen flatterten um die Füße. Aus dem "Haus der Jugend" kam es immer noch geflogen; Pieck und Ulbricht und Stalin lagen gemeinsam auf der Nase.

In der Querstraße, dem Zentrum, drängelten sich Menschen und zeigten frohe Gesichter, manche triumphale; sie waren alle lauter als sonst.

"Das ist die Befreiung!" meinten sie.

Ein älterer Kollege öffnete vor mir seine Aktentasche und zeigte mir die Flasche Sekt; das mußte begossen werden!

Mit Lothar traf ich bei unserer Kollegin Irmgard zusammen, sie gehörte zum Kreis der ersten Stunde. Sie bewohnte ein Zimmer Parterre am Markt. Wir schauten aus dem Fenster dem Treiben zu.

Da wurde es ruhiger. Man sprach von Panzern.

Es begann zu dämmern, und sie röhrten heran. Ich kannte das Geräusch.

Aus den Wäldern um Dessau waren sie gekommen.

Wir schauten unbekümmert weiter aus dem Fenster. Da drehte ein Panzer auf uns zu, baute sich vor dem Haus auf, der Geschützturm kam in Bewegung, das Rohr auf uns gerichtet.

Wir blieben, guckten.

Da schob sich der Panzerkommandant heraus und schimpfte mit einer barschen Handbewegung, daß wir verschwinden sollten.

Alle hingen am Radio.

Irgendwie mußte ich nach Hause. Ich schaffte es.

Dieser 17. Juni 1953 ging als Tag der deutschen Einheit in die Geschichte unseres Volkes ein.

*

Als ob ich nicht genug um die Ohren gehabt hätte, bekam ich eines Tages das Angebot, als Dozent in der Ingenieurschule zu wirken, neben der schulischen Arbeit.

Dem Eisenwerk waren Meister und Techniker gefolgt, deren Qualifikation nicht ausreichte. Also entstand in Calbe eine Nebenstelle der Ingenieurschule Unterwellenborn.

Es reizte mich, und ich nahm an.

Durch den Volkshochschul-Unterricht war ich für die Erwachsenen-Bildung etwas vorbereitet. Daß ich aber in eine dermaßen annehmliche Tätigkeit stieg, konnte ich zunächst nicht absehen.

Ich hatte Männer vor mir, die unbedingt wollten, die wißbegierig waren für Allgemeines, für Grammatik und Orthographie und für die Literatur, gymnasiale Literatur.

Natürlich fehlten da auch nicht Vorlesungen über "Faust" - Dichtungen. Es sprach sich wohl herum: Zu guter Letzt mußte ich einen größeren Hörsaal bekommen, weil selbst Dozenten meine Vorlesungen besuchten, was die Literatur betraf.

Als Prüfender und Beisitzer bei Ingenieurprüfungen hatte ich selbst viel dazugelernt. Ich fühlte mich wohl, rundum - bis auf politische Querelen, die ich durch meinen Schulleiter-Direktor immer mal zu ertragen hatte.

*

Der Wellenschlag des Lebens riß mich in die Tiefe, dabei war schönes Wetter:

Sommerferien, sie dauerten immer zwei Monate, aber vier Wochen davon mußten die Lehrer den Einsatz bei der Ferienbetreuung nachweisen. Wir zogen natürlich mit der Puppenbühne umher und spielten für die Ferienlager. Anschließend wollte ich mit Ingeborg in Ziegenrück/Thüringen Urlaub machen, das erste Mal in unserer Ehe, denn meine Dozententätigkeit erlaubte die Fianzierung.

Ich hatte eine private Adresse bekommen.

Die Frau war mit den Kindern z.Z. bei den Eltern und der Schwester in Fulda. Ich erwartete ungeduldig Post von dort.

Schon lange hatte mich das Gefühl beschlichen, daß ihre Gedanken einem anderen Leben nachhingen. In den Westen gehen, das wollte sie und würde die Situation mit einem Schlage ändern, aber auch meine berufliche Position. Von vorne müßte ich beginnen.

Schwiegervater bot mir an, ins Geschäft mit einzusteigen. Er war bekannt für seine Sauerkraut-Herstellung. Allein hatte ich nicht den Mut und wollte Lothar dazu gewinnen mitzumachen. Er spann auch schon den Namen zusammen: "Mei-Mei-Sauerkraut", alldieweil sein Name auch mit "Mei" begann.

190

Entweder versagte uns letztlich der Mut dazu, oder wir waren besessene Menschenbildner:

Er in seiner Musik, ich in meiner Literatur und Kunst.

Jetzt kam lange keine Post.

Heute muß doch nun endlich was gekommen sein!

Ich hastete nach Hause, stolperte die Treppe zur Haustür hoch, aber so stark, daß ich aufwärts fiel. Oh je, das auch noch mit dem rechten Fuß!

Es wird doch nichts .....!

Da war der Brief:

"Ich kehre nicht mehr zu Dir zurück! Ich habe hier meinen Jugendfreund aus den Kindertagen in Riga getroffen ......Er lebt in Schweden .... Dorthin werde ich ziehen ......Laß mir die Kinder ......Du warst immer ein guter Mensch, laß mir den Glauben an Dich nicht verlieren ....!"

Mein Herz schlug hoch; ich las noch einmal ungläubig; es schlug höher und drückte mir die Tränen aus den Augen.

Der Körper begann zu zittern.

Ich wußte nicht, was zu geschehen hatte, wo ich hin sollte, wie ich noch retten konnte.

Kopflos ergriff ich wieder mein Fahrrad, das noch vor der Tür stand, und raste damit durch Calbe.

Ich spürte die Tränen, und die Kehle war wie zugeschnürt.

Ich wußte nicht, wohin jetzt!

Schließlich landete ich auf dem Markt bei Irmgard, unserer Freundin, Kollegin und Puppenspielerin.

Sie wurde auch blaß. Das ist wohl schlimmer als ein Todesfall!

Meine Kinder!

Vor allem die kleine Bettina, sie war nun über drei Jahre alt.

Ich versuchte, noch alles zu retten und fuhr nach Fulda, was aber nicht so einfach zu bewerkstelligen war.

Da gab es die Reisebeschränkungen; ich brauchte einen Interzonenpaß. In der Kreisstadt Schönebeck legte ich den Brief vor. Man sah mir die Verzweiflung an. Lothar hatte mich begleitet und wollte es weiter tun bis Fulda. Auch er bekam einen Paß; mein Leiden mußte sie alle bewegt haben.

In Fulda traf ich meine Kinder an, aber nicht mehr die Frau. Sie war bereits im Flüchtlings-Aufnahmelager Gießen.
Wie komme ich dorthin?
Das Sozialamt gewährte Lothar und mir einen Freifahrtschein.
Die Fahrt dauerte unendlich lange. Ich riß während der Fahrt die Zugtür auf und wollte springen. Lothar riß mich zurück.

Wir erreichten beide das Lager und fanden sie.
Eine unbekannte Seelenkälte schlug mir entgegen. Keine Erinnerung an Gemeinsamkeiten, keine Vergegenwärtigung an die Kinder und unsere Wohnung stimmte sie um; sie war mir fremd, und ich war ein Fremder.

In heulender Niedergeschlagenheit ging es zurück nach Fulda. Die friedliebende Unterhaltung mit meinen Schwiegereltern konnte meinen Schmerz nicht mildern. Die Schwägerin sagte noch:
"Und wenn das klappt mit Schweden, dann ziehen wir alle hin!"
Sie stach mir ins Herz! Sicherlich hatte sie das nicht gewollt.
Lothar photographierte mich mit den Kindern, und zurück ging es in den sozialistischen Alltag und - in die leere Wohnung.
Die Fassungslosigkeit griff in allernächster Zeit bei Kollegen und Freunden um sich. Vielleicht empfand man es als kleine Sensation; ich erfuhr Mitgefühl und Ratschläge, auch undurchführbare.

Die Scheidung war eingereicht: ihr ausdrücklicher Wunsch. Ich respektierte ihn schweren Herzens und begriff nur langsam mein neues Leben - und die Gründe für ihr Verhalten: Sie war des Mangels überdrüssig, immer wenig Geld, immer Jagd nach Lebensmitteln, keine Haushaltsauffrischungen, keine Ergänzungen, keine Freiheiten, immer auf Päckchen angewiesen.
Trotzdem konnte ich nicht nachvollziehen, wie man deshalb eine Familie zerstören kann.
"Sei getreu bis in den Tod ...."
Galt der Spruch nicht jedem? Auch ohne Kirchgang? Ich hatte ihn nie vergessen. Man hat doch Verantwortung zu tragen, wenn schon nicht gegenüber dem Ehepartner, so doch der Kinder wegen!

"Ich kann nicht mein ganzes Leben lang Rücksicht nehmen", hatte sie gesagt.
Auch eine Philosophie! Es war nicht die meine!

Meine Eltern in Leuna ergriffen die Initiative. Meine Mutter meinte:
"Die Kinder kommen her!"
Ich konnte es ihnen aber nicht antun, sie von der Mutter zu nehmen.
Da fiel die Entscheidung, sie fiel uns schwer genug:
"Die Kleine aber bleibt bei uns", hatten wir beschlossen.
Sie wurde demzufolge auch von Ingeborgs Schwester gebracht.
"Muttergefühle und Mutterliebe fordern ihr Recht! Das hält sie nicht durch!" hatte Schorsch Kuhne gesagt.
Aber sie hielt durch.
Ich trauerte dahin. Und mein Vater sagte:
"Sieh' jetzt vorwärts und nicht zurück!"
Ich vermißte die Hand, die den Haushalt meistert, die saubere Gemütlichkeit verbreitet. Nun spürte ich eine gräßliche Leere in mir. Manch einer hätte sie mit Alkohol gefüllt.

Was doch Eltern bereit sind, für ihr Kind zu tun. Meine gaben alles auf in Leuna. Omi war jetzt zugleich auch Mutti für das Kind.
Das Wohnungsamt war mir ja nicht fremd, und ich hatte jetzt eine begehrenswerte Wohnung zu bieten gegen eine größere. Die bezogen wir, vor 50 Jahren eine herrschaftliche. Jetzt waren daselbst Haus und Wohnung vernachlässigt, verwohnt und verfallen.
Anstrengungen und Kosten machten alles wieder bewohnbar. Der Schmerz für Eltern und meine kleine Bettina sollte so klein wie möglich gehalten werden. Gleichwohl seufzte sie mitunter, wo denn die Mami bliebe. Omi war sofort zur Stelle und zerstreute das Verlangen.
Wohl wurde es immer seltener, die Erinnerung begann zu schwimmen, aber doch sind ihr Narben ins Herz geschnitten worden.
Als sie in späteren Jahren selbst ein Kind unter ihrem Herzen trug, quälte sie sich mit dem Zweifel, ob sie fähig sei, ein Kind zu lieben. Sie wollte eigentlich kein Kind.
Deswegen.

Mein Leben ging weiter, im Herzen die Einschläge, im Kopf das immer Neue.

Der Beruf fordert. Das wird von Außenstehenden wenig erkannt.

"Du hast es doch gut", meinten Freunde aus anderen Berufen, "hast nur sechs Stunden am Tag zu unterrichten!"

"Ja, manchmal noch weniger, da sind sogar die Pausen bei", bemerkte ich ironisch.

"Nur konnte ich sie selten wahrnehmen! Da gibt es Rückfragen, Probleme zu klären, da gibt's zu schlichten, oder es stehen Eltern vor der Tür, da will die Schulleitung was oder ein Kollege. Dann Jahr für Jahr immer andere Schüler, die es zu bilden, und immer neue Eltern, die es zu beraten gibt, jedesmal individuell, jeder Mensch ist ein Original, es gibt ihn nicht zweimal."

"Naja, aber das Unterrichten fällt doch nicht schwer, wenn du den Stoff einmal behandelt hast, läuft es doch ohne Anstrengung weiter."

"Was würdest du sagen, wenn ich dein Kind unterrichten würde mit den Erkenntnissen aus deiner Kindheit? Der Stoff bietet sich immer wieder neu, den es zu bewältigen gibt auch für Schüler, die nicht wollen oder unerzogen sind. Schließlich soll der Unterricht interessieren, muß dabei methodisch und psychologisch vorüberlegt, und die Schüler müssen auch noch beurteilt werden."

"Ich kenne Kollegen von dir, die durch Kranksein aufleben!"

"Siehst du, bei allem sollte der Lehrer kerngesund sein. Und er muß Geschick haben zu seinem Beruf, denn hier gibt es etwas, das man nicht erlernen kann. Ein Handwerk kann man lernen. Auch dieser Beruf hat Handwerkliches, das man zunächst gelernt haben muß. Aber das Talent dazu ist nicht erlernbar. Und das macht den Erfolg aus, für sich und die Schüler."

Man frotzelt: "Der schlechteste Lehrer konnte bisher nicht verhindern, daß aus dem Schüler trotzdem etwas geworden ist."

Wenn in die Schulstube die verpolitisierte Gesellschaft hineingetragen wird, wenn daselbst gegensätzliches Denken zur Angst wird, wenn Behauptungen zum Dogma werden und Doktrine zur Unwahrheit führen, dann scheitert früher oder später die ganze Gesellschaft.

Die Geschichte zeigte uns harte Beweise!

*

Meine Auseinandersetzungen mit dem Direktor schwächten sich ab. Nur mit dem gefürchteten Staatssicherheitsdienst, den Leuten der Stasi, hatte ich es immer mal zu tun.
Sie kamen zu zweit in die Schule, um mich zu sprechen. Ich würde zum Revanchismus hetzen. Der Gedanke war mir nie gekommen. Da legten sie die Karten auf den Tisch: Ich hätte im Erdkundeunterricht statt 'Gdansk' und 'Gdynia' die Begriffe "Danzig" und "Gotenhafen" erklärt, die es doch nicht gibt.
Ich stand zu meinem Unterricht und erläuterte. Man ließ mich gehen. Ich wußte, woher dieser Wind wehte, denn in einer Klasse saß das Kind einer Frau, die gerne denunzierte.
Das bekam u.a. ein Busfahrer zu spüren, der dann zwei Jahre inhaftiert worden war, weil er gewitzelt hatte:
"Warum wird jetzt fünf Meter links und rechts unserer Straßen vorzeitig das Getreide geschnitten? -
Damit unsere Volksarmee nicht die Flinte ins Korn werfen kann!"

In den Konferenzen saßen Vertreter des Eltern-Aktivs und des Patenbetriebes. Man hatte Selbstverpflichtungen zu übernehmen und Selbstkritik zu üben. Man hatte sich zu rechtfertigen, wenn ein Schüler eine Vier aufs Zeugnis bekam; die Notenskala ging bis zur Fünf.
Immerzu kamen neue Anordnungen, neue Verordnungen und Verfügungen. Mit jedem Male mehr engten sie uns ein, wurden wir bevormundet, womit der Unterricht immer mehr erstarrte, steril und zum Abguß wurde.
Auf die Spitze getrieben, waren wir zeitweilig verpflichtet, in der augenblicklichen Stunde den vorgegebenen Stoff im entsprechenden Fach zu bieten. Die Stoffpläne waren einheitlich vorgeschrieben. Wenn nun der Inspektor kam, - es gab Schulinspektoren, wir nannten sie Schnüffler vom Dienst-, mußte er im voraus wissen, was der Kollege in dieser Stunde für einen Stoff behandelte, aber gottlob ging das nur zeitweilig, sie mochten damit wohl ein Fiasko erlebt haben.
Ich dachte immer mal an den russischen Schuloffizier, der mit seiner Abwärtsbewegung gesagt hatte:

"Machen Sie so mit denen!"
Das traf auch auf uns zu, eigentlich auf alle und alles.

Jedes Jahr zur Erntezeit gab es einen Notstand.
Seit der Bodenreform, seit die Bauern keine mehr waren und sich als
Landwirte der LPG angeschlossen hatten, also der Landwirtschaftlichen
Produktduktionsgenossenschaft, war die Feldernte in Gefahr. Auch die
Bauersfrauen standen jetzt unter einem Acht-Stunden-Tag und hatten
pünktlich Feierabend. Die Genossenschaft organisierte sich aus dem
Ersten und dem Zweiten Vorsitzenden, dem Gewerkschaftsvertreter, dem
Kulturobmann, dem Agrar-Ökonomen und aus anderen Posten. Da mußten
die Schüler ran, das Feld zu ernten:
Die letzte Unterrichtsstunde fiel aus, am Markt standen gummibereifte
Ackerwagen, die Fahrt endete auf dem Feld. Einmal wurde Unkraut
jejätet zwischen der Frucht, meterhohes Unkraut, ein andermal wurden
Futterrüben gezogen.
Die Schüler schimpften.
Mit meinem 10.Schuljahr wurde ich wieder einmal auf den Kartoffelacker
gefahren. Die Kartoffeln lagen in Reihen über der Scholle. Sie waren
bereits grün. Die Schüler wurden auf die Furchen verteilt, bis sie
bemerkten:
"Was ist denn hier los? Wir haben doch vor zwei Wochen eben an
derselben Stelle aufgehört zu lesen! Jetzt liegen die Kartoffeln immer
noch hier!"
Darauf der LPG-Fahrer:
"Na, von uns von der LPG geht doch keiner mehr auf den Acker!"

*

Die Friedrich-Schiller-Schule war immer noch ein Provisorium, beengt
in den Räumen der Hilfsschule untergebracht. Das Problem mußte gelöst
werden.
Auf dem Gelände des einstmaligen Schlosses errichtete man schließlich
einen Neubau, langgestreckt, zweigeschossig, davor ein großer Hof.

Eine Neuerung brillierte und erregte Diskussion: Heißluft sollte das Gebäude wärmen, die durch Kohle-Koks-Kessel im Untergeschoß erzeugt wurde. Die Luftschächte führten über das Dachgeschoß in die Klassensäle. "Wie soll das gehen?" sagten wir alle, "nach physikalischen Gesetzen steigt warme Luft doch nach oben! Wer bläst sie vom Dach in die untergelegenen Räume?"
Das sei ein Neuverfahren, hätte alles seinen Sinn und seine Richtigkeit.

Freudiger Umzug in die neue Schule ließ manchen Unterricht ausfallen. Es kam auch der Winter, und wir froren in den Räumen jämmerlich, die über 15 Grad C hinaus nicht wärmer wurden, obwohl der Hausmeister fleißig die beiden Kessel fütterte. Oft mußte der Unterricht ausfallen, er war bibbernd nicht durchzustehen.
Die Folgen gewährte der nächste Sommer:
Alle jungen Kollegen und Elternbeiräte bekamen nachmittags einen Vorschlaghammer in die Hand, solch' einen Riesenhammer von 10 kg Gewicht. Wir schwangen ihn hoch, dann sauste er auf die 20 cm dicke Betonplatte, auf der die Kessel gestanden hatten. Die mußte zerschlagen werden, damit es Platz gab für die nächste Heizung.
Wir wüteten mit Gebrüll auf die Betondecke herab, daß es lärmte und toste. Unregelmäßig dröhnten die Vorschlaghammer durch die Luft, so daß der große, stämmige Sparkassen-Kassierer mit seinem zarten Gemüt sich mir zuwandte:
"Wenn jemand das sieht und die Zusammenhänge nicht kennt, muß denken, daß hier tollwütig gewordene Sträflinge sich rächen!"

*

Ich hatte mich dem Laienspiel in der Schule verschrieben. Das gab Ausgleich.
Das Beste in der neuen Schule war die Aula, sie hatte sogar eine Bühne. Ich gab mich nie zufrieden mit Kinderspiel, ich inszenierte.
In Bernburg entdeckte ich einen noch privaten Kostüm-Verleih. Die alte Frau war verwandt gewesen mit Franz Schubert.

197

Von hier holte ich die Kostüme. Und als Maskenbildner diente mir der Friseurmeister Starke, einst Theaterfriseur gewesen, besaß einen unerschöpflichen Perücken-Fundus. Die Proben lagen an Nachmittagen, alle Schüler-Teilnehmer kamen.

Eine Hilfe dabei fand ich in dem ehemals Ersten Vorsitzenden des Kulturbundes, der Lehrer geworden war. Er kam an unsere Schule, und wir harmonierten beide bei Veranstaltungen und Theateraufführungen. Er war Praktiker.
An der Aula-Bühne vermißten wir einen Souffleur-Platz. Kurzerhand sägten wir in den Bühnenboden die Bretter durch in der Meinung, daß der Hohlraum da drunten zu nutzen sei. Aber oh Schreck: Da kamen Stützen aus Beton zum Vorschein.
Mein Kollege nahm einen Vorschlaghammer und schlug damit los. Es rumste durch die Schule.
Da kam der Direktor, er war Hausherr und weisungsberechtigt:
"Was macht Ihr denn! Das ganze Schulgebäude dröhnt!"
Wir erläuterten; er schüttelte den Kopf und ging.

So war er geworden, mein Widersacher, vielleicht müde der immerwährenden Auseinandersetzungen, vielleicht auch aus gewonnenem Abstand zur Staatsführung; er beteiligte sich angenehm an unseren geselligen Zusammenkünften des Kollegiums. Wir duzten uns mittlerweile.
Da hatte er mir in weinseliger Stunde auf die Backe getätschelt und gesagt:
"Ich habe dich verkannt, Rolf, du bist mein bester Lehrer!"
Ich war mehr als sprachlos.
Als er nach Jahren die Leitung der Schule aus freien Stücken niederlegte und versetzt werden wollte, tat es mir leid, sehr leid.

*

Sie bot erstaunlich viel Kultur, diese kleine Stadt Calbe an der Saale.

Immerzu wurden Vorträge angeboten, Konzerte gegeben und wöchentlich Theaterfahrten in das Landestheater Dessau organisiert.
Diese Bühne mit 50 Meter Tiefe galt als die größte Deutschlands.
Der Kreis Schönebeck unterhielt ein Mittel-Elbe-Orchester, das mit Solisten bedeutender Theater erbauliche Musik-Abende zauberte.
Auch Lothar durfte es zusammen mit seinen Chören dirigieren.
Zum Eisenwerk war ein großer Kultursaal gebaut worden. Hier erlebten die Calbenser ihre kulturellen Veranstaltungen.
Werner Krynitz rezitierte, und ich konnte mich mit ihm unterhalten.
Er nahm Anteil an meinem Verlangen, Theaterluft schnuppern zu wollen, wozu er damals in Halle den Impuls und Anreiz gegeben hatte.

Zu Schillers 150. Todestag 1955 wurde in unserer Aula seine Huldigung vorgenommen. Lothar dirigierte den Gesangverein "Eintracht" und seinen Oberschul-Chor, und ich rezitierte "An die Freude" und den Rütli-Schwur: "Wir wollen sein ein einzig Volk von Brüdern....."
Welch' schizophrene Situation, dachte ich, diese Klänge in diesem Staat der Zwänge! Man ließ gewähren, es zählte zum nationalen Kulturerbe.

Ich inszenierte in der Schule das Theaterstück "Madame Breitkopf", wo der junge Studiosus Goethe in Leipzig die Gesellschaft der ausgehenden Blütezeit des Rokoko erlebt und die jungen Mädchen in ihren Reifröcken für ihn schwärmten.
Ich inszenierte anläßlich einer Schulaufführung Szenen aus dem Leben Schillers, wie er inmitten der Studenten seine ersten "Räuber"-Szenen vorliest und wie er den Dichter Schubart auf der Festung Hohenasperg besucht.
Auch die Kammerdiener-Szene aus "Kabale und Liebe" ging über die Bühne.
Die Schüler spielten "wie die Alten".

Ein Heimatfest ließ 1957 ein ganzes Reiterregiment auftreten.
Da ritt Otto I., unter dem die Stadt 936 gegründet worden war, es erschienen Heinrich der Löwe, der sie niedergebrannt hatte, und Wallenstein mit seinen Pappenheimern und den Kürassieren, der

Marketenderwagen und die Mönche fehlten genauso wenig wie das Richtertribunal mit der letzten Hexe, die sie verbrannt hatten, die Postkutsche mit Lothar als Postillon oben drauf, die Tuchmacher und die Franzosen von 1813, die erste Eisenbahn und die erste Feuerwehr, alle Figuren geschminkt in ihren historischen Kleidern.
Es zeigte sich groß, dieses kleine Bollen-Calbe.
Leider schwanden diese kulturellen Aktivitäten von Jahr zu Jahr. Der Mangel im Alltag machte alles grauer und trister.

Und meine Bettina wurde in diesem Jahr eingeschult, mit einer großen Zuckertüte im Arm.
Von Angela erhielt ich hin und wieder eine Postkarte. Ihre Mami mußte sich Arbeit gesucht haben - in der Schweiz, denn im nordischen Lande hatte es wohl eine Enttäuschung gegeben. Das Kind war bei der Oma in Fulda geblieben.
Mein Herz weinte.

*

Mein einstiger Schauspiel-Lehrer Adolf Peter Hoffmann gehörte nach der Zeit in Rostock nun zum Deutschen Theater in Berlin.
Dorthin fuhr ich jetzt öfter einmal. Er hatte mit einer Regie zu Lessings "Nathan der Weise" debütiert, den Nathan verkörperte der unvergessene Eduard von Winterstein.
Ich lernte Bert Brecht kennen und erlebte Marcel Marceau, ich sah erstklassige Inszenierungen und trug erneut meinen Wunsch vor, die Schulstube mit der Bühne vertauschen zu wollen.
Adolf Peter verwendete sich für mich, und der Leiter des Deutschen Theaters wie des Schauspiels der gesamten DDR, Wolfgang Langhoff, sagte mir eine Stelle als Regie-Assistent zu.
In der DDR wurde alles zentral geregelt. Die Lehrer unterstanden dem Volksbildungsministerium. Es mußte zu dieser Zeit ein ungeheurer Lehrermangel bestanden haben, denn es gab einen ministeriellen Erlaß, der besagte, daß kein volkseigener oder ihm gleichgestellter Betrieb

einen Lehrer einstellen darf, der von sich aus gekündigt hatte!
Wolfgang Langhoff korrespondierte wegen mir mit dem Volksbildungsministerium. Dann erhielt ich von ihm die Nachricht, daß er mich nur einstellen kann, wenn ich einen vollwertigen Ersatz für mich als Lehrer stellte.
Wo sollte ich einen Lehrer hernehmen, wenn die selbst keinen haben? Mir blieb nichts anderes übrig, als meine Kündigung zurückzuziehen.

Die Einheitsschule war mit ihrer Entwicklung noch nicht am Ende. Man hatte offensichtlich gemerkt, daß die Kinder der DDR mit der internationalen Bildung nicht schritthalten konnten.
Jetzt wurden wieder 9. und 10. Schuljahre eingerichtet, also Mittelschulklassen, die vorher als Standesschule angeprangert worden waren, man nannte sie Mittelstufe.
Die Schillerschule richtete die erste Klasse 9 ein, und ich durfte der erste sein, der als Ordinarius diese Klasse zu führen hatte, verwunderlich ob meines politischen Standes.
Eigentlich war die Führung dieser Klassen nur den neuen Kollegen mit Universitätsstudium vorbehalten, das man in den letzten Jahren eingerichtet hatte. Aber es gab noch nicht genügend dieser Spezies Lehrer. Da bekam ich Gelegenheit, mit einer wissenschaftlichen Hausarbeit und einem Kolloqium das Testat für diese Lehrbefähigung zu erhalten.

*

Mein Musenfreund Günter "ohne h" fuhr lange schon zu einer Gesangslehrerin nach Bernburg. Er ließ seine Stimme ausbilden. Ich sollte doch mal mitkommen.
Ich tat's, und es wurde ein Schicksalsgang für mich. Hier begegnete mir nämlich eine junge Frau, ein Fräulein, das ich als Schülerin aus den ersten Tagen der neu gegründeten Schillerschule kannte. Sie hatte damals zu einer Gymnasialklasse gehört, die durch die Einheitsschulreform plötzlich keine mehr war. Jetzt ließ sie sich ihre Gesangsstimme ausbilden, vielleicht für die Oper.

Ich fuhr wieder mit nach Bernburg. Ein Schülerkonzert zeigte den Leistungsstand. Theatermänner holten sich von hier junge Kräfte. Auch das Fräulein Ingrid trug ihren Gesang vor. Eigentlich leitete sie einen Kindergarten in Brumby, einem ehemals wohlhabenden Dorf mit Gütern und Bauern, vier Kilometer vor Calbe gelegen. Sie wußte noch nicht, ob sie ins Theaterfach wechseln sollte.
Letztlich wechselte sie nicht - wegen mir.
Die Musik führte uns zusammen, und wir blieben es.
Ihre Eltern waren soeben nach Wernigerode am Harz gezogen, weil der Vater die Sparkasse gewechselt hatte. Er war Sparkassen-Mensch. Ich staunte über die Aufgeschlossenheit der Eltern. Immerhin war ich ein Geschiedener mit zwei Kindern. Doch die kommenden Jahre erwiesen sich nicht nur als unterhaltsam in diesem Kreis, die Eltern nahmen mich mit meiner Bettina auf, als seien sie schon immer die Großeltern gewesen.

Die Bahnfahrt von Calbe nach Wernigerode raubte Zeit und verursachte Umstände, denn sonnabends mußte noch gearbeitet werden.
Da verkaufte jemand ein Auto, einen Opel P 4. Er stand in der Remise meiner verehrten Pianistin. Ich sollte ihn mir ansehen. Autos waren in der DDR und zu dieser Zeit eine Rarität. Außerdem waren sie alle überteuert, so daß ich nie an einen Besitz denken konnte. Dieser aber sollte 2000,--Mark kosten, was trotzdem noch viel für uns war.
Vielleicht erfüllte sich mein Wunschtraum?
Ich stand davor: Baujahr 1935, ach du Gott, er hatte den Krieg mitgemacht und sah auch danach aus! Alles klapperte, die Polster verschlissen, das Autodach zeigte innen nur Blech, der hölzerne Hauptholm des Aufbaues war gebrochen, die Schutzbleche hingen locker herunter, die Achsschenkelbolzen mußten erneuert werden, und es regnete durch.
Aber der letzte Kaiser war darin gefahren. Der jetzige Besitzer war ein zeitweiliger Fahrer des letzten Deutschen Kaisers gewesen, den "unser Führer" Wilhelm II. in Doorn bei der Besetzung der Niederlande zur Verfügung gestellt hatte. Der Kaiser lebte dort seit 1920 im Exil. In diesem Auto war er also gefahren worden. Ich kratzte alle Ersparnisse zusammen und borgte dazu. Ingrid plünderte ihr Sparkassenbuch: So kamen wir zu einem fahrenden Wrack.

Ich fand Handwerker, die uns nach und nach alles richteten. Bei der Materialknappheit war das eine Leistung, denn Ersatzteile gab es nicht, jede Unterlegscheibe mußte per Hand angefertigt werden. Es fehlte da zu guter Letzt die Farbe. Natürlich gab es die nicht. Auf verschlungenem Wege erreichte uns eine Büchse Autolack aus Westdeutschland, ein Kilo feuerrote Farbe. Mein Vater fand einen, der sie dranspritzen konnte. Die Menge reichte soeben mit dem letzten Tropfen.

Wie mit einem Feuerwehrauto erreichten wir damit Wernigerode und das "Haus Margot" in Weißenfels bequem mit Decken um die Beine; es gab in diesem Auto noch keine Heizung. Das Benzin mußte frei gekauft werden, das bedeutete, einen schmerzlichen Preis zu bezahlen. Da war ich glücklich, wenn ich von Berufsfahrern ab und zu Benzinmarken erhielt. Durch diese kostete das Benzin nur ein Viertel des freien Preises.

Und mein Vater wollte sein Steckenpferd wieder aufnehmen. Er legte Aquarien an, eins größer als das andere, und züchtete wieder seine Skalare und Neon-Fische, Kuppies und Schleierschwänze.

Da es keine fertigen Becken zu kaufen gab, mußten sie angefertigt werden. Die Scheiben waren das größte Problem, denn der Glaser sollte druckfeste liefern für die 200-Liter-Becken. Er meinte, daß er sie geliefert hatte.

Da geschah es einmal, daß eine Scheibe platzte und 200 Liter sich über Zimmer und Korridor ergossen. Mit dem Besen wurden sie samt der teuren Fische rausgekehrt in das Treppenhaus; alles schwabbelte die Treppe runter. Wir wohnten im ersten Stock.

Ein andermal schreckte mich in der Nacht der Ruf meiner Mutter auf: "Es brennt!"

Die Gardinen standen schon in hellen Flammen. Wir hatte Mühe, das Feuer zu ersticken.

"Was war denn?"

Die privisorischen Verbindungen der elektrischen Kabel zu den einzelnen Fischbecken hatten Kurzschluß verursacht.

Das war Vaters Spezialität, alle technischen Probleme mit schwarzem Isolierband zu lösen. Es gab natürlich auch nicht ohne weiteres neue elektrische Kabel.

*

Durch die Bindung an Ingrid blieb es nicht aus, daß von Heirat gesprochen wurde.

Für das Abenteuer Ehe war ich aber noch nicht wieder bereit. Eigentlich wollte ich nicht, noch nicht; der Schock zeigte noch Wirkung.

Ingrid bewohnte ein Zimmer im Calbenser Kindergarten. Wohnungen waren immer noch bewirtschaftet, obwohl durch das Eisenwerk, was später in Niederschachtofenwerk umbenannt wurde, neue Straßenzüge mit fernbeheizten Wohnungen entstanden waren. Eben stand wieder ein Haus vor der Vollendung. Es bot eine Fünfzimmerwohnung. Ich bewarb mich um sie und bekam sie auch. Wir waren hier alle beieinander. Ingrid zog mit ein.

Nun war eine Heirat nicht mehr aufschiebbar.

Obwohl jetzt die "Sozialistische Eheschließung" nahegelegt wurde, ließen wir uns kirchlich trauen. Als Pfarrer holten wir uns Ingrids einstigen Spielgefährten und Freund aus der Jugendarbeit der evangelischen Gemeinde, Gottfried Eggebrecht. Unser feuerroter Opel P 4 machte es möglich, denn Gottfried amtierte im benachbarten Dorf Groß-Rosenburg, wo die Saale in die Elbe fließt.

Die Trauung fand in der kleinen St.Lorenz-Kirche statt. Neben Orgelklängen verlieh der Gesang meiner Schwiegermutter mit "Caro mio ben" von Giordani und von Bohm "Still wie die Nacht" der feierlichen Atmosphäre eine Weihe.

Schwiegermutters Stimme war in ihren früheren Jahren geschult worden. Und in den Nachkriegsjahren sang sie bei Trauungen und ließ sich ihren Auftritt von den Landwirten mit Eßwaren honorieren. Sie hatte drei kleine Kinder; und Lebensmittel gehörten zu den Kostbarkeiten des Alltags.

Es war ein sonniges Pfingsten. Die Parkanlagen um die kleine Kirche wurde von Freunden und Neugierigen gesäumt und gaben dem Zeremoniell eine Solennität.

In der Calbenser Chronik steht, daß in Calbe am 24.Mai 1958 die erste
"Sozialistische Eheschließung" des Kreises Schönebeck stattgefunden
hätte.
Uns kann man damit gewiß nicht gemeint haben.

*

Im selben Jahre wurde die Sozialisierung im Handel forciert. Da wurden
Einzelhändler den Konsum- und Handelsorganisationen zugeführt. Der
Versorgung fehlte von nun an mehr und mehr die Eigeninitiative; die
Qualitäten sanken.

Seit dem neuen Schuljahr begann für die Schüler ab der 7.Schuljahre
der "Unterricht in der Produktion", was bedeutete, daß sie einen Tag
in der Woche in den zugeteilten, erreichbaren Betrieben zu arbeiten
hatten und nebenbei von Ingenieuren unterrichtet wurden. Ich war nicht
für diese Schulverfremdung.
In den Pausen unterhielt man sich auch über politische Ereignisse. Ich
ließ mich wiederholt zu Äußerungen hinreißen, die mir gefährlich werden
konnten:
"Ich halte Adenauer für den z.Z. bedeutendsten Politiker Europas."
Patschbum! Schweigen in der Runde.

Weil Lehrergehälter aufgebessert worden waren, konnten wir daran
denken, ein anderes Auto zu kaufen. Es gab den P 70, einen Nachfolger
des DKW Meisterklasse aus Zwickau, er fuhr nicht viel mehr als 80
Kilometer in der Stunde. Die Karosserie bestand aber jetzt aus gepreßter
Pappe. Man nannte ihn deshalb "Pappe 70" oder "Plastik-Bomber".
Auf einen neuen hätte wir jahrelang warten müssen.
Da bot uns ein Kollege seinen gebrauchten an. Er war so teuer wie
ein neuer. Es war ja Mangelware. Trotzdem bestand der Staat auf dem
amtlich geschätzten Preis beim Verkauf. Andernfalls wurde man hoch
bestraft.

Da blieb es nicht aus, daß der Käufer dem Verkäufer bei der Übergabe unter vier Augen den heimlichen Aufpreis zahlte.

In den späteren Jahren führte das dazu, daß der Gebrauchtwagen teurer bezahlt werden mußte, als ein neuer kostete. Die Wartezeit für ein neues Fahrzeug erstreckte sich weit über zehn Jahre.

Wenig später bauten sie den "P 70" nicht mehr. Die Auto-Produktion der DDR wandte sich dem schlechteren Fahrzeug zu, dem kleineren Plastik-Bomber "Trabant", kurz "Trabi" genannt. Da mußten die Leute dann schon 18 Jahre auf eine Lieferung warten. Auch das erlebten wir auf dieser Seite Deutschlands nicht mehr.

*

Die Situation für mich spitzte sich zu.

"Du bist ja noch da, ich hörte, daß man dich abgeholt habe", sagte ein Bekannter.

Da saß ich nachts angespannt lauschend im Bett, wenn ein Auto vorm Hause hielt.

Um diese Zeit wurden die Leute abgeholt; es konnte auch einmal mir gelten. Ich konnte ja den Mund immer nicht halten, wenn es um politische Verlogenheiten ging.

Und aus denen bestand eigentlich die DDR.

Meine oppositionelle Einstellung gegen die SED-Diktatur veranlaßte mich zu Äußerungen, die mich immer auffälliger werden ließen.

Auffallen und sogar noch "gegen den Stachel löcken", da gefährdete man sich selbst.

Als Lehrer empfand ich einen ethischen Auftrag, von wem auch immer, und fühlte mich verpflichtet, der Jugend humanistisches Gedankengut zu vermitteln, sie Gut und Böse erkennen zu lassen. War ich doch selbst in meiner Jugend verführt worden mit dem verheerenden Ergebnis in der deutschen Geschichte.

Jetzt versuchte ich, unterrichtend der Wahrheit nahezukommen. Das warf man mir als Objektivismus vor.

Ich wurde mehrfach gewarnt, in Parteisitzungen sei wiederholt mein Name gefallen. Dabei war ich gar nicht in der Partei, aber sie hatte alle im Griff.

Eines Morgens betrat ich das Lehrerzimmer. Es hatten sich schon viele Kollegen eingefunden. Gespanntes Schweigen schlug mir entgegen.

"Na, was ist los?"

"Hast du noch nicht gehört, daß der ehemalige Schulrat in den Westen abgehauen ist?"

Der Schulrat, der uns in "Staatsbürgerkunde" vehement die Errungenschaften und die goldene Zukunft der DDR und des Sozialismus oktroyierte, der statt der Kommunion und Konfirmation die "Jugendweihe" forciert hatte und in Calbe als "der rote Papst" bezeichnet wurde, der hatte sich "abgesetzt", war "republikflüchtig" geworden, war zum Klassenfeind gewechselt.

Ich war wütend:

"Wer garantiert mir dafür, daß Walter Ulbricht (Diktator von Sowjets Gnaden) nicht eines Tages auch noch abhaut!"

Tage später flüsterte mir eine ältere, liebe Kollegin auf dem morgendlichen Schulweg zu:

"Meißnerchen, hauen - Sie - ab !!"

Calbe an der Saale im Winter 1953/54

Calbe an der Saale 1992

Mannesjahre in der Bundesrepublik Deutschland

"Diesen Monat flüchten täglich um die 2000 Personen aus der DDR",
hörte ich meine Schwiegermutter sagen.
Sie hatte in der großen Lager-Kanne den Kaffee geholt und brachte
die Nachricht von unten mit.
Ich wurde dadurch munter, mußte doch fest geschlafen haben und
mich erst mal orientieren:
'Ach Gott, wir sind ja im Flüchtlingslager.'
"Die bluten aus", meinte Schwiegervater, "das halten die nicht
durch!"
Elf Monate später stand die Mauer, aber das hat Schwiegervater
nicht mehr erlebt.
Jetzt merkte ich erschrocken, daß ich meinen elektrischen
Rasierapparat zu Hause hatte liegen lassen. Unser geschmuggeltes
Geld mußte zum Neukauf herhalten. Das verursachte gleich eine
Ausgabe von fast 400,--Mark, denn für unsere Barschaft erhielten wir
in der Wechselstube nur den fünften Teil des Wertes.
Aber ich war glücklich über das System des Rasierers, westliche
Produktion vom Feinsten; der östliche riß mir immer am Gesicht
herum.

Wenn wir nun glaubten, in den nächsten Tagen zügig weitergeleitet
zu werden, hatten wir uns geirrt. Jetzt begann die Bürokratie zu
mahlen. Wohl bekamen wir unsere Verpflegung, wurden auch in
andere, kleinere Zimmer aufgeteilt, aber die Gänge durch die
Instanzen der Verwaltungen, Ressorts und Durchleuchtungen zehrten
nicht nur die Tage auf, sondern auch die Wochen.
Wir wurden leicht ungeduldig.

*Alles ging schleppend und verwaltungsaufwendig voran. Ein
sogenannter "Laufzettel für das Notaufnahmeverfahren" zeigte uns an,
welche Dienststellen wir im einzelnen zu durchlaufen hatten.*

*Zunächst erwarben wir den "Gesundheitspaß für Flüchtlinge":
Röntgen auf der Schirmbildstelle und Stuhlabgabe in der Ambulanz!
Dann wurden wir zum Wohnlager Berlin-Tempelhof gebracht:
Stempel beim ärztlichen Dienst, Stempel bei der Schirmbildstelle,
Stempel bei einer "Vorprüfung A", Stempel beim Fürsorgerischen
Dienst, Stempel bei der Polizei als zuständiger Meldebehörde,
Stempel auf der "Beratungsstelle freiheitlicher Lehrer", dann wieder
Stempel bei "Vorprüfung B" und endlich der erlösende Stempel im
Aufnahmeausschuß:*

"26.September 1960: Aufgenommen!"

Hier kam es zur Ländereinweisung.

*Wir sollten nach Bayern. Das widerstrebte uns wegen der Religions-
zugehörigkeit. Dem Wunsch, nach Hessen zu kommen, konnte man
nicht entsprechen. Hessen sei wegen Überfüllung für Flüchtlinge gesperrt. Also wurde der Flug eingeleitet nach Nordrhein-Westfalen.
Es ging nun in die vierte Woche.*

*Unsere kleine Bettina hatte das Warten immer über sich ergehen
lassen, ohne zu quengeln.*

*Mit einer Boeing von PAN AM wurden wir endlich im Oktober nach
Düsseldorf geflogen, in die Ungewißheit, die uns ein wehmütiges
Gefühl verursachte, als wir über den Harz flogen. Da unten ist die
Heimat!*

*Es durften nur die Alliierten den Luftkorridor befliegen. Somit
verteilten sie Flüchtlinge auf nicht belegte Plätze in Flugzeugen.
Während des Fluges drehte sich ein würdevoller Herr zu meinem
Vater um und fragte:*

"Warum sind Sie geflohen?"

"Weil das da drüben Verbrecher sind!" erwiderte er.

"Wohin haben Sie die Einweisung?"

"Durchgangswohnlager Waldbröl."

"Halten Sie sich nach der Landung bitte an mich."

Dann bat er uns acht ins Bahnhofsrestaurant. Hier lud er uns zum
Essen ein. Er war Oberregierungsrat und wohnte in Waldbröl.
Die erste nahe Begegnung mit einem Westler nach der Flucht, und
diese Hilfsbereitschaft setzte sich fort; wir empfanden alles dankbar!
Die Fahrt mit der Bundesbahn ließ uns den Unterschied spüren zur
Reichsbahn, wie sie noch in der DDR genannt wurde. Hier ratterten
und schuckelten wir nicht über ungepflegte Schienen; wir bemerkten
den Unterschied und schwiegen spannungsgeladen.
Mitreisende warfen Blicke auf uns, manche schielten uns an, fragten
auch, woher wir kämen, wir waren unverkennbare Flüchtlinge, keine
Seltenheit in dieser Zeit.
Merkwürdig müssen wir acht gewirkt haben, weil wir den
Puppenwagen unserer Bettina mitführten. Das war wohl ungewöhn-
lich für Flüchtlinge, aber er bedeutete dem Kinde noch seine kleine
gerettete Welt und stammte übrigens mit seiner Schönheit "aus dem
Westen", einstens ein Geschenk aus Fulda.

Der Abend mit seiner Dunkelheit des Oktober umfing uns, als wir in
Waldbröl ausstiegen. Herr Oberregierungsrat brachte uns auf den
Weg und verabschiedete sich mit der Bemerkung, ich sollte ihn doch
mal besuchen.

Das Durchgangswohnheim stellte sich als kleine Stadt dar, eine
Siedlung, neugebaut mit zweigeschossigen, fernbeheizten Häusern. Wir
bekamen im ersten Stock eine Dreizimmer-Wohnung mit Küche
zugewiesen; jede Familie konnte ein Zimmer belegen. Bettwäsche
sollte im Verwaltungsgebäude sofort empfangen werden: Das übertraf
unsere Vorstellung von Unterkünften für Flüchtlinge, traumhaft; und
glücklich richteten wir uns für die nächste Zeit ein, mit Arbeitslosen-
geld für uns Berufstätige und einer Schule für Bettina.
Sie ging gerne hin.

Die Ungewißheit blieb, wie es wohl weitergehen sollte und was uns
zu tun bleibt. Man wollte ja wieder in den Arbeitsprozeß.
Wir Deutschen wurden ungeduldig, wenn wir nicht arbeiten durften,
damals, obwohl wir genug Arbeitslosengeld bekamen.

Damit konnten wir über den Markt schlendern, der zweimal in der Woche abgehalten wurde, und wir konnten auch noch sparen. Bananen und Apfelsinen verspeisten wir täglich kiloweise. Durch den Nachholbedarf von Jahrzehnten saugte der Körper alles auf wie ein Schwamm.

Abends spielten wir gemeinsam Karten. Aber wir begriffen auch, daß wir jetzt auf uns gestellt waren, daß uns nicht befohlen, wir nicht reglementiert wurden, daß nicht vorgeschrieben wurde, wie und wohin wir zu gehen hatten. Eine freie Wirtschaft in einer freien Welt, da mußte man sich erst zurechtfinden. Wir lernten schnell; es kam unserem Naturell entgegen.

Trotz aller Verluste fühlten wir uns wohl und glücklich, genossen unsere neue Freiheit, die uns nur zum Stempeln beim Arbeitsamt, zum Empfang des Arbeitslosengeldes und zum Tauschen frischer Bettwäsche verpflichtete, allerdings auch zum Schreiben von Bewerbungen.

Ein Raum im Gemeinschaftshaus bot Fernsehen, und in einem größeren Raum fanden Gottesdienste statt. Sie wurden im ökumenischen Geiste gehalten und von zwei herausragenden Pfarrern getragen.

Schwiegermutter versäumte sonnabends keine Abendandacht.

Einmal hatte sie sich verspätet. Weil Eile geboten war, hatte sie vergessen, daß auf dem Herd der Sonntagsbraten vorbereitend brutzelte. Als ich später mit Ingrid und ihrem Bruder Winfrid ausgehen wollte, bemerkten wir Licht in der Küche. Rauch versperrte einen klaren Blick.

Fenster auf!

Da merkten wir erst, daß Mutter vergessen hatte, die Rouladen vom Herd zu nehmen. Der Topf war glühend heiß, und die Rouladen waren nur noch verkohlte Klumpen.

Der Topf wurde schnell vom Herd gerissen und auf den gefliesten Fußboden gestellt. Dem Herd war nichts geschehen, stellten wir erleichtert fest. Nach der Abkühlung wollten wir den Topf wieder vom Fußboden heben, ohne Erfolg. Er hatte sich festgefressen.

Winfrid drehte sich um und stieß mit den Absatzhacken mehrmals

kräftig gegen den Topf, bis er sich löste. Sein entsetzter Blick auf die gewesenen Rouladen ließ ihn bemerken:
"Du wirst sehen, die muß ich morgen noch essen!"
Wir lachten.
"Und wenn ich mich weigere, sagt Mutter bestimmt: 'Du bist immer schon großkotzig gewesen!'"

*

Auf meines Vaters Rentenantrag folgte bald Antwort. Er war glücklich über die Höhe der Rente und sagte:
"Jetzt gehe ich nur noch mit Gehrock und Zylinder auf die Straße!"
Schwiegervater frischte seine alten Sparkassen-Verbindungen auf. Die oft freudevollen und wohlgefälligen Antworten beruhigten uns alle; er war ein Mann vom Fach.

Mir dagegen wurde ein dorniger Weg vorgelegt.
Den DDR-Lehrern aberkannte man alle Staatsexamen. Somit galt ich als Bewerber in ein Amt, das ich nach der bundesrepublikanischen Amtsvorstellung noch nie ausgeübt hatte. Bei allen Ärzten, Ingenieuren, Architekten und sogar Rechtsanwälten wurden die Examen anerkannt. Sie durften ihren Beruf ungehindert ausüben, nur nicht wir Lehrer.
Das bedrückte mich Familienvater mit 14 Dienstjahren.
Aber ich begann, alle notwendigen Fäden abzuspulen:
Zunächst erhielt ich vom freundlichen Oberregierungsrat in Waldbröl die Adresse eines Oberschulrates in Düsseldorf. Der betreute die "Vereinigung der aus der Sowjetischen Besatzungszone verdrängten Lehrer und Beamten e.V."
Diese wiederum schickte alle Unterlagen mit einem befürwortenden Gutachten an die Pädagogische Akademie in Kettwig. Der Rektor dieser Akademie schickte mir Fragebogen zur Vervollständigung, was er dann an das Kultusministerium zur Begutachtung weiterleiten würde, wie er schrieb.

Ich hatte auch einen "Antrag auf Zulassung zum Studium und zu einer probeweisen Beschäftigung im Volksschuldienst" einzureichen und auch einen Antrag an das Kultusministerium Düsseldorf "Auf Erteilung einer Ausnahmegenehmigung wegen überschrittener Altersgrenze".
Ich war nun 36 Jahre alt.

Der Oktober verrann.
Der November verging und beinahe auch der Dezember.
Da meldete sich einen Tag vor Heiligabend wieder die "Vereinigung der aus der Sowjetischen Besatzungszone verdrängten Lehrer und Beamten e.V." Sie hätten "heute" dem Herrn Rektor der Pädagogischen Akademie in Kettwig ein für mich günstiges Leumundszeugnis zugehen lassen und wollten Lebenslauf, Zeugnisabschriften und andere Abschriften mit Paßbildern zugesandt haben.
Ich staunte:
Das hatten sie doch alles, die Akademie und das Kultusministerium ebenfalls!
Verwunderter Ärger!

Aber nun genossen wir drei Familien erst mal das Weihnachtsfest in vollen Zügen. Schwiegervater war von Höchst bei Frankfurt/M. gekommen. Er hatte eine leitende Stelle dort in der Sparkasse angetreten, nur die Wohnung fehlte noch. Deshalb wohnte Schwiegermutter noch in Waldbröl.
Nach den Festtagen fuhr ein Volkswagen vor. Ihm entstieg unser lieber Freund Heinz aus Darmstadt. Seine Frau stammte aus Calbe, woher wir uns auch kannten. Sie arbeiteten beide im Schrödel-Verlag, einem Schulbuch-Verlag. Daselbst kannten sie Schulbuch-Autoren, die meist exponierte Stellungen innehatten.
"Los! Steigt ein! Ich soll euch zum Oberregierungs-Schulrat nach Darmstadt bringen! Der will euch sehen!"
"Ja, ich habe doch alle meine Papiere und Bewerbungen hier laufen!"
"Wie lange willst du noch warten!?"

Nach schneller Fahrt standen wir mittags im Regierungspräsidium Darmstadt.

Das Gespräch mit dem Herrn Oberregierungs-Schulrat, der u.a. im Schroedel-Verlag Rechenbücher herausgab, dauerte eine halbe Stunde.

Nun rief er einen Sachbearbeiter mit der Besetzungskartei aller Schulen, meinte dann, in Lich sei eine Lehrerstelle frei, ich sollte alle Papiere schicken, würde von ihm hören und verabschiedete uns.

Spätabends kamen wir wieder in Waldbröl an.

Der nächste Tag führte mich nach Düsseldorf.

Beim Kultusministerium erfuhr ich, daß die Personal-Unterlagen schon lange in Kettwig seien. Also auf zur Pädagogischen Akademie! Hier sagte man mir, daß alle Papiere und zusätzlichen Unterlagen wie selten beieinander wären, selbst das Gutachten vom Amt für Verfassungsschutz sei längst da. Leider fehle ein Satz von der Lehrervereinigung, den das Sekretariat bereits am 14.Oktober d.J. angefordert hatte.

Mich packte das Entsetzen!

Der Dezember ging zuende! Ich nahm kurzerhand sämtliche Papiere wieder an mich. Nur das Schreiben vom Verfassungsschutz händigte man mir nicht aus, das würden sie selbst an meine nächste Dienststelle schicken. Und da wußte ich Darmstadt im Rücken.

Über mein Abwandern drückten sie ihr Bedauern aus. Sie hatten starkes Interesse gezeigt an meiner Person, was mich in leichtes Staunen versetzte.

Nach zehn Tagen schon beschied der Regierungspräsident in Darmstadt, daß ich mich am 16.Januar 1961 beim Schulrat in Offenbach zu melden habe, also doch nicht Lich.

Damit begann sich eine neue Walze der Bürokratie zu bewegen, nicht auf schulischem Gebiet, wohl aber auf politischem, denn die Länderhoheiten innerhalb der Bundesrepublik grenzten ihre Verwaltungen voneinander ab, so daß ein Umzug von einem Land zum anderen für Flüchtlinge eine Prozedur wurde.

Wir waren als Flüchtlinge nach Nordrhein-Westfalen eingewiesen worden, jetzt mußte erst eine Umschreibung nach Hessen erfolgen. Ich hatte es mir einfacher vorgestellt und nicht gewußt, wie stark sich doch der Föderalismus innerhalb eines Staates auswirkt.

*

Eben zu dieser Zeit setzte sich Bundeskanzler Adenauer mit Nachdruck für die westlich europäische Zusammenarbeit ein, die dann zu einer Europäischen Wirtschaftsgemeinschaft (EWG) reifte und später zu einer EG, einer politischen Europäischen Gemeinschaft. Aber alles betraf nur die westlichen Demokratien.

Im September 1955 waren diplomatische Beziehungen zwischen Bonn und Moskau aufgenommen worden, nachdem Bundeskanzler Adenauer bei einer Reise nach Moskau eine dramatische Begegnung mit der Sowjet-Führung überstand und den Rest der Kriegsgefangenen freibekam.

Trotzdem besserte sich das sowjetisch-deutsche Verhältnis nicht, denn in der sowjetisch besetzten Zone standen 22 Divisionen der Sowjet-Armee mit fünf Millionen Soldaten.

Und die Sowjet-Führer hielten an ihrer Lenin-Stalin-Mission fest, die ganze Welt kommunistisch zu machen.

Bei Lenin steht:
"Wenn ein Krieg vom Proletariat, das in seinem Lande die Bourgeoisie besiegt, geführt wird, wenn es im Interesse der Festigung und der Entwicklung des Sozialismus geführt wird, dann ist ein solcher Krieg gesetzlich und heilig." *)

Er meinte auch, daß die Marxisten immer für einen revolutionären Krieg gegen die konterrevolutionären Völker seien. Diese Konfrontation führte in der freien westlichen Welt zur NATO, zum Nordatlantik-Pakt, ein Verteidigungsinstrument des Westens, das gezwungen war, sich mit den Jahren immer mehr zu intensivieren.

---

*) Lenin: Gesammelte Werke, Bd. 27 S. 299

Mithin war es möglich, unter ihrem Schutz einen gemeinsamen Markt zu errichten, eine Montanunion und ein Euratom aufzubauen und die Sowjets zu überzeugen, daß ein weiteres Vordringen ihrerseits zu militärischen Gegenmaßnahmen führen würde.

Immerhin hatten sie Estland, Lettland und Litauen der Sowjetunion einverleibt, dann annektierten sie Teile Finnlands, Polens, Rumäniens, der Tschechoslowakei und Ostpreußens.

Nun waren sie noch weiter nach Westen vorgedrungen und hatten kommunistische Regierungen gebildet in Polen, Rumänien, Bulgarien, Albanien, Ungarn, der Tschechoslowakei und der sowjetisch besetzten Zone Deutschlands.

Im Jahre 1948 sollten auch noch die westlichen Sektoren in Berlin fallen. Da wurden die Westmächte endgültig wach, indem sie eine Luftbrücke organisierten und Berlin aus der Luft versorgten.

Daß sich unsere Flucht trotz aller Schwierigkeiten immer mehr als richtig herausstellte, bewies die These der Sowjets von der "Realität zweier deutscher Staaten", deren Sache es allein sei, über eine Wiedervereinigung zu verhandeln. Diese aber wäre nur durch freie Wahlen zu ermöglichen, was die DDR-Machthaber Ulbricht und Honecker von der politischen Bühne hätte verschwinden lassen.

So verschärfte sich der Gegensatz zwischen der DDR und der Bundesrepublik. Adenauers Staatssekretär Hallstein setzte durch, daß hier in der Bundesrepublik der Begriff "DDR" nicht amtlich verwendet werden durfte, denn diesen "Staat" gebe es nicht, er hätte ein Scheinparlament und sei ein Satellit der Sowjets.

Diese "Hallstein-Doktrin" ließ nur die Bezeichnung "SBZ" zu, und mit jedem Staat, der die DDR als solchen anerkennt, würden die diplomatischen Beziehungen abgebrochen.

Man hielt sich daran, denn Deutschland war wirtschaftlich nicht mehr zu umgehen.

*

Es war so weit: Wir verließen Waldbröl, nur meine Eltern blieben mit Klein-Bettina.

Offenbach bot zu dieser Zeit noch ein Bild der Vergangenheit: hohe Häuser, Kopfsteinpflaster, aufgeräumte Trümmerflächen und natürlich keine freien Wohnungen. Uns schlug eine hoffnungslose Wohnungsnot entgegen.

Weil alle Wohnungen verwaltet wurden, wies uns das Wohnungsamt in eine Notunterkunft ein. Wenigstens ein Dach über dem Kopf, dachten wir.

Da standen wir vor einem Hochbunker des letzten Krieges. Ein Verwalter kramte aus einem dunklen Raum zwei Matratzen, die schleppte er uns voran: Dunkle, unbeleuchtete schmale Gänge und Treppen führten uns in den ersten Stock. Eine Taschenlampe verhinderte das Anrennen gegen Wände, die man behelfsmäßig errichtet hatte, um die Bunkerfläche in Zimmer aufzuteilen.

Ob wir uns wohl wieder hier rausfinden?

Da öffnete er eine Tür. Licht fiel in das Zimmer durch ein Fenster, das man in die einmeterzwanzig dicke Mauer gepreßluft hatte.

Es kann sich doch wohl nur um Tage handeln, meinten wir.

"Verschätzen Sie sich nicht", sagte der freundliche Mann.

Wir taten es, gründlich!

Nun stand ich vor dem Schulrat der Stadt, einem sehr aufge-schlossenen, zugänglichen Mann, der staunte, daß ich "von oben her" zugewiesen worden war, denn gewohnt ging es den umgekehrten Dienstweg.

Er telephonierte mit dem Rektor der Goetheschule. Seinem Gespräch entnahm ich, daß der Einwände hatte.

"Trotzdem, wir wollen die Goetheschule besonders versorgen, zum Vorbild anderer werden lassen."

Zu mir gewandt:

"Sehen Sie sich dort erst mal um, schnuppern Sie erst mal wieder Schulluft und gewöhnen Sie sich langsam an den Schulbetrieb."

Es war der 16. Januar, am 16. September hatte ich eine Schule verlassen, mithin vier Monate ohne Verbindung zur Arbeitswelt, und nun war ich ein "außerplanmäßiger Lehrer", heutzutage sagt man "Referendar".

Ingrid bewarb sich beim Magistrat der Stadt um eine Stelle als Kindergärtnerin. Da stellte sich heraus, daß auch ihre Zeugnisse nicht anerkannt wurden.
Also begab sie sich zur Fachschule für Kindergärtnerinnen und Hortnerinnen nach Frankfurt/M. Dort konnte sie durch externe Prüfungen ihre Zeugnisse anerkennen lassen. Sie traf hier auf Leidensgenossinnen.
Als Hortnerin war sie fortan tätig, ging früh aus dem Bunker, und ich holte sie um 18 Uhr vom Hort ab.
Auch sie mußte sich bewähren: fachlich, gesellschaftlich, äußerlich.

Mein Weg zur Schule dauerte eine gute halbe Stunde. Er schluckte Zeit. Ich hatte wieder schriftlich die Stundenvorbereitungen vorzulegen, mußte an den nachmittäglichen Seminaren der "apl-Lehrer" teilnehmen, Musterlektionen und Referate ausarbeiten und 30 Wochenstunden unterrichten.
Und nachts plagten uns die Zimmernachbarn mit Zank und Streit und Kindergeschrei. Es war eben ein Bunker für Asoziale.
Der Waschraum wies zehn Waschbecken auf; eins davon benutzten wir. Mitunter lagen früh Fäkalien drin.
Der wöchentliche Gang zum Wohnungsamt war vergebens.

Im April beorderte mich der Rektor als Begleitperson einer Kollegin mit einem 6.Schuljahr zu einem Jugendherbergsaufenthalt in die Rhön. Ich stimmte widerwillig zu, ich hatte aber keine andere Wahl, ich führte noch keine Klasse.
So mußte ich Ingrid allein lassen in diesem Bunker unter fragwürdigen Menschen. Der Rektor war wohl ein hervorragender Organisator und Fachmann, aber Psychologie für die Feinheiten, für die zwischenmenschlichen Beziehungen blieb ihm verschlossen; er zeigte kein Verständnis, hatte nur die Schule im Auge, die er vorbildlich organisierte.

Auf der Rhön lag noch Schnee.
Wir wanderten mit den Schülern der 6.Klasse.
Schneetreiben verengte den Gesichtskreis.
Da sagte ein Bub zu mir:
"Wo Sie herkommen, da war das doch immer so, immer Winter!"
"Wieso, mein Junge? Wie meinst du das?"
"Naja, wo Sie doch aus Sibirien kommen oder wie das heißt."

*

Die Um-Schreibung der Familie von Nordrhein-Westfalen nach Hessen machte Mühe. Die Hessische Landeseinweisungsstelle brauchte die Zustimmung des Arbeits- und Sozialministers des Landes Nordrhein-Westfalen.
Am 12. April bekamen wir endlich den Übernahmebescheid der Hessischen Landeseinweisungsstelle. Aber mein Kampf gegen die Bürokratie ging weiter: Meine Eltern sollten auch her, wir wollten zusammenbleiben, allein schon wegen Bettina.
Doch einen Bunkeraufenthalt konnte ich ihnen nicht zumuten.
Sonnabends nach Schulschluß eilten wir von Adresse zu Adresse, um eine Wohnung ausfindig zu machen. Es war hoffnungslos. Nebenher hatte ich auch ihre Umschreibung in die Wege geleitet.

Eine kleine Erholung bot uns der Besuch bei meinen Schwiegereltern, die unterdessen in Hattersheim bei Höchst eine Wohnung beziehen konnten. Schwiegervaters Arbeitgeber Sparkasse hatte sich dafür eingesetzt.
Und im Sommer endlich holte ich Eltern und Bettina mit Hilfe unseres Freundes Heinz aus Darmstadt nach. Sie bekamen ein Zimmer im Durchgangswohnheim Bürgel, was zu Offenbach gehört.

*

Am letzten Tag des Schuljahres traf sich das Kollegium jedesmal in einem großen Kaffee, um sich schöne Ferien zu wünschen. Es war ein besonderes Kollegium, eine Elite im Umgang miteinander und im Können. Der eine Teil setzte sich aus Volksschullehrern zusammen, der andere aus Mittelschullehrern, meist Damen, denn es war bisher eine Mädchen-Mittelschule. In den nächsten Jahren änderte sich das, aus Mittelschulen wurden Realschulen mit Buben und Mädchen gemischt.

Man aß Torte und trank Kaffee. Ich verkniff mir die Torte, mußte ich doch das Geld zusammenhalten, denn ich erhielt nur die Hälfte des Lehrergehaltes. Wir wollten irgendwann auch mal wieder Betten kaufen.

Eine Frage beherrschte die Runde:

"Wo fahren Sie hin?"

Ich konnte darauf nur mit einem lächelnden Achselzucken antworten, und man entschuldigte sich, mir eine solche Frage gestellt zu haben.

Aber im ganzen nahmen sie mich hilfsbereit in ihre Mitte und boten mir jedwede Hilfe an. Wenn mich der geborene Offenbacher Kollege mit nach Bürgel nahm in eine typische Äppelwoi-Kneipe, wo die gesellige Runde mir versicherte, daß der Äppelwoi nach dem 7. Glas anfängt zu schmecken, da lag auch ein riesengroßes Steak vor mir, eine Neuheit für mich. Bezahlen durfte ich nichts.

Die hessische Mundart bereitete mir bei der Verständigung manche Schwierigkeiten. Sie sprachen die Wortendungen nicht mit, und der nasale Klang ihrer Aussprache ließ manches nicht verstehen.

Fragte mich doch ein Klassenlehrer, in dessen Klasse ich eine Vertretungsstunde übernommen hatte:

"Wie woan de Waibslaithait?"

Ich mußte furchtbar dämlich dreingeschaut haben, verstand nicht den Sinn seiner Rede. Daß man die Mädchen, die wohl im Augenblick ihrer Pubertät sich besonders auffällig benahmen, mit "Weibsleute" bezeichnete, war mir fremd.

Überhaupt begegneten mir nun andere Inhalte für manche Wörter. Ich hatte nicht nur eine neue Mundart verstehen zu lernen, auch das

Hochdeutsche unterschied sich bereits zwischen West- und Ostdeutschland.

Die Anreden "Herr" und "Frau" und "Fräulein" wurden in der DDR kaum noch angewandt, höchstens ironisch für Parteilose. An deren Stelle traten die Wörter "Genosse", "Kommilitone", "Jugendfreund" oder "Friedensfreund". Zum Sprachgebrauch in den Berufsgruppen gehörten: "Kader" und "Pionier", "Brigade" und "Agitation", "Formalismus" und "Überbau".

Obwohl der Duden für die Rechtschreibung Gesamtdeutschlands galt, fand ich in der Leipziger Ausgabe wesentliche Abweichungen vom Duden der Mannheimer Ausgabe.

Im West-Duden stand unter "Aktiv": "Tatform", im Ost-Duden: "Arbeitsgruppe, die kollektiv an der Erfüllung gesellschaftspolitischer, wirtschaftlicher und kultureller Aufgaben arbeitet und überdurchschnittliche Leistungen anstrebt".

Während im Westen Deutschlands von Lohnfortzahlung, sozialem Wohnungsbau, Bundeskanzler, Sozialprodukt, Beamten, Generalvertreter und Lehrerkonferenz gesprochen wurde, erwähnte man in Mitteldeutschland - also im Osten - die Selbstverpflichtung, Planwirtschaft, Sollabgabe, Normerhöhung, Friedensfront, Volksdemokratie, Republikflucht, Traktoristen und Pädagogischen Rat.

Ich brachte damals die Hoffnung zum Ausdruck, daß die heutige Sprachsituation nur eine Episode in der deutschen Sprachgeschichte sein möge, sonst hätte am Ende Professor Klemperer recht, wenn er deutete, daß in ferner Zukunft an Schaufenstern des Auslandes Schilder hängen würden mit den Worten:

"Hier spricht man Westdeutsch" und "Hier spricht man Ostdeutsch".

*

Die Sommerferien zeigten schöne Sonnentage.
Leider mußte Ingrid zur Arbeit; sie nahm an Schulferien nicht teil.
Zum Wochenende fuhren wir nach Hattersheim zu ihren Eltern, um dem Bunker zu entfliehen.

Schwager Winfrid hatte sein Abitur wiederholt, denn das aus der SBZ/DDR war auch nicht anerkannt worden.

Wir erkundeten gemeinsam mit der Straßenbahn die Umgebung, fuhren zum Flughafen Frankfurt/M., wo man noch gemütlich auf einer Besucherterrasse die Flugzeuge ganz nah starten und landen sehen konnte. Wir fühlten, in der Welt zu sein.

Doch da kam der Tag, der uns die Endlichkeit des Lebens vor Augen führte.

Am Bahnhof in Hattersheim gingen Ingrid und Mutter vor, um das Abendessen zu richten. Schwiegervater sagte zu uns Männern:

"Wir trinken noch ein Glas Bier, ich gebe einen aus."

Es gestaltete sich noch ein gemütlicher Abend.

Kaum lagen wir im Bett, schreckte uns Schwiegermutter auf, wir sollten schnell kommen, Vati gehe es nicht gut, ein Arzt müsse geholt werden.

Ich stand vor ihm am Bett. Er wollte mir noch etwas sagen und deutete auf eine Tasche, da wurde er ohnmächtig.

Der Arzt diagnostizierte Gehirnschlag.

Bewußtlos blieb der Vater auch im Hofheimer Krankenhaus; er röchelte, wir hielten abwechselnd Wache. Mit einem geliehenen Fahrrad konnte immer einer von uns das Krankenhaus erreichen, die anderen zu Fuß.

Nach dem dritten Tag starb er an dem Gehirnschlag in seinem 54. Lebensjahr.

Er begann wohl zu hoffnungsvoll, unser Start ins Wirtschaftswunderleben.

Beide Söhne wollten anfangen zu studieren. Der ältere, mein Schwager Hans-Jürgen, hatte in Hamburg seine Banklehre beendet.

Sie bissen nun ohne väterliche Unterstützung ihr Studium durch. Sie arbeiteten hart in den Semesterferien, und Mutter ging als Packerin in eine Kartonagenfabrik.

Eigentlich war sie Klavierlehrerin.

Die folgenden Wochenenden galten der Mutter. Ein Tod bereitet den Hinterbliebenen viel Schreibereien.

Am 18. August, es war natürlich ein Sonntag, trafen wir mittags bei ihr ein. Wir hatten einen späteren Zug gewählt.

Voller Aufregung saßen Mutter und Sohn vor dem Radio, das Schwiegervater noch gekauft hatte.

"Ulbricht baut eine Mauer mitten durch Berlin!" riefen sie uns entgegen.

Jedes Herz klopfte höher.

Mein Instinkt hatte es mir doch schon in Calbe gesagt: Die machen was!

Nun waren wir doppelt froh, den "Absprung" rechtzeitig geschafft zu haben. Aber wir alle, die auch nur annähernd mit der Geschichte Deutschlands und den 17 Millionen in der SBZ verbunden waren, wüteten und weinten.

Warum läßt der Westen das geschehen!

Warum fahren nicht die Panzer auf die Fundamente!

Wir haben doch einen Viermächtestatus in Berlin!

Warum handeln die Westmächte nicht?! Gesetz und Recht ist auf ihrer Seite!

Warum schweigt Adenauer!

Die Westmächte nahmen es hin wie verbrannte Brötchen.

Wir waren sprachlos!

Vielleicht war man im stillen sogar froh darüber, denn dadurch erledigte sich auch das Flüchtlingsproblem.

Der Zynismus der DDR-Machthaber aber kannte keine Grenzen:

"Zum Schutze gegen den Imperialismus, zum Schutze gegen kapitalistische Umtriebe, die unser Land bedrohen!"

Die DDR wurde ein riesiges Konzentrationslager; sie mauerten sich ein, und die Genossen noch von Stalins Gnaden herrschten mit aller Härte und Bespitzelungen bis in die kleinste Zelle, die Familie.

*

Das neue Schuljahr begann.

Die Schulleitung drückte mir ein 7.Schuljahr in die Hand. Aber nach 14 Tagen bat sie mich, das 2.Schuljahr zu übernehmen. Ich hätte doch die Lehrbefähigung für alle Stufen. Da kam nämlich ein junger Kollege, auch aus der SBZ, könnte absolut nicht mit den Kleinen umgehen, hat Mathematik und Sport studiert. Wir wollten auf ihn doch nicht verzichten. Verdammt, dachte ich, mir fällt das doch auch schwer, wo ich die letzten zehn Jahre nur in der Mittelstufe unterrichtet habe. Außerdem wollte ich mit diesem Schuljahr meine Erste Lehrerprüfung wiederholen.

"Da kommt wieder einer aus der DDR", sagte ich zu Ingrid, "der kann angeblich nur in den oberen Klassen unterrichten. Was ist denn das für einer!"

Als er kam, dieser junge Kollege Helmut, wurde ich mit meinem Fatum versöhnt: Für die Zukunft verband uns eine dauerhafte Freundschaft.

Manchmal dachte ich auch, daß man sich sogar an einen Bunkerraum gewöhnen kann. Erleichtert war ich dadurch, daß unsere Bettina im Zimmer des Wohnheimes bei Oma und Opa einigermaßen untergebracht war. Sie ging dort auch zur Schule.

Nun war der Herbst ins Land gekommen, da wurde ich plötzlich ans Telephon gerufen, mitten aus dem Unterricht heraus. Der Herr Schulrat wollte mich sprechen. Es war der 10. Oktober. Ich hörte: "Für Sie ist heute der Unterricht beendet. Gehen Sie gleich in die Flutstraße, da werden von der Wohnungsgesellschaft die Schlüssel für die neuen Wohnungen übergeben. Sie sind für eine Landesbedienstenwohnung eingetragen."

Ich umarmte vor Freude die Sekretärin der Schule und wollte überstürzt davoneilen, als sie mir noch nachrief, daß ich mir um die Vertretung keine Gedanken machen sollte, sie würde alles regeln. Sie beherrschte ihr Tätigkeitsfeld.

Ich wartete begeistert in einem Treppenhaus der neuen Häuserblöcke, wo sich immer mehr Neumieter einfanden. Ein unbeschreibliches Gefühl der Freude kam über mich. Das hatte der Schulrat bewirkt, denn, wie ich später erfuhr, war er allein wegen mir persönlich zum Regierungspräsidenten nach Darmstadt gefahren, um auf die Wohnungszuteilung Einfluß zu nehmen.

Mir tat es leid um die Person, die wegen uns zurückstehen mußte, ich kannte sie nicht, hatte aber auch keine andere Wahl.

Unser 5:1 umgetauschtes Geld und das inzwischen angesparte ermöglichte uns die Möbelierung der Drei-Zimmer-Wohnung. Bettina bezog ihr eigenes Zimmer, aber ohne große Freude: Sie mußte dadurch von der Omi weg und die Schule ernster nehmen. Sie besuchte das 5.Schuljahr und zeigte wenig Lust. Ingrid, die sie "Mutsch" nannte, war tagsüber im Hort. Bettina ging nach ihrem Unterricht dorthin.

Ich war gebunden an meinen Unterricht, die Seminare, die Prüfungsvorbereitungen; ich wollte es denen zeigen, daß auch wir etwas gelernt hatten in der SBZ.

Das Schema meiner schriftlichen Lektionsvorbereitungen wurde vom Schulrat zum Vorbild für die apl-Lehrer erhoben. Immerhin war ich in der "DDR", man mußte sie bei Erwähnung noch mit Anführungszeichen versehen, selbst Mitarbeiter im Pädagogischen Kreiskabinett gewesen und daselbst mit der Weiterbildung der Lehrer des Kreises befaßt.

Ich gab wieder Rezitationsabende in Verbindung mit dem schulischen Leben, war an Matineen beteiligt, arrangierte Einschulungsfeiern, inszenierte Schülertheater - und baute wieder eine Bühne, diesmal in der Aula der Goetheschule mit allen technischen Raffinessen. Ich besorgte alle Orffschen Instrumenten-Typen, die es gab, und kaufte in Gießen Bühnenscheinwerfer. Der Rektor verhandelte in meinem Sinne mit dem Magistrat der Stadt und bekam die Geldbeträge zur Verfügung gestellt.

Ich erledigte mein Erstes Staatsexamen, und ich inszenierte mit den 10.Schuljahren Schillers "Turandot". Hier überraschten mich unerwartet sprachliche Schwierigkeiten: Der Offenbacher Dialekt gefiel mir ja recht gut, aber auf der Bühne mußte ich ihn ausgrenzen. Wenn hier der Prinz Kalaf seine Liebe erklärte, klang das zunächst so:

"Isch lieb disch!"

Da mußte ich erst einmal mühselig Sprechübungen ansetzen.

Die Bühne der Aula reichte für die Dimension dieser Inszenierung

nicht aus. Wir wechselten über auf eine große Bühne. Ein Orchester zauberte mit den Orffschen Instrumenten unter Anleitung der Musikpädagogin die passende Musik. Ich holte vom Theater-Fundus Frankfurt die Kostüme und besorgte einen Maskenbildner. Die Zeitungen schrieben:
"Die Spannung blieb von der ersten bis zur letzten Szene erhalten."
Ich hatte bei dieser Inszenierung 14 Pfund meines Gewichtes verloren, und mein Tag hatte wieder 25 Stunden gehabt. Der Rektor wurde Schulrat, ich blieb Lehrer und konnte wenigstens mein zweites Zweites Staatsexamen mit "Auszeichnung" verbuchen.

*

Unsere Verbindung mit Calbe riß nicht ab.
Da signalisierte mein "Karl"-Freund Lothar, daß er unter allen Umständen fliehen wollte. Er war von seiner Frau geschieden worden und hatte sich mit unserer Kollegin und Puppenspieler-Freundin Irmgard liiert. Ihr Bruder war Bürgermeister einer hessischen Stadt. Überlegungen gingen hin und her. Die Grenze zwischen der Bundesrepublik und der "DDR" war unüberwindbar. Sie mußte übertölpelt werden. Ein Hubschrauber war im Gespräch und ein seetüchtiges Boot, Gedanken, die an und für sich zu hoch lagen.
Da zeichnete sich eine andere Lösung ab: Lothar kannte Kupferstecher, Briefmarkenhersteller, die druckten ein Ausreisepapier eines eingereisten Westlers nach, und der Bundesausweis wurde durch entsprechende Verbindung und Beziehung rückdatiert. So reiste er mit Irmgard, ihrem Adoptivsohn und ihren Eltern, als Bundesbürger ausgewiesen, im Nachtzug in den Westen.
Der Fall löste in der "DDR" jahrelangen Wirbel aus, so daß meine Freunde in Calbe mitteilen ließen, daß ich vorerst nicht mehr schreiben sollte. Die Briefe würden kontrolliert, und sie selbst seien auch von der Stasi verhört worden. Glaubten doch die Mächtigen an eine größere Verschwörung.

In Offenbach hatten dann beide geheiratet; in der neuen Wohnung bei uns wurde gefeiert. Drei Zimmer boten das Nachtlager für acht Personen, die anderen hatten Gelegenheit, heimzufahren.

*

Mittlerweile hatten auch meine Eltern in einem neugebauten Hochhaus eine schöne Zweizimmer-Wohnung bekommen, und Ingrid leitete kommissarisch den Kinderhort. Die Leiterin war ausgeschieden, und Ingrid hatte das Vertrauen des Magistrats gewonnen. Die Stelle konnte planmäßig aber nur von einer staatlich geprüften Jugendleiterin - heute nennt man sie Sozialpädagogin - besetzt werden.
Zur selben Zeit wurden in Hessen Vorklassen in den Schulen eingerichtet. Hier sollten Kinder erfaßt werden, die zwar schulpflichtig, aber noch nicht schulreif seien. Der Schulrat wollte gerne Ingrid mit der Leitung einer dieser Klassen betrauen. Das scheiterte jedoch an der fehlenden Ausbildung als Jugendleiterin. Wir überlegten, ob sich die Mühe und die Unkosten lohnen würden, wenn sie zwei Jahre die Fachoberschule besuchte. Sie tat es und fuhr täglich nach Frankfurt. Wir besaßen unterdessen wieder ein Auto.

Mich trieb der Wunsch, in der Realschule wieder bis zum 10.Schuljahr zu unterrichten. Da bot das Land Hessen allen Lehrern, die ähnlichen beruflichen Werdegang wie ich erlebt hatten, ein Intensivstudium von einem halben Jahr an der Universität Gießen an. Ich meldete mich.
Als Abschluß war dann wieder einmal eine größere wissenschaftliche Schrift fällig, die fünfte nun in meinem Berufsleben.
Da ich Sprecherziehung schon einmal bearbeitet hatte, hob mich der Professor auf "Das Puppenspiel im Dienste der Pädagogik", da gäbe es noch nichts, was niedergeschrieben worden wäre.
Ich bearbeitete Geschichte, Bedeutung und Paradigma, erforschte dabei Einmaligkeiten, die dann als solche leider von Seiten der

227

Universität nicht erkannt worden waren, wie überhaupt die Bedeutung des künstlerischen Puppenspiels.
Im Dezember 1965 wurde ich in der Gießener Universität examiniert.

Fünf Jahre mußten in der Bundesrepublik vergehen, ehe ich wieder meinen alten Stand erreicht hatte. Geld, Kraft und Zeit waren dahin, vielleicht vertan, die ich probabel sinnvoller hätte einsetzen können.

Eben just zu dieser Zeit erreichte mich ein Brief, der diese Gedanken aufhellte. Ein ehemaliger Schüler aus Calbe hatte meinen Aufenthalt ausgeforscht:
"....Von der 4. bis zur 7.Klasse waren Sie mein Klassenlehrer. ....Sie können sich meine Freude nicht vorstellen, als ich erfuhr, daß Sie in der Bundesrepublik sind und als ich Ihre Adresse erfuhr. Im Innern war ich Ihnen immer sehr verbunden, da Sie ja den Grund für das mitgelegt haben, was ich heute sein darf. Zu Hause sprechen wir oft von Calbe. ....Bei unseren Gesprächen haben wir Sie nie vergessen. Sie lebten in unserer Erinnerung fort....."
Diese Zeilen machten mich sprachlos. Ich überschlug die Zeit und erinnerte mich der Jahre 1951 bis 1955. Bei solcherlei Briefen versanken die letzten fünf Jahre ins Unerhebliche.

*

Wenn die permanente Unruhe in unserer bisherigen Gemeinsamkeit von uns eigentlich mit Freude getragen wurde, weil uns beide die Erfolge beflügelten, so mußte Bettina dafür allein weiterwachsen, in ihrer Entwicklung auf die Omi fixiert sein. Ich gab ihr nicht die Zuwendung, die sie vielleicht gebraucht hätte. Schulunlust war die Folge und verhinderte ein Abitur und ein Studium.
Sie interessierte sich für die Krankenpflege. In den Schulferien half sie im Krankenhaus, ganz aus eigenem Antrieb. Das Fach Medizin verarbeitete sie in den folgenden Jahren bis zur Krankenschwester.
Mit meiner älteren Tochter Angela, die in Fulda geblieben war bei

den anderen Großeltern, bei Tante und wiederverheirateter Mutter, konnte auf Dauer keine emotionale Verbindung zustande kommen. Ich mußte meinen alten Schmerz niederdrücken.

Ein Kind sollte aus unserer Ehe selbst hervorgehen.
Der Wunsch wurde uns nicht erfüllt. Fehlgeburten belasteten unsere Psyche und dazu noch Ingrids physische Verfassung. Aber sie trug es mit unglaublicher Disziplin und Demut, so daß uns beiden diese Fügung fester aneinanderband und wir zur Einheit wurden.
Das verschaffte uns schließlich Freude am Geselligen. Man kommt gerne, weil Ingrid meisterhaft kocht, backt, diskutiert und organisiert. Sie kann alles, und die Freunde erkennen es neidlos an.

Unser Theater-Abonnement von Frankfurt wies eines Tages ein Gastspiel aus von Hauptdarstellern des Deutschen Theaters Berlin. Meine Augen vergrößerten sich: Da kam Adolf Peter Hoffmann nach Frankfurt.
Sie boten Ibsens "Haus Herzenstod".
In der Pause strebten wir beide zur Garderobe. Da stand ich ihm gegenüber. Es gab ein herzliches Wiedersehen. Er hatte sich immer schon gefragt, wo ich wohl abgeblieben sei. Nun meinte er, daß ich es sicher richtig gemacht hätte.
Aber er kannte ja nicht alles.
Ich habe ihn nie wiedergesehen. Die Teilung Deutschlands trennte Gemeinsamkeiten bis zum Tod.

Und Trennungen führten zu manchen Schicksalen in den Familien: Ehepaare wurden getrennt, Kinder von Eltern und Geschwister voneinander.
Bei uns wurde oft darüber diskutiert.
"Es ist eine Folge der Politik Hitlers", sagte ich zu meinem Vater.
"Hattest du damals nicht erkannt, welches Unglück mit ihm über uns alle kommt?"
"Das läßt sich hinterher gut sagen. Was wißt ihr Jüngeren von der

Zeit, die bestimmt war von Korruption und Schieberei, Armut und Rechtsbeugung. Wir hatten die Nase voll. Wir meinten, diese Demokratie führe zum Chaos. Außerdem wurden wir Deutschen gedemütigt und ausgesaugt durch den Versailler Vertrag. Dagegen kämpften wir, wollten unser Selbstvertrauen wiederfinden. Was heute alles geschrieben und uns angelastet wird: Die Wirklichkeit sah anders aus!"

"Aber hör' mal, letzten Endes führte uns das Dritte Reich zum Zweiten Weltkrieg!"

"Ja, aber so wie es in den Büchern steht, war es auch nicht! Die Geschichte dazu schreiben immer die Siegermächte", meinte Vater und winkte ab:

"Schon den Ausbruch des Ersten Weltkrieges lasten sie uns allein an. Dabei verdrängen sie, wie sie ein Jahrzehnt vorher begannen, Deutschland einzukreisen, getrieben vom wirtschaftlichen Neid, besonders vom Handelsneid der Engländer, getrieben von der französischen Revanche-Idee, die bei denen zur dreijährigen Dienstpflicht führte, auch getrieben vom Haß gegen die Hohenzollern-Dynastie, deren Vertreibung von Paris aus angekündigt worden war.

Dann gab es die neuslawische Bewegung, die ihr Programm gegen Oesterreich-Ungarn richtete, von einem Groß-Serbien träumte, was letztlich zur Ermordung des Thronfolgers Franz Ferdinand führte, der als starke Persönlichkeit die Zukunft der Doppelmonarchie, die es zu beseitigen galt, gewährleistete.

Und Rußland strebte an das Meer. Der Großfürst Nikolaj wollte Oesterreich zerschmettern und Deutschland zerkleinern. Er wollte den Krieg. So brach ein Weltenbrand aus, der nun Deutschland allein angelastet wird."

*

Der Darmstädter Freund Heinz wollte uns eines Tages bewegen, mit ihm im Odenwald ein Haus zu bauen.

Er habe da ein neuerschlossenes Hanggebiet entdeckt, wo der Quadratmeter nur 4,50 DM kosten würde. Das wäre doch ein reizvolles Angebot, da die Grundstücke gewöhnlich über 20,--DM kosten würden.

Wir wiesen seinen Vorschlag entschieden zurück. Hatten wir doch bereits durchkalkuliert, daß wir mit unserem Einkommen nie bauen könnten.

Es gab aber da einen Kollegen von mir, der sprach immer vom Hausbauen. Ich sollte es doch durchdenken, denn er könnte ja auch bauen, sogar mit vier Kindern, es käme auf die Bedingungen an und auf die Zeit, die wir noch hätten. Ich sträubte mich aus den bekannten Gründen, fuhr aber doch mit ihm mal hin nach Gernsheim, wo Atrium-Bauten in einer Siedlung am Rhein erstellt werden sollten. Die kleine Baugesellschaft von Lehrern legte Pläne vor, und die Konditionen zeigten sich günstig: Es war nicht übel, was wir da sahen. Ingrid war halbgeneigt. Schließlich ließen wir uns unverbindlich für 50,--DM als Mitglied eintragen.

Der Kollege mit seinen vier Kindern hatte dann doch noch etwas in Offenbachs Nähe gefunden und ging fleißig ans Werk.

Ich bestaunte ihn.

Er erfreute sich schon des Rohbaues, bis uns eine Nachricht aufschreckte: Er war tödlich verunglückt mit seinem Moped.

Aber dieser Kollege war es, der mir die Neugierde in den Kopf gepflanzt hatte: Wie würde ein Haus für uns wohl aussehen?

Kismet webt:

Da sehe ich in der Tageszeitung eine ganz kleine Anzeige:

"Erschlossenes Neubaugebiet, je Grundstück ca. 1000 qm, Südwest-hang, unverbaubar, Waldgegend, 10,--DM/qm".

"Das sehen wir uns mal an", meinte ich.

Mehr aus Jux schrieb ich, bekam Antwort und einen Treff-Termin.

Ein befreundeter Kollege stammte aus dieser Gegend, er kannte sich aus. Also fuhren wir in den Odenwald und fanden diesen Hang in Kirch-Brombach, nahe Bad König.

Es standen auf dem Hang der 100 Grundstücke, die säuberlich parzelliert waren, etwa fünf Häuschen. Die Straßen waren asphaltiert, jedes Grundstück hatte Wasser-, Strom- und Telephonanschluß. Eine Seite des Wohngebietes grenzte eine Schlucht ab, die mit hohen Laubbäumen bewachsen war.

Vom Hang aus konnte man über das Tal in Wiesen und Wald sehen. Ruhe umgab uns.

Wir waren verzaubert.

Da nicht zuzufassen, hieße, etwas zu verpassen, meinte ich.

Ingrid war realistischer. Sie hatte Bedenken: Aufs Land, keine ausreichende Arztversorgung, keine Einkaufsmöglichkeiten, kein Theater und kulturelle Kommunikation, und vor allem kein Geld.

Sie hatte recht; trotzdem spukte mir das im Kopf herum.

Die Stadt Offenbach erlebte in diesen Jahren eine behende Entwicklung. Alles wurde modernisiert, neue Straßen angelegt, Hoch- und Kaufhäuser entstanden, Straßen aufgerissen und Baulücken gestopft. Diese Veränderung bewirkte Unruhe, Lärm und Staub.

Die Einflugschneise des Frankfurter Flughafens verstärkte sich und führte über unsere Köpfe. Im gegenüberliegenden Wohnblock zogen immer mehr Familien mit viel Kindern ein. Wenn da drüben die Haustür aufging, kamen sie heraus, wie aus einem Sack geschüttet. In den Grünanlagen zwischen den Blocks spielten sie, nach Kinderart nicht leise.

Der Lärmpegel um uns riß kaum noch ab.

Nach und nach zogen die Mitbewohner der ersten Stunde aus dem Haus: Sie hatten gebaut. Da nahm es nicht Wunder, wenn sich in unseren Köpfen der Traum vom Häuschen im Grünen mehr und mehr einnistete.

Unser Darmstädter Freund lachte erstaunt:

"Das ist doch der Hang, wo ich damals mit Euch hinbauen wollte! Jetzt müßt Ihr über das Doppelte dafür bezahlen!"

Mein Schwager Hans-Jürgen bestärkte uns, Liegenschaften seien immer die beste Kapitalanlage. Er studierte Volkswirtschaft. Aber wir lachten, hatten wir doch ganze 600,--DM auf dem Sparbuch.

Just zu dieser Zeit wurde mir Unterricht in der Polizeifachschule angeboten. Ich nahm an, denn das gab eine zusätzliche Geldeinnahme.

Hoffnungsvoll wagten wir den Kauf des Grundstückes.

Es bot sich für uns allerdings keine Auswahl der Grundstücke mehr auf dem Hang in Kirch-Brombach. Man nannte ihn "Herrenwäldchen". Die alte Gemarkungsbezeichnung "Hungerberg" wollte man den Bauwilligen nicht zumuten. Später merkte ich jedoch, wie zutreffend die Bezeichnung für diesen Boden war, denn wir quälten uns redlich, kleine Stücke halbwegs fruchtbar zu machen. Die Einheimischen nannten diesen Hang bald "Millionenhügel", ich aber bestand auf "Schuldenbuckel".

Die schönsten Fleckchen waren verkauft, und unser Freund Heinz triumphierte:

"Damals war noch alles frei, seid selber schuld!"

Der permanente wirtschaftliche Aufschwung ermöglichte einer breiten Bevölkerungsschicht, Baugrundstücke zu kaufen. Man erhitzte sich an der Angst, daß Grundstücke eines Tages in Deutschland nicht mehr zu haben seien, denn die Grenzen lägen fest und Grundstücke wären nicht produzierbar. Diese Meinung bestärkte in uns den Entschluß zum Kauf. Ich fand in der Frankfurter Bau- und Bodenbank einen Geldgeber, der uns das Grundstück mit ganz wenig Zinsen finanzierte.

Nun fuhren wir oft nach Kirch-Brombach und führten den Verwandten unsere Errungenschaft vor. Die ursprünglich großen Bäume auf dem Grundstück waren bereits gefällt worden. Aber es war zwischen den kleinen Bäumen ein dichtes Unterholz nachgewachsen, so daß man nicht bis zur Mitte des Grundstückes vordringen konnte. Ich kaufte eine Machete. Damit schlugen wir eine Schneise in den "Vietnam-Busch", so ich ihn bezeichnet hatte. Schwager Hans-Jürgen half. Wir rodeten in der Mitte des Grundstückes einen Platz, auf den wir unser großes Camping-Zelt aufstellen konnten. Der Sommer ließ sich gut an. Wir freuten uns auf die Ferien, da wollten wir im Zelt und auf eigenem Grund und Boden wohnen.

Die Ferien begannen, aber der Regen auch. Am Siebenschläfertag schon hätten wir es wissen müssen.

Die Camping-Gas-Heizung wärmte nicht ausreichend.

Bibbernd verfolgten wir im Radio die Fußballweltmeisterschaft in England mit dem dramatischen Ergebnis für die Deutschen.

Ingrid hatte immer Angst vor einem nächtlichen Überfall. Sie legte Machete und Axt neben das Bett. Hoffentlich träumt sie nicht, dachte ich, sonst bin ich fällig!

Es wurde zusehends ungemütlicher. Die wenigen Herrenwäldchen-Bewohner luden uns zum Wärmen ein, aber in der Nacht durchzog uns die Feuchtigkeit. Ingrid begann zu mosern. Allein unser Besitzerstolz ließ uns hart bleiben.

Als die Ferien vorbei waren, zeigte sich auch wieder die Sonne. Das Zelt ließen wir stehen. An ihm erfreuten wir uns die Wochenenden bis zum Herbst mit Verwandten und Freund Helmut, dem ich damals bei seinem Debut die Klasse überlassen mußte. Er war noch Junggeselle.

Plötzlich wurde der Zinssatz von der Bank auf das Vierfache erhöht. Unsere Knie zitterten.

Wutentbrannt fuhren wir hin. Da mußte ich erkennen, daß ich das Ganzkleingedruckte nicht beachtet hatte: Der günstige Zinssatz galt nur für ein Jahr.

Da wir unterdessen Bausparverträge abgeschlossen hatten, erbat ich Hilfe von der Bausparkasse. Sie half mit einer Vorfinanzierung. Der Sachbearbeiter staunte über unseren Mut und sagte:

"Sie müssen aber doch auch die Erschließungskosten abtragen. Sagen Sie mal, wovon wollen sie eigentlich noch bauen?"

Ich wußte es nicht.

Ich wollte alles an mich herankommen lassen und dann vielleicht Stein für Stein kaufen. Ich hatte vom Bauen keine Ahnung. Die aber bekundete Freund Helmut, denn vor den Semestern, die er als junger Flüchtlingslehrer noch zu absolvieren hatte, verdingte er sich auf einem Bau. Er hätte Ahnung und wollte uns helfen, wenigstens erst einmal eine Garage aufs Grundstück zu setzen. Mit Schwager und Studiosus Hans-Jürgen als Hilfe würden wir dann nur das Material

zu bezahlen haben. Eigentlich waren die Grundstückskäufe archi-
tektengebunden. Nur hielten sich die meisten nicht daran.
Als ich dem Architekten den Entwurf meines Hauses zeigte, wie ich es
mir vorstelle, meinte er, das sei doch sehr interessant, ich sollte es
mal dalassen. Prompt kam ein Vorentwurf, den wir zu bezahlen
hatten.

Neugierde und Tatendrang ließen uns keine Ruhe. Es kribbelte unter
der Haut, wenn ein Baugrundstück zum Besitz gehört. Ich hatte
Freude am Gestalten, am Schöpferischen, greifen zu können, was
unter den Händen entsteht. Ich hatte es immer vermißt, das Ergebnis
meiner Arbeit vor Augen zu sehen. Das war mir erst viel später
vergönnt beim Treffen meiner ehemaligen Schüler. Jetzt bekam ich
Gelegenheit, Urheber zu sein, Schöpfer für etwas Eigenes; bisher galt
mein Einsatz immer nur Fremden, der Allgemeinheit. Es hatte mich
gepackt.
Gründend auf den Vorplan begann ich zu entwerfen, zu konstruieren
und auch ein bißchen zu spinnen, denn manches war wegen der
fehlenden Finanzen nicht zu verwirklichen. Jedenfalls konnte mit Hilfe
des Freundes und des Schwagers im nächsten Frühjahr die Garage
gebaut werden, eine richtige, feste, gemauerte, betonierte Garage.
Der Zufall spielte mir einen liebenswerten Maurerpolier des Dorfes
in die Hände. Der war bereit, Anleitungen zu übernehmen. Sein
Arbeitgeber war auf dem Hungerberg tätig.

Schon bei dem Ausheben des Fundamentes machte der Hungerberg
seinem Namen Ehre. Nur mit Spitzhacke und scharfem Spaten kamen
wir voran. Manchmal meinten wir, einen Sprengmeister holen zu
müssen, so steinig offenbarte sich uns der Grund. Tagelang tropfte
unser Schweiß in den Fundament-Graben, denn die Osterferien
zeigten sich in ungewöhnlicher Hitze. Als wir schließlich voller Stolz
auf die ausgehobenen Fundamente schauten, meinte Freund Helmut,
daß wir den Beton mit der Schaufel zu mischen hätten. Wir merkten
bald, wie mühsam das wurde.
Zufälle haben oft ihr Gutes: 200 Meter weiter baute jemand ein
Haus. Seinen Beton hatte er mit einer Maschine gemischt, die er uns

überließ. Es handelte sich um eine alte Betonmischmaschine, die noch durch einen Dieselmotor angetrieben wurde. Da hatten wir ganz schön zu kämpfen, bis er angesprungen war. Dann donnerte er wie ein alter Bulldozer.

Wir rangen immer mit der Maschine. Obwohl sie sehr schwer war, stand sie instabil. Zwei Eisenräder unterstützten diesen Zustand, denn sie mußte auf der Straße stehen, die am Grundstück entlang den Hang abwärts führte. Allein unser Grundstück bot vom oberen zum unteren Fixpunkt ein Gefälle von neun Meter. Da haute uns die Maschine mitunter ab, sie machte sich durch ihr Gerüttel selbständig. Wir rannten hinter ihr her wie Kinder hinter einem Ball. Autoverkehr gab es dazumal auf dieser Straße noch nicht. Wenn von unterschiedlichen Sandsorten gesprochen wurde und von den Steinen, die sehr teuer werden konnten, sperrte ich meine Ohren weit auf. Es sollte alles preiswert sein. Ich lernte schnell.

Schließlich stand sie, unsere Garage, innen schön verputzt, mit Geräteraum und mit einer Betondecke.

Ingrids Organisationstalent hatte uns für unser Wohlbefinden nie im Stich gelassen. Das zahlte sich auch aus, als wir in den folgenden Sommerferien in der Garage schliefen. Der Geräteraum diente uns als Waschraum. Camping-Kocher, -Heizung und -Betten ließen uns einen gemütlichen Raum im Grünen bewohnen. Frühmorgens begrüßten uns Fasane mit ihrem Ruf, und Rehe näherten sich uns bis in die Schlucht, an der unser Grundstück liegt, nur durch die Straße getrennt.

Die Eltern wurden herangeholt, und Freunde besuchten uns. Bei Kartoffelsalat und Würstchen und Wein verbrachten wir lustige Stunden.

Diese Garage wurde schließlich die Keimzelle für das Haus. Den Plan hatte ich bereits entworfen. Ein Offenbacher Bekannter, Geometer von Beruf, stellte die Zeichnungen fachgerecht her, so daß ich sie an die Behörden weiterreichen konnte. Der Architekt war uns zu teuer. Er hatte anfänglich in kurzen Abständen immer mal 800,--DM verlangt, obwohl er nur den Vorplan gezeichnet hatte, und das auch noch nach meiner Vorlage.

Ich begann, Fachzeitungen zu lesen, um mich so über Bau und dessen Gestaltung zu informieren. Schließlich sollte ein Schwimmbad ins Haus. Von fünf Vertretern erhielt ich sechs verschiedene Unterweisungen. Da verließ ich mich auf meine eigenen Einsichten. Ingrid widerstrebte das Vorhaben und sagte:
"Ideen hast du wie ein Playboy, aber Geld wie ein kleiner Beamter!"

Jedoch Schwager Hans-Jürgen bestärkte mich und meinte, das müßten wir doch schaffen, wo wir so viel selber machen. Außerdem kam noch zusätzliches Geld ein, denn ich hatte unterdessen auch Unterricht in der Volkshochschule übernommen und später dazu noch Unterricht bei der Industrie- und Handelskammer.
Es langte zwar alles nicht, um reich zu werden, aber es unterstützte den finanziellen Mut.

Schon im darauffolgenden Jahr sollte das Kellergeschoß gemauert werden. Die einheimische Baufirma, der wir uns anvertrauten, sagte zu, wenig Leute im Stundenlohn arbeiten zu lassen, und der Chef meinte, daß er selber Baumeister sei, so daß wir keinen Architekten brauchten zur Bauaufsicht. Vielleicht war das ein großes Glück, wie sich's später ergab.

Das Unternehmen begann in den Sommerferien 1968 bei strahlendem Sonnenschein. Unsere beiden Helfer schliefen mit in der Garage, wo wir mit Ingrids Koch-Talenten aufs beste versorgt wurden. Sie verstand es auch, uns alle in Harmonie zu halten durch ihre ständige Bereitschaft und Umsicht.

Den ersten Ärger verursachte mir die Firma, die ausbaggern wollte. Voller Erwartung schauten wir dem ersten Baumorgen entgegen, der den Bagger bringen sollte. Aber am Abend zogen wir uns enttäuscht in die Garage zurück.
Der nächste Morgen brachte wieder die kribbelnde Spannung, und der Tag abermals die große Enttäuschung.
In mir begann es zu brodeln: Die Termine lagen doch fest, nur die Ferientage standen für den Rohbau zur Verfügung.

237

Aufgeregt fuhr ich zur Baggerfirma. Da gab es hinreichend Erklärungen, Ausreden. Dann endlich, nach fünf Tagen, erlebte ich spannend, wie der bewaldete Hang umgebrochen wurde. Die Baugrube mußte wegen des Schwimmbeckens besonders tief ausgebaggert werden. Das Becken war dann auch das erste, was entstand, weil es die tiefste Ebene des Hauses bildete.

Der Bautrupp erschien pünktlich und ließ uns auch nie im Stich. Aber als die gelernten Maurer unserer drei das erste Mal ansichtig wurden, dachten sie:
"Ach je, zwei Schulmeister und ein Studentchen, was können die wohl helfen!"
Diese Einstellung änderte sich gründlich, wie sie später gestanden. Sie merkten, daß wir nicht nur mitdachten, sondern daß meine beiden Helfer kräftemäßig mithielten. Wenn auf der Schubkarre zwei Kellersteine lagen, einer wog immerhin 32 kg, dann legte Helmut drei drauf, und wenn die nachzogen, um nicht nachzustehen, legte Helmut vier drauf. Auch der Maschinist staunte, wie schnell die Betonmischmaschine bedient wurde.
Helmut war darüberhinaus noch ein guter Unterhalter, Possenreißer und Meister der Augenblickskomik. Der Nachbar, der seinen Bau allein vorantrieb, sagte später einmal:
"Das war hier der lustigste Bau!"
Aus dieser gemeinsamen Arbeit entstanden Freundschaften, die auch über das Richtfest hinaus hielten.
Die Schalung und der Guß des Beckens beanspruchte eine Woche. Mir ging es nicht schnell genug, und ich mußte lernen, daß auch Beton seine Zeit zum Entwickeln brauchte.

Rückschläge aber versetzte uns das Wetter. Nach Tagen schüttete es vom Himmel, so daß die Fundamentgräben voller Wasser standen und z.T. immer wieder eingebrochen waren, wenn wir früh das Freie betraten. Das Baumaterial lag auf der Straße, der abschüssigen. Der Bausand wurde ins Tal mitgerissen. Die hochgelegenen, lehmerdigen Felder saugten das Wasser nicht auf, es strömte den Berg runter und mündete in unserer Straße, schoß 30 cm hoch in das Tal und riß alles mit, was nicht verankert war. Ich bangte sogar um unser Auto.

Von nun an ängstigte ich mich allmorgendlich um schönes Wetter, was die Witzelei bei den Freunden begünstigte, mir aber ans Portemonnaie ging.

Eine größere Aktion war noch das Gießen der Kellerdecke. Und hier war ich heilfroh, einen solchen Praktiker dabei gehabt zu haben wie unseren Baumeister: Der Fertigbeton kam nicht so zügig, wie wir ihn gebraucht hätten. Alle Kräfte standen mit Schubkarren bereit, um die große Wohnfläche mit 20 cm dickem Beton zu füllen. Plötzlich schrie der Baumeister auf:
Er hatte noch einmal den Plan kontrolliert und festgestellt, daß ein zusätzlicher Eisenträger eingesetzt werden müsse, der nicht im Plan sei. Aber die Fläche wäre über das zulässige Maß dieser Konstruktion breit, da würde uns die Decke einstürzen.
"Ja Himmeldonnerwetter", schimpfte ich, "der Plan war beim Statiker, der hat Geld gekostet, dann mußte er zum Ober-Statiker, der hat auch Geld gekostet, alles schreibt das Baugesetz vor, und nun erlebt man diese Kalamität!"
"Dabei übernehmen die keinerlei Verantwortung", sagte er, und sein schnelles Handeln wendete das Schlimmste ab.

Dann war unser Ziel erreicht: Das Kellergeschoß stand.
Der Anblick erfreute uns.
Doch der Baumeister stachelte mich an, daß es nun eine Kleinigkeit sei, das Wohngeschoß draufzusetzen. Alles Baumaterial sei angefahren, die Leute zur Verfügung, und nächste Woche könnte er noch seinen anderen Bautrupp dazugeben. Die Bauwirtschaft befand sich in einer kleinen Rezession.
Aber woher das Geld nehmen? Die neuen Bausparverträge waren noch nicht fällig, die Finanzen ausgereizt.
Da schrieb Hans-Jürgen einen Brief an Onkel Walter in Hamburg. Ob er nicht helfen könnte. Der schickte tatsächlich einen Scheck über 20.000,--DM, und ich konnte dem Baumeister zurufen:
"Montag kann's weitergehen!"
Er hatte recht, der Meister; nach einer weiteren Woche stand das Wohngeschoß.

*Die Wochenendpendler des Herrenwäldchens meinten, daß Geister-
hände diesen Bau erstellt hätten.*
*Allerdings regnete es in den Bau, und die Ferien waren zu Ende. Aber
da hatte der Zimmermann des Ortes schon Holz bestellt für das
Dachgebälk. Ich lernte auch hier von Anfang an hilfsbereite Menschen
kennen.*
*Unser Baumeister sagte mir zum Abschluß, daß er uns drei glatt in die
Firma übernehmen würde, und mich als Bau-Ingenieur. Hatte ich doch
vor allem beim Erstellen des Schwimmbeckens manchen von mir
angelesenen Hinweis gegeben. Es war für alle ein Novum gewesen.*

*Das neue Schuljahr war seit zehn Tagen angelaufen, da wurde unser
Dach aufgeschlagen. In der ersten Pause des Tages stand ich mit ein
paar Kollegen und dem Rektor, es war nicht mehr dieser meiner ersten
Stunde, und sagte beiläufig:*
*"Jetzt stehe ich hier, und im Odenwald wird mein Dach aufge-
schlagen."*
*"Was!" erwiderte der Rektor, "Kommen Sie mit, wir schauen gleich
nach einer Vertretung!"*
Wir standen vor dem großen Stundenplan, er managte und sagte:
*"Hauen Sie ab, fahren Sie hin und kontrollieren Sie Ihren Dachbau!
Ich mache das!"*

*Zum Richtfest waren über 40 Leute gekommen. Im Rohbau wurde
gegessen, getrunken und getanzt bis in die Morgenstunden. Bis zum
heutigen Tage war kein größeres Richtfest im Herrenwäldchen.*

*Zwei Jahre hatte der Bau Zeit auszutrocknen. Währenddessen erlas ich,
wie ein Innenausbau weitergehen konnte.*
*In den Osterferien 1970 installierte ich dann mit einem Heizungsbauer
die Ölheizung. Ich hatte ihn im Haus meiner Schwiegermutter kennengelernt. Er fungierte als Einmannbetrieb. Während unserer Vorgesprä-
che bemerkte er:*
"Sie haben aber verdammt Ahnung!"
Wir wurden ein gut funktionierendes Team.

Für die anderen Arbeiten holte ich Angebote ein und beauftragte Handwerker nach meinem Gusto. Ans Schwimmbecken aber ließ ich keinen, weil ich merkte, daß allen dazu Erfahrung fehlte. Ich verließ mich ganz auf meine angelesenen Erkenntnisse.

Mit dem Heizungsbauer installierte ich dann das Becken. Und als es später verputzt worden war, versah ich es mit einem Polyester-Anstrich. Eine Lüftungstruhe sorgte für die Be- und Entlüftung des Raumes. Als ich die erste Umwälzung in Bewegung setzte, hielten wir die Luft an, aber es funktionierte - und tut es bis zum heutigen Tage.

Wünsche für Feinheiten, Schönheiten und Schnickschnack beim Innen-Ausbau des Hauses bedingten dann doch mehr Kosten, als geplant war. Wieder benutzten wir Sommerferien, um endgültig in das neue Haus zu ziehen. Meine dienstliche Versetzung nach Bad König war bereits ausgesprochen worden, und Ingrid übernahm hier im neuen Schuljahr die erste Vorklasse des Kreises Erbach. Der Kalender zeigte den Juli 1971 an.

Bettina wollte nicht mit "aufs Land". Sie war nun 20 Jahre alt. Mit ihrem Freund zog sie nach Frankfurt.

Aber Weihnachten gab's im Odenwald ein freudiges Familienfest. Schwiegermutter hatte im vorgeschrittenen Alter noch ihren Führerschein gemacht und kam mit ihrem VW.

Wir fuhren das Jahr über wöchentlich zu meinen Eltern nach Offenbach. Sie sollten nicht das Gefühl haben, verlassen worden zu sein. Manchmal blieben sie auch für längere Zeit bei uns, denn meinem Vater gefiel es jetzt ausnehmend gut in der Natur. Als ich ihm vor Jahren vorgeschlagen hatte, 10.000,--DM aufzunehmen, damit wir für sie das Dachgeschoß ausbauen könnten, winkte er nur ab und meinte: "Bis ihr fertig seid mit dem Bau, sehe ich mir die Radieschen von unten an."

Eigentlich geschah es auch so:

Er hatte mir im Sommer gesagt:

"Na, nächstes Jahr lebe ich nicht mehr."

241

Erschrocken sah ich ihn an und wehrte ab. Jedoch im Dezember bekam er einen Schlaganfall, so daß er auch zum Weihnachtsfest 1972 im Krankenhaus bleiben mußte. Ich spürte einen Riß in der Weihnachtstradition unserer Familie.

Schwager Hans-Jürgen heiratete am 13.Januar des neuen Jahres. Wir mußten alle nach Köln fahren. Frühzeitig standen wir auf, um beizeiten dort zu sein.
Um vier Uhr rasselte das Telephon:
Meine Mutter teilte aufgelöst mit, daß Vater gestorben sei. Wir fuhren sofort nach Offenbach und mit der Mutter zum Krankenhaus.
"10 vor 4", sagte die Nachtschwester.
Er wäre 78 Jahre alt geworden in diesem Jahr.
Dann blieb ich bei meiner Mutter.
Ingrid fuhr mit Bettina und Freund nach Köln zu ihres Bruders Hochzeit.

Im "Haus Margot" zu Weißenfels war spätabends der Feuerhaken umgefallen, unvermittelt aus einem festen Stand heraus. Meine Cousine Margot wunderte sich. Und um vier Uhr in der Nacht fiel er wieder um, mit starkem Getöse. Sie schreckte auf, und ihr erster Gedanke galt ihrem Onkel Kurt.
Danach erreichte sie unser amtlich beglaubigtes Telegramm über seinen Tod. Jedoch die DDR-Verwalter verwehrten ihr die Reise zur Beerdigung.

Zwei Jahre nach meines Vaters Tod starb in Deisenhofen bei München ihr Bruder Heinz, mein Cousin, derselbe, der in meinen Kindertagen mein Baby-Sitter gewesen war. Von der Milchhof-Lehre damals hatte er sich zum Bankdirektor gemausert.
Seine letzten Jahre jedoch waren Leidensjahre gewesen; Krieg und Gefangenschaft hatten auch diesen Körper geschwächt.
Seinen Tod durchlebte Margot im Traum, ohne gewußt zu haben, daß ihr Bruder gestorben war:
Die Alpenlandschaft zeigt sich sonnenbeschienen. Hoch oben auf dem

Grat eines Berges kommt ihr Bruder leichtfüßig im rosa Camping-hemd und kurzer Hose gelaufen - in seinen letzten Jahren war ihm diese Leichtigkeit durch ein Lungenemphysem nicht mehr vergönnt gewesen -, hinter ihm sein Sohn, der aber zurückbleibt, die Hand über die Augen gegen die Sonne hält, um ins Tal zu schauen. Heinz schreitet näher, setzt sich, haucht erschöpft seinen Atem aus und fällt nach hinten weg. Ein starker Wind kommt auf. Es erscheint eine schneeweiße Mauer mit einer kleinen Kirche. - -

Meiner Tante Gertrud, der Mutter dieser beiden, träumte mit ihren fast 90 Jahren in eben derselben Nacht, wie eine große schwarze Dampflok mitten auf einer ihr bekannten Straßenkreuzung vorfährt. Plötzlich steigt ihre Margot ein. Erschreckt ruft die Mutter: "Margot! Margot!" Sie hatte ihrer Tochter den Traum am Morgen sofort erzählt. Aber Margot schwieg. Ihr ahnte nichts Gutes!

Tags darauf erreichte beide die Nachricht vom Tod ihres Bruders und Sohnes.

Dann traf ich Margot zur Beerdigung in Deisenhofen. Sie durfte zum ersten Mal "in den Westen" und zum ersten Mal zu ihrem Bruder. Sie erschauerte, denn der Tag war sonnenbeschienen, und die schneeweiße Friedhofsmauer mit der Kapelle kannte sie aus ihrem Traum.

Dergestalt wurde Margot in ihrem Leben oft mit übersinnlichen Erscheinungen konfrontiert.

Die Nacht, bevor damals ihr Vater starb, sie zählte 18 Lenze, sah sie im Traum einen Leichenwagen an einer bekannten Straßenecke halten. Ihre Mutter kam in schwarz gekleidet, stieg ein und fuhr davon.

Die von Margot geträumte Gratwanderung ihres Bruders war vielleicht zurückzuführen auf seine Begeisterung für Süd-Tirol. Cousin Heinz hatte sich mit seiner Familie jeden Herbst dort aufgehalten. Es sei der Garten Gottes.

Er fuhr schon über zehn Jahre hin. Das Schwärmen hatte auch seine Schwester Margot erreicht. Sie durfte aber nie hin, weil Süd-Tirol im "kapitalistischen Ausland" liegt, so die Mauerbauer argumentierten. Und wir sagten uns: 'Wie kann man nur! Immer an dieselbe Stelle!'

"Du kannst 100 Jahre hinfahren", meinte sein Sohn Volker, "jedesmal erschließen sich Dir neue Schönheiten. So vielgestaltig ist das Land!"

Er hatte recht.

Unterdessen waren wir selbst schon zwanzigmal dort.

Auch Bettina mit ihrem jungen Mann steckte unsere Begeisterung an, so daß wir alle gemeinsam mit Freunden, auch Süd-Tirolern, und mit unseren Omas dort die erbaulichsten und lustigsten Stunden unseres Lebens verbrachten. Ziel- und Ausgangsort war Dorf Tirol, und mit beiden verwitweten Omas im Auto, die eine 80, die andere 70 Jahre alt, erschauten wir die Schönheiten der Dolomiten. Ihr Erstaunen und ihre Freude über diese Erlebnisse machten uns glücklich, denn die beiden gehörten zu der Generation, die das Vaterland mit seiner politischen Vergangenheit besonders herzlos behandelt hatte:

Da mußten sie als ganz junge Menschen den Ersten Weltkrieg durchhungern, die Zeit danach kamen noch Geldsorgen dazu, während der Inflationszeit kostete eine Wurst Billionen Mark, beunruhigend schloß sich die sogenannte Kampfzeit an, die panische Angst im Zweiten Weltkrieg, und abermals die Hunger-Nachkriegs-Jahre mit dem dubiosen Aufbau des Sozialismus der DDR: ein Leben voller Entbehrungen, Sorgen, Ängste!

Es tat uns gut, sie jedes Jahr in Süd-Tirol kutschieren zu können, bis meiner Mutter im 85.Lebensjahr der Tod diese Freude nahm, und Ingrids Mutter im 75.Lebensjahr ein Schlaganfall. So vergeht der Glanz. Er war für sie zu kurz.

*

Nach meines Vaters Tod hatten wir den kühnen Plan gefaßt, Weißenfels und der DDR einen Besuch abzustatten. Über 12 Jahre waren vergangen seit unserer Flucht. Es hieß, daß alle ehemaligen DDR-Bürger, die vor 1972 die DDR unerlaubt verlassen hätten, strafrechtlich nicht mehr verfolgt würden. Doch vor der Willkür dieser Terror-Organe fühlte ich mich nicht sicher. Also schrieb ich an die "Bundesanstalt für gesamtdeutsche Aufgaben". Ihr Sitz war West-Berlin beim "Gesamtdeutschen Institut", die müßten Genaueres wissen, besonders dann, wenn gegen mich persönlich etwas vorläge.

Die signalisierten jedoch Unbedenklichkeit. Mithin beantragte Cousine Margot eine Einreise-Erlaubnis. Dazu waren Spezialangaben notwendig. Sie wollten alles wissen, und alles genau.
Wir wagten es.

Der Grenzübergang vor Eisenach wirkte gespenstisch. Von weitem schon starrten uns Wachtürme an, in den Himmel gebaute. Die Straßenführung engte sich immer mehr ein: Hinweisschilder, Verbotsschilder, weiße Linienführungen auf schwarzem Straßenbelag und Lichter, grüne und rote, die befahlen wieder, wo es weiterging! Dann flache Baracken, vor denen wir in einer Fahrrinne zu warten hatten. Vor uns standen Autos, auch Einreisende.
Hin und wieder sahen wir, wie sich eine Hand aus dem Barackenfenster streckte, sie biß zu wie eine Zange ein Stück heißes Eisen. Sie nahm die Papiere der Auto-Insassen an sich. Dann warten. Wieder zeigte sich die Hand, gab Erlaubnisse, Genehmigungen und Ausweise frei, was alles in dem davorstehenden Auto verschwand, das dann weiterfuhr. So rückten wir Autolänge für Autolänge vor.
Geld wurde uns abgenommen, Wegelagerer-Geld, sie nannten es Straßennutzungsgebühr.
Dann gab es noch einen Zwangsumtausch: Geld West gegen Geld Ost, Kurs 1:1, für jeden Tag des Aufenthaltes 20,--DM pro Person, obwohl ihr Geld für uns nichts wert war, man schenkte es zu guter Letzt den Verwandten.
Aber dadurch kam dieser Staat zu Devisen, ohne Risiko, ohne Gegenleistung. Die Raubritter im Mittelalter hatten ein Risiko getragen bei ihren Raubzügen! Die heutigen nicht! Nun wurden wir auch noch durchsucht: Kofferraum öffnen!
Die Koffer wurden gesichtet. Die dreckigen Hände der Uniformierten fuhren zwischen die Wäsche.
'Rölfchen bleib ruhig', dachte ich wieder.
Es hielt schwer. Schließlich wünschte man auch noch "Gute Fahrt!"
War das Zynismus oder Neid, Beschränktheit oder befohlene Floskel?
Wir haben's nie erfahren.

Was mußte wohl Lotti machen, meine Freundin aus den schweren Tagen in Weißenfels? Wir begaben uns zum Einwohner-Meldeamt, meine Mutter war auch dabei, und wollten dort ihre Adresse erfahren.

Ach siehe da! Hier bediente uns die Frau, mit der meine Eltern die Wohnung tauschen mußten, damals 1945. Sie wohnte noch in der Lutherstraße, wir wußten es, sagten aber nichts. Sie tat so, als ob sie nachsähe, kam wieder und meinte, daß diese Frau hier nicht gemeldet sei und sie auch nicht wüßte, wo die jetzt ist. Mir kam das nicht ehrlich vor.

Ich folgte alten Spuren. Schließlich fanden wir Lotti in ihrer alten, elterlichen Wohnung, das zweite Mal verheiratet und mit einer zweiten Tochter.

Und die Kollegen-Freunde aus Calbe?

Sie folgten gerne unserer Einladung. Einer von ihnen besaß einen "Wartburg", den stinkenden Zweitakter, der andere einen "Skoda". Sie brachten weitere Freunde im Auto mit.

Wir fuhren ihnen bis zum Stadtrand entgegen. Wir wollten ins z.Z. schönste Restaurant von Weißenfels. Es nannte sich "Hotel" und lag im Zentrum, unweit der großen Brücke. Aber wo stellen wir unsere Autos ab? Schließlich wollte ich sie an einem hellen Fleckchen parken, nicht im Halbdunkel.

"Warum?" fragte mein alter Freund.

"Na, weil hier immer mal etwas vom Auto abmontiert wird, Spiegel und so."

"Ach, bei uns klaut doch keiner den Spiegel vom Auto!"

Er neigte dazu, dem sozialistischen Menschen zu vertrauen; er bejahte sozialistische Errungenschaften.

Als wir dann vor Mitternacht an unsere Autos kamen, war sein Spiegel weg, meiner noch dran.

Man hatte eben Wartburg-Spiegel gebraucht. Im Geschäft gab's die nicht immer und nicht für jeden.

Wir hatten sie natürlich alle eingeladen, die Calbenser Freunde. Aber den Tisch im Hotel-Restaurent durften wir uns nicht selbst aussuchen, obwohl die Tische frei waren, wir "wurden plaziert".

"Nun bestellt euch was Schönes!" munterte ich alle auf.
Die Speisekarte bot erstaunlich große Auswahl.
Nur beim Bestellen hörten wir dann vom Ober:
"Das haben wir heute nicht!"
Und: "Das ist uns ausgegangen!"
Und: "Das ist heute nicht im Angebot!"
Und: "Das bekommen wir erst wieder!"
Es blieb trotzdem für jeden Gaumen etwas, das dann auch schmeckte.

Da saßen wir an einem Doppeltisch. Es ließ sich gemütlich an. In der Mitte stand eine Kerze, neu, ungebrannt. Wir zündeten die Kerze an, um die Gemütlichkeit zu vervollkommnen.
Plötzlich schoß der Ober in seinem schwarzen Anzug, seine Hose glänzte wie eine Speckschwarte, auf unseren Tisch zu, schlug mit seiner Serviette auf die Kerze, daß das Wachs spritzte, und schrie:
"Wer hat Ihnen erlaubt, die Kerze anzuzünden!"
Wir erwiderten, auch scharf:
"Wozu steht sie denn hier?"
"Zur Dekoration!" war seine Antwort.
"Dann bezahlen wir die Kerze", meinte ich.
"Das geht nicht! Denn dann haben alle das Recht hier im Lokal auf eine Kerze!"
Ich schob ihm nach:
"Wieviel Kartons Kerzen soll ich Ihnen schicken?"
Er reagierte, indem er die Kerze wegnahm.
Nach zehn Minuten erschien dieser Ober mit einem großen Tablett vor'm Bauch, darauf standen viel Kerzenstummel in verschiedenen Farben, unterschiedlichen Stärken und Größen. Jeder Tisch bekam eine Kerze, wir auch, und alle Kerzen wurden angezündet.
Welch' eine Gemütlichkeit!
Es wurde richtig lustig!

Bei der Ausreise an der Grenze bot man ein rechtes Spektakel. Die sogenannten Grenzer verlangten, daß die Haube des Motorraumes hochgeklappt wurde, wir mußten die Sitzbank im Fond des Autos anheben, dann stocherten sie mit einem langen Stab in den Benzintank und fuhren auch noch einen Spiegel unter das Auto! Eine Prozedur, die lächerlich und beklemmend zugleich wirkte.

"Warum machen Sie das?" fragte ich und wollte dabei naiv wirken.

Da sagte er:

"Können Sie schweigen?"

'Ach je', dachte ich, 'der will den Alten Fritz kopieren'.

"Ja", nickte ich und wußte natürlich, was jetzt kam.

Prompt antwortete er:

"Ich auch!"

Ob der wohl wußte, von wem das Bonmot stammt?

Jedenfalls wirkte er überzeugt, geistreich gewesen zu sein.

Koffer und Taschen zu durchwühlen gehörte wieder zu deren Lieblingsbeschäftigung.

Dabei entfuhr mir ein andermal die Frage:

"Was suchen Sie denn?"

"Das sage ich Ihnen, wenn ich es gefunden habe!"

Sie erzeugten immer Druck, Angst, Panik!

Sie mußten ein furchtbar schlechtes Gewissen haben, sofern sie eines besaßen!

"Mein Heim ist meine Burg", hatte wohl Churchill gesagt. Die Bedeutung dieser Worte spürte ich sehr viel tiefer, als ich wieder mit Unsicherheit und Unrecht hautnah in Verbindung gestanden hatte.

Wie glücklich fühlte ich mich in unserem Heim, dem neuerlichen Zuhause, das mit seiner Umgebung von Jahr zu Jahr mehr und mehr zur Heimat wurde. In meiner einstigen Heimatstadt war ich ein Fremder geworden. Obwohl uns das Grundstück, auf dem wir wohnten, viel Pflegearbeit abverlangte, mehr, als wir uns vorgestellt hatten, fühlten wir nach den Jahren der Mühsal Glück und Geborgenheit.

*

Da der Mensch mit seinem Schaffensdrang nicht einhalten kann und immer Weiteres und Neues anstrebt, gärte in mir die alte Leidenschaft, mich wieder der Fliegerei zuzuwenden.

Es brummte ab und zu über unseren Köpfen. Ich schaute voller Verlangen in den Himmel zu den Fliegerchen. Wir fanden in Michelstadt den kleinen Flugplatz, von dem aus die Sportflugzeuge starteten. Diesen Platz betrieb ein Aero-Club.

"Willst du nicht beitreten?" munterte mich Ingrid auf.

Aber ich scheute die Kosten.

Der Schwiegersohn meinte:

"Einfach machen! Anfangen!"

Da tauchte ich hinein in das Fliegerleben, das neue.

An die Fliegerei meiner Jugendjahre konnte ich nicht mehr anknüpfen. Die Zeit hatte auch hier Neues hervorgebracht. Nur das fliegerische Gefühl war mir geblieben.

Natürlich begann alles mit Unterricht.

Zuerst mußte ein Funksprechzeugnis erworben werden. Die Prüfung war verbunden mit dem Wissen um das Luftrecht. Dazu mußte ein dickes Buch durchstudiert werden.

Im Flughafen Frankfurt/M. wurde geprüft. Da war ein halbes Jahr vergangen und ich bereits 53 Jahre alt.

Nun ging es erst richtig los mit der Theorie, ob das Wetterkunde war oder Technik, terrestische oder Funk-Navigation, Flugphysik oder das Verhalten in besonderen Fällen, alles war Prüfungsfach, schriftlich und auch mündlich.

Alle Disziplinen wurden begleitet durch das praktische Fliegen. Zur Vorprüfung zählte ein Navigations-Dreiecks-Flug.

Vom Fluglehrer bekam ich den Flugauftrag, in Niederstetten zu landen, dann Baden-Baden anzufliegen, um auch dort den Stempel abzuholen, und von da wieder zurückzukehren.

Flughöhen mußten genau eingehalten werden. Der Flugschreiber im Rumpf der Cessna war unbestechlich.

Nachdem ich Niederstetten hinter mir hatte, sah ich die Bahnlinie nicht, die eigentlich hätte "kommen" müssen. Auch das Flüßchen auf der

Karte hatte man mir von der Landschaft weggenommen, dachte ich noch gewitzt.

Nun wurde ich langsam nervös. Hatte ich mich verfranzt?

Fieberhaft begann ich zu rechnen und zu schauen, ob nicht doch meine vorgegebene Auffanglinie erschien.

Die Landschaft wurde mir zum Puzzle und ich immer nervöser. Schließlich dachte ich an unsere alte Fliegerei: Runter mit dem Aeroplan und versuchen, an Schildern der Bahn einen Ortsnamen lesen zu können.

Ich flog dazu verboten tief, doch lesen konnte ich nichts. Also wieder hoch in den Himmel!

Hier stellte ich die Funkfrequenz von Stuttgart ein.

Die dortige Flugkontrolle erwiderte meinen Hilferuf und leitete mich zielsicher zu sich auf den Flughafen.

Sie hörten sich über den Äther sehr freundlich und besorgt an.

Ich ließ die Benzintanks füllen und startete zum Heimflug. Ziel und Auftrag hatte ich nicht erfüllt.

Der Fluglehrer wunderte sich, wie auf dem Flugschreiber der Sturzflug zustande kommen konnte.

Ja, lesen wollte ich da unten.

Er hatte schon die Flugplätze angerufen, wo ich geblieben sei.

Nun tobte er!

Ich mochte ihn trotzdem, diesen Fluglehrer, obwohl er nicht der ruhigste war. Psychologie gehörte nicht zu seinem Geschäft. Aber das ging den meisten so in dieser Branche, zum Unterrichten fehlte ihnen das methodische Geschick. Das erschwerte den Flugschülern oft das Verstehen. Aber es konnte auch nicht jeder und von Geburt aus Lehrer sein.

Der wiederholte Navigationsflug Michelstadt - Würzburg - Baden-Baden und zurück verursachte dann durch Akuratesse vollste Zufriedenheit.

Es folgten die theoretischen Prüfungen beim Regierungspräsidenten in Darmstadt und dann mit einem Prüfer vom Luftfahrtbundesamt der praktische Flug.

Es war ein Samstag.

Ich unterrichtete noch in der Schule, als unerwartet der Anruf kam, daß heute der Prüfungsflug stattfände.

Nun überstürzte sich alles. Flugberechnungen, wie Gewicht, Startrollstrecke, Benzinverbrauch, Flugstrecke und Geschwindigkeit, Höhen und Anflüge, mußten in der Stunde erledigt sein.

Dann ging's von Michelstadt nach Egelsbach, von dort nach Bad Dürkheim und zurück. In der Luft waren einige Programme zu fliegen und Fragen zu beantworten, und auf dem Heimatplatz Michelstadt warteten die Kameraden voller Ungeduld auf unsere Rückkehr.

Nach drei Stunden atmeten sie auf, als sie meinen Ätherruf zur Landeerlaubnis empfingen. Es war geschafft.

In einem Club-Leben trifft man auf Kameraden, es bilden sich Freundschaften, und die Stunden der Geselligkeit gehören zu den Erlebnistiefen des Daseins.

Die Fliegerkameraden wurden beruflich stark gefordert, es waren aktive Macher, bewußte Bürger und philantropische Mitmenschen. Sie ließen den Alltagsstreß hinter sich und hier "die Sau raus". Es wurde gelacht und diskutiert, geschimpft und gestritten, gesungen und geblödelt.

Als einer aus diesen Reihen ein Flugzeug zu verkaufen hatte, so preiswert wie ein Mittelklasse-Auto, da war meine Begeisterung nicht mehr aufzuhalten. Mit einem Club-Freund teilte ich den Besitz, er wurde zum Partner einer Haltergemeinschaft; und fortan flogen wir eine Fuji, Tiefdecker und Viersitzer, robust und kunstflugtauglich.

Die organisierten Flugtage verlangten den Einsatz jedes Club-Mitgliedes. Die Bevölkerung nahm regen Anteil.

Meine Mutter nahmen wir in unsere Mitte. Sie war eben 85 Jahre alt geworden und wurde in diesem Kreis nach den Anfängen der Fliegerei befragt. Sie hätte doch diesen Teil der Geschichte miterlebt. Sie wußte von Lilienthal und den Gebr.Wright, von Santos-Dumont und Hans Grade, von Graf Zeppelin und Richthofen; sie wurde von meinen jungen Fliegerkameraden beachtet, und sie wollte gern einmal mit mir fliegen, in ihrem Leben einmal mit ihrem Sohn geflogen sein. Jedoch das Einsteigen in den Tiefdecker bereitete Schwierigkeiten,

*denn die Kabine war nur über die Tragfläche zu erreichen. Daran
hinderte sie ihr gichtiges Knie. Meinem Partner Hagen ließ das keine
Ruhe:*
*"Ich hole mal die kleine Trittleiter, und wenn wir alle anfassen, muß
sie doch reinzuheben sein."*
So geschah es dann auch.
Ingrid setzte sich hinter sie zur Sicherheit.
*Wir flogen über den Odenwald. Ich hatte dabei immer ihr
Wohlbefinden im Auge, wollte sie aber auch die Landschaft sehen
lassen. Zu diesem Zweck senkte ich die rechte Tragfläche. Sie schaute
und sagte:*
"Warum fliegst du so schief?"

*Ihren 85.Geburtstag hatte sie Wochen zuvor in einem Hotel zu
Offenbach gefeiert. Die illustre Gesellschaft tat ihr gut. Plötzlich
wandte sie sich zu mir und sagte:*
"Na, das nächste Jahr erlebe ich nicht mehr."
*Wie war ich erschrocken! Hatte doch mein Vater so ähnlich gespro-
chen, was sich dann auch verwirklichte.*
"Wie kommst du darauf? Was fehlt dir?" fragte ich.
"Ach, nur so, ich spür's."
*Ich wies das von mir. Davon wollte ich nichts aufnehmen; das
Gegenwärtige machte solche Vorstellungen abwegig.*

Das Weihnachtsfest in diesem Jahr verlief ruhiger als sonst.
*Schwiegermutter blieb bei ihrem Sohn Hans-Jürgen, dort stand ein
Kind im Mittelpunkt.*
*Unsere Bettina kam solo. Sie hatte sich von ihrem Mann getrennt, in
aller Freundschaft und mit voller Verträglichkeit.*
Heiligabend brachte sie ihre Omi mit und sagte:
*"Wir waren noch an Opas Grab, aber sie wollte nicht aus dem Auto.
Ich bin allein hin, na sowas!"*
*Meine Mutter lächelte dazu. Ich ahnte ihre Gefühle, es war ein
Doppelgrab.*
Der Heilige Abend blieb beschaulich.

Meine Mutter klagte am anderen Morgen über Schmerzen in der Magengegend, hatte die Nacht kaum geschlafen. Nun blieb sie gerne liegen.

"Was hast du gegessen, bevor du herkamst?"

Das war es nicht, bis sie sagte, daß der Schmerz auch in den linken Oberarm zieht. Mittag stand sie auf. Den leckeren Gänsebraten mußte sie sich verkneifen.

Am Abend wurde es ihr leicht übel. Die Kerzen des Weihnachtsbaumes brannten.

Sie wollte zur Toilette, vorsichtshalber, und vorsichtshalber ging ich mit.

"Ich muß mich erst mal setzen", sagte sie geschwächt und erschöpft und ruhte sich auf dem Deckel des Sanitärbeckens aus.

Ich stand vor ihr.

Da sah sie mich an, kippte zur Seite, schloß die Augen und hauchte laut den Atem aus.

Die Kaminuhr schlug in diesem Augenblick sechsmal.

Ingrid telephonierte den Arzt herbei, der dann nur noch den Tod feststellen konnte.

Sie hatte es mir doch gesagt, daß sie das nächste Jahr nicht erleben wird!

Somit begann unser neues Jahrzehnt 1980 mit einer Beerdigung. Der 2.Januar war ein sonniger Wintertag.

*

Die Zwei-Zimmer-Wohnung meiner Eltern lag im ersten Stock eines Hochhauses. Sie wurde Umsiedlern zugesprochen. Die campierten im Durchgangswohnheim, Lager genannt.

Ich suchte sie auf und traf auf ein nicht mehr junges Ehepaar. Es wohnte bereits vier Jahre in diesem einen Zimmer. Ich führte sie in die Wohnung meiner Eltern und spürte ihr Glücksgefühl. Sie mußten mit einer Rente unter dem Existenzminimum auskommen und besaßen noch keine Wohnungseinrichtung.

Der Akzent in ihrer Aussprache war nicht zu überhören.

"Wo kommen sie her?" fragte ich neugierig.

"Aus Rußland."

"Sie sprechen aber Deutsch!"

"Naja, wir sind aus den Karpaten, aus der Stadt Königsfeld. Das Gebiet gehörte zu Ungarn. Maria Theresia hatte unsere Vorfahren aus der Oesterreichisch-Ungarischen Monarchie dorthin gelockt. Nach dem Ersten Weltkrieg wurde eine Tschechoslowakische Republik ausgerufen mit dem Präsidenten Masaryk. Die nahm sich den ungarischen Karpatenteil, der dann 1939 von Deutschland zurückerobert wurde. Aber 1945 ging das Gebiet an die Sowjetunion verloren."

Ein Schicksal von Grenzbewohnern!

Ich wollte mehr wissen.

Da sagte er weiter:

"Na, im Zweiten Weltkrieg befreite uns Deutschland von den Bolschewisten. Ich wurde 1943 in die deutsche Wehrmacht eingezogen und kam 1945 in russische Gefangenschaft, aus der ich nach Oschatz fliehen konnte, wo meine Familie war."

"Wieso? Das liegt doch in Mitteldeutschland zwischen Leipzig und Dresden?"

"Ja", sagte die Frau, "vor dem Heranrücken der Roten Armee flohen alle Deutschen, wir dorthin. Dann wurde auch dieses Gebiet von Russen besetzt, was später die DDR war. Die Russen schnüffelten in der Nachbarschaft und beim Bürgermeister herum, woher die Leute kämen. Da verriet man unseren Herkunftsort.

'Aha, das sind ja unsere Leute', meinten sie und holten uns ab. In Viehwaggons transportierten sie uns zurück in unseren Heimatort Königsfeld, es war im Juli 1945. Wir konnten auch wieder in unser Haus. Man hatte kein Interesse mehr daran.

Na, was Wunder, da fehlten alle Türen und alle Fenster und alles, was drinnen war. Wir haben Bretter gesucht und die Fenster zugenagelt, um uns vor Wetter und Tieren zu schützen. Mein Mann hat mit einer Sense eine Wiese geschnitten, zu Heu getrocknet, damit wir eine Schlafstätte herrichten und einigermaßen weich liegen konnten.

Tagsüber mußte mein Mann arbeiten gehen. Da plünderten die Russen wieder die bescheidene Wohnungseinrichtung. Unser Nachbar meinte, er ließe sich's nicht gefallen, wenn sie zu ihm kämen.
'Da kannst du nichts machen, sonst bist Du tot', habe ich ihm gesagt.
'Na, da bin ich tot, habe ja sowieso nichts mehr vom Leben'.
Da kamen sie zu ihm, und er hat dem ersten Räuber ins Gesicht geschlagen. Da haben sie ihn erschlagen, mit einer Eisenstange, rausgezerrt und im Graben liegengelassen.
Eines Tages vor Weihnachten kam mein Mann nicht von der Arbeit nach Hause zurück. Ich wußte lange nichts. Auch die Männer in der Nachbarschaft fehlten. Mich holten sie nachts zum Verhör. Sie wollten wissen, wieviel Russen mein Mann im Krieg erschossen hätte. Ich konnte ihnen nichts sagen. Ich wußte doch nichts. Sie holten mich jede Nacht, immer und immer wieder diese Verhöre vor grellen Lampen. Dann war mit einem Male Ruhe."
"Wo waren Sie da hingekommen?" wollte ich von ihm wissen.
"Mich hatte man zu 25 Jahren Sibirien verurteilt."
"Hatten Sie Schuld auf sich geladen?"
"Ach wo, nur weil ich Deutscher bin! 25 Jahre nach Sibirien!"
Er war in verschiedenen Lagern gewesen, mußte Zwangsarbeiten leisten, wurde geschlagen, manche wurden erschlagen oder erstochen, besonders solche, die sich nicht alles gefallen lassen wollten. Die wurden dann in den Straßengraben gezogen "und fertig", sagte er.
Schreiben durften sie nicht. Die Familien erfuhren nichts von ihnen.
"Wenn wir nachts schliefen, kamen die Spitzel- und Schlägertrupps, eigentlich auch Gefangene, und raubten uns aus, immer von neuem, denn mit ein bißchen Geld wurde unsere Arbeit belohnt. Und immer wurde uns neu Angeschafftes geraubt. Wer sich wehrte, dem wurde die Kehle durchgeschnitten oder er wurde erschlagen, an den Füßen gezogen und in den Straßengraben geschmissen. Ein Menschenleben galt nichts. Wir hatten dann morgens nichts anzuziehen. Da warfen sie uns zerschlissenes, unpassendes Zeug hin. Die Spitzel waren als Gefangene besser angezogen. Sie teilten sich nämlich alles mit den Oberen."
"Wie lange waren Sie in Gefangenschaft?"

"Über sieben Jahre; die letzten war ich auf der Insel Sachalin und mußte im Erzbergwerk arbeiten."
Er hatte dort seine Zähne verloren und zeigte mir seine Beine. Solche hatte ich noch nicht gesehen: Quecksilberschäden.
Er weinte.
"Er weint jetzt immer viel", sagte seine Frau.
Nach Stalins Tod 1955 war er entlassen worden.
21 Jahre später durften sie ausreisen, aber die beiden Töchter mußten bleiben. Man konnte sie auf Grund ihres Alters noch ausbeuten.
Alles mußten sie zurücklassen, selbst Familienbilder.
"An der Grenze hat man uns dann das Allerletzte weggenommen."

Die Erzählung hatte mich aufgewühlt.
"Wissen Sie was", sagte ich, "wenn Sie wollen, lasse ich hier in der Wohnung alles stehen. Ich schenke es Ihnen."
Sie konnten es nicht fassen.
"Ach", meinte ich, "wir haben doch alles, und Sie können mit Ihrer Rente nicht gleich alles kaufen. Nehmen Sie, wenn Sie wollen."
Und ob sie wollten!
Ich ließ ihnen die Möbel vom Wohnzimmer und vom Schlafzimmer, die Küche, Gläser und Geschirr, Vorhänge, Teppiche und Fernseher.
Sie konnten doch alles gebrauchen, schauten aber ungläubig.
Ingrid und ich spürten die notwendige Hilfe, und sie wirkte angenehm auf unser Gemüt.

Als wir das nächste Mal in ihrem Lager erschienen, begegneten sie uns aufgeregt. Unter Tränen ließen sie uns wissen, daß ihnen die Wohnung nun doch nicht zugeteilt würde. Das Wohnungsamt hätte umdisponiert. Genaueres wüßten sie nicht, nur daß ein Einfluß von außen vorläge, von einer wichtigen Person.
Ich war sprachlos!
Wer konnte bedürftiger sein als dieses Ehepaar?
Es ließ mir keine Ruhe, und ich ging der Sachlage nach:
Da steckte ein Bundestagsabgeordneter dahinter. Abgeordnete haben immer Einfluß. Er hatte ihn bei der Wohnungsbau-Gesellschaft und hatte ihn beim Wohnungsamt.

Die Wohnung war bewirtschaftet, stand somit Flüchtlingen, Umsiedlern oder sozial Schwachen zur Verfügung, denn der Staat hatte dieser Wohnungsbau-Gesellschaft Zuschüsse zum Bau gegeben.

Ich wurde bei der Gesellschaft vorstellig.
Ich verhandelte, argumentierte, verdeutlichte die psychische Situation der schicksalbeladenen Menschen. Aber man zeigte verhaltene Reserviertheit. Wie läuft so etwas ab? Ich wollte hinter das Geheimnis kommen!
Wiederholt erschien ich bei der Wohnungsbau-Gesellschaft.
Nur zögernd klärte sich mir die Situation:
Der Herr Bundestagsabgeordnete wollte befreundete Leute von außerhalb in die Wohnung haben. Diese bevorzugten Leute aber gehörten nicht zu den Bedürftigen, die einen Sozialen Wohnungsbau beanspruchen konnten. Mithin erfuhr ich, daß ein Antrag auf Freistellung von der Sozialbindung gestellt worden war.
Diesem Antrag spürte ich nach und traf auf die verantwortliche Treuhandstelle der Hessischen Landesbank. Sie stellte auf Grund meiner Intervention den Freistellungsantrag zurück.
Schnell wies das Wohnungsamt den beiden Volksdeutschen aus den Karpaten alternativ in irgendeinem vierten Stock ohne Fahrstuhl eine Wohnung zu. Erstaunlich plötzlich hatte man eine zweite Wohnung zur Hand; vorher gab es vier Jahre lang keine Möglichkeiten.
Da taten mir die Leute erneut leid, denn mit diesen Beinen und einem Herzinfarkt war diese Alternative keine Lösung.
Aber das Leiden dieser Leute ginge das Wohnungsamt nichts an, hatten die Sachbearbeiter bemerkt, und überhaupt sollte doch Herr Meißner seine Möbel auf den Sperrmüll bringen!
Jetzt kämpfte ich erst recht, um in diesem Falle die soziale Ordnung wieder herstellen zu lassen!
Und mein Erfolg darüber führte zu unser aller Zufriedenheit. Vielleicht hatte man Angst davor gehabt, daß ich sie alle durch den bundesdeutschen "Blätterwald" gejagt hätte.
Ein Hoch der Pressefreiheit!

Als nach Wochen die Umsiedler-Frau zufällig in einer Wohnung den

bewußten Bundestagsabgeordneten traf, fragte er:
"Sind Sie die, die zu Meißners in die Wohnung gezogen sind?"
"Ja."
"Na, wie gefällt es Ihnen im Goldenen Westen?"
Sie hatte ihn angeschaut und gegengefragt:
"Wie meinen Sie das?"
"Naja, ihr kommt doch her, weil hier der Goldene Westen ist!"
"Nun", antwortete sie, "probieren Sie einmal, dort zu wohnen, wo ich war, dann werden Sie sehen, ob Sie nicht in den Goldenen Westen wollen! Wer möchte sonst seine Heimat verlassen!"
Da lachte er süffisant: "Ha Ha Ha!"

*

In den letzten Jahren bewegte mich immer wieder der Tod meines "Moppel", des Schulfreundes und Spielgefährten Rolf Förster. Der Gedanke an ihn ließ mich schon lange nicht mehr los. Meine Mutter hatte immer gemeint, daß er hier irgendwo liegen müsse, konnte aber weder sagen, woher sie es wußte, noch ungefähr das Grab lokalisieren. Jetzt fiel mir der Verband Deutsche Kriegsgräber-Fürsorge ein.
Der müßte es doch wissen. Und er wußte es. Umgehend bekam ich Ort und Nummer des Grabes mitgeteilt:
"Deutscher Soldatenfriedhof Andilly in Frankreich, 12 km nördlich von Toul".
Man schrieb mir auch, daß er am 5.Februar 1945 in Frankreich gefallen sei und die Bestattung seinerzeit auf Grund der Kampfhandlungen nicht durch die eigene Truppe, sondern durch den amerikanischen Gräberdienst erfolgt sei.
Rolf war nicht mehr als 20 Jahr und ein halbes alt geworden.

Auf der Fliegerkarte machte ich einen nahegelegenen Flugplatz aus. Es war Nancy. Den nächsten wetterschönen Sonntag flogen Ingrid und ich von Michelstadt nach Nancy. Von hier ließen wir uns mit *einer Taxe in einer halben Stunde nach Andilly bringen und standen staunend und bewegt vor einem Soldatenfriedhof, wo über 33 000 deutsche Soldaten ihre letzte Ruhestätte gefunden hatten.*

Auf Rolfs Grabstein stand "Sturmmann".

Ich war entsetzt.

Er war doch bei der Fliegerei, war Fernaufklärer gewesen! Da mußte ihn wohl in den letzten Kriegsmonaten noch die Waffen-SS übernommen haben.

Innerlich aufgewühlt stand ich nun vor ihm oder über ihm. Die Rasenfläche war aufs beste gepflegt.

Dann hielten wir die optischen Eindrücke im Photo fest, ließen uns von der Taxe auf den Flugplatz zurückbringen und flogen mit unserer Fuji zurück nach Michelstadt.

Da Rolfs Mutter hochbetagt noch in Weißenfels wohnte, nahm ich Verbindung auf. Sie hatte von alledem, was wir jetzt wußten, keine Ahnung gehabt. Die DDR-Regierung hatte Auskünfte dieser Art blockiert. Wir luden sie ein und wollten sie an die Ruhestätte ihres Sohnes fahren.

Sie wollte nicht und durfte nicht: Es lag im kapitalistischen Ausland.

Diese Erlebnisse verdeutlichten uns immer wieder, wie richtig wir gehandelt hatten, als wir uns damals entschieden, den geknechteten Teil Deutschlands zu verlassen. Unser Glücksgefühl darüber wurde jedoch immer wieder getrübt durch die Sicht zu den Zurückgebliebenen.

"Es können doch nicht alle gehen!" sagten sie und bezeichneten sich selbst mit ihrer Staatsabkürzung "DDR" als "D"er "d"ämliche "R"est. Es schmerzte, wenn einem das Erbe des "Führers" Hitler übergestülpt wurde.

*

Daß wir uns nun in diesem Teil des Odenwaldes beheimatet fühlen, verdanken wir auch den Bürgern, der Bevölkerung, den Menschen dieses Landstriches. Schon in den ersten Jahren, in der Zeit des Hausbaues, spürten wir die Aufnahmebereitschaft und die Freundlichkeit der Menschen, deren Vorfahren seit Jahrhunderten dem ärmsten Landstrich Deutschlands treu geblieben waren. Nun kamen viel Fremde, Flüchtlinge, Umsiedler und Neusiedler. Sie alle fanden hier Eingang und Heimat, teilten gemeinsam Freude und Trauer und sind in der Bevölkerung aufgegangen.

Als sich 1970 durch eine Gebietsreform fünf Ortschaften zusammenraufen mußten, um einen gemeinsamen Gebietsnamen zu finden, tat man sich schwer. Obwohl seit Jahrhunderten ein Kirchspiel das Dorf Kirch-Brombach zum Mittelpunkt gemacht hatte, alldieweil hier die alleinige Kirche stand, mußte ein neuer Name her, denn das Dorf Langen-Brombach war nicht gewillt, den ewig rivalisierenden Namen anzunehmen.
So entstand "Brombachtal".

Gleich zu Beginn unserer Übersiedlung holte man mich in den Gemeindevorstand. Da hatte ich zu lernen, zum einen den Dialekt zu verstehen, zum anderen die Person den zur Verhandlung anstehenden Geschehnissen zuzuordnen. Auch hier drückte sich der Witz und die Unbefangenheit dieser Menschen aus. Mein Nebenmann mußte mir immer ins Ohr übersetzen, was und wer gemeint war. Da redete man vom Schnuks und vom Schnull, vom Auderer und vom Gockes, vom Zünder und vom Fipser, Guresje und Wutzche, Rattepit und Stupp, Detsche, Fulle, Fuzzi und Mähli, Geiß und Kälbchen, Logi und Plinarschbleck. Jeder hatte seinen Spitznamen weg, ob er etwas Außergewöhnliches oder Gewohntes gemacht hatte. Das zeigte Humor und Witz.
Von zwei großen Parteien wurde hier das politische Geschehen geprägt. Sie stritten gegeneinander über die Sache, um ihre Vorstellungen durchzusetzen, aber danach tranken sie wieder ein Bier zusammen. Das zeichnete diese Gemeinschaft aus, und neidvoll wurde sie von den umliegenden Ortsgremien beäugt, denn da standen sich die politischen Fronten feindselig gegenüber, sogar über die Gremienarbeit hinaus bis in die Privatsphäre hinein.

Irgendwann sagte der Bürgermeister:

"Unsere Zahl der Einwohner übersteigt jetzt die 3000. Also sind nach der nächsten Wahl statt der bisherigen 15 Gemeindevertreter 23 einzusetzen."

"Damit erhöhen sich auch die Unkosten", meinten wir Beigeordneten, "außerdem wird es noch ineffektiver."

Und Wilhelm sagte:

"Der Sachverstand erhöht sich dadurch nicht!"

Vielleicht war er auch gar nicht erwünscht, man hatte nur abzustimmen, damit ein Mehrheitsbeschluß zustande kommen konnte. Somit hoben die einen die Hände, um ihre Mehrheit zu dokumentieren, und die anderen, um durch Opposition ihre geistige Überlegenheit zu zeigen, ihr besseres Wissen, was sich dann auch nicht immer bestätigte.

Der Durchblick allein blieb dem Bürgermeister, der durch seinen Informationsvorsprung ohnehin alle anderen aus dem Feld schlagen konnte. Davon machten sie auch Gebrauch, der alte wie der neue Bürgermeister. Es ging nicht anders, wenn man Vorstellungen durchsetzen wollte.

Von den 23 Gemeindevertretern waren 15 überflüssig. Und ob ein klarer, analytischer Verstand bei den Entscheidungen im Spiel war, zeigte sich in den späteren Ergebnissen. Die wurden dann von der Bevölkerung entsprechend kommentiert:

"Die hewwese doch nit all!"

Die Entscheidungsträger zerriß man verbal, die Meinungen prallten hart aufeinander, aber das Gemeinsame blieb, das Bewußtsein der Zusammengehörigkeit, ob Gegner oder Befürworter. Sie helfen sich, wenn's nötig ist, und sie amüsieren sich, wenn jemandem ein Mißgeschick passiert, ein harmloses. Das wird dann alljährlich in einer Kerb-Rede verarbeitet.

"Kerb" ist Kirmes. Sie verstehen es, am letzten Wochenende des September eines jeden Jahres einen "Kerwe"-Umzug auszurichten. Das geschieht aus Spaß an der Freude, mit Kostümen und geschmückten Wagen, Musiken und Parolen. Voran immer die Blaskapelle, um die sie manche Gemeinde beneidet.

"Die habt ihr euch wohl ausgeliehen?" fragte mich ein Besucher. Wie staunte er über die Antwort.

Die kleineren Dörfer Böllstein, Hembach und Birkert, die zu Brombachtal gehören, bieten Beschaulichkeiten und gemütliche Idyllen.

Einen Provinzkomplex kann man bei ihnen nicht feststellen. Sie reden mit, über alles und jedes. Dabei zeigen sie recht weltmännische Ansichten, und die Pointen dazu bildet der Mutterwitz. Das steht dann für einen Zugezogenen im Widerspruch zu Diskussionen, in denen ein Trennstrich gezogen wird zwischen den einzelnen Dörfern der Großgemeinde.

"Ich bin nicht von hier", sagte mir eine alte Frau, die in Langen-Brombach verwitwet und daselbst bei ihrem Sohn geblieben war.

"Ach, woher kommen Sie denn?"

Ich dachte an Pommern oder Schlesien, an Bayern oder Norddeutschland. Aber sie sagte:

"Ich komme aus Birkert."

Sport steht hier im Mittelpunkt der Freizeit. Kulturelle Kleinarbeit leistet neben den beiden Gesangvereinen der Verein der Landfrauen. Da vereinen sich die Frauen auf dem Lande, die fleißig ihrer Tagesarbeit nachgehen und dabei sich noch mit Vorträgen, Vorführungen, Volkstänzen und Basteleien befassen. Die Männer gehen dafür öfter mal in die Wirtschaft.

Nach 15 Jahren zog ich mich von der Arbeit als Beigeordneter zurück.

"Wir bleiben zusammen!" hatte Wilhelm gesagt. Er war das Herzstück aller Geselligkeiten.

Der "alte" Gemeindevorstand wurde ein Kegelclub mit Ausflügen und familiären Festen. Leider verließ uns Wilhelm bald durch einen Herzinfarkt. Aber die gewachsenen Freundschaften einschließlich des Bürgermeisters wurden bewahrt trotz unterschiedlicher Partei-Couleurs. Wie kann man sich heimischer ausdrücken als durch eine Liebeserklärung an die Brombachtaler.

*

Unsere Fuji

und ihr Cockpit

Brombachtal/Kirch-Brombach

Das Leben spinnt sonderbare Netze, wo Knotenpunkte selbst an den äußeren Enden Fühlung bekommen:

Brombachtal gehört zum Odenwaldkreis Erbach. Den vertritt im Landtag Wiesbaden ein Abgeordneter, an dem mir mit seiner Popularität durch die Tageszeitungen und auf Wahlplakaten nichts weiter aufgefallen war als nur sein Name, der bei uns in Mitteldeutschland vorkam. Aber das will heutzutage bei der Verwirbelung des Volkes nichts heißen.

Nach Jahren ergab es sich, daß dieser Landtagsabgeordnete - er war zugleich Vorsitzender des Kreistages - eines der Feste besuchte, was die beiden großen Parteien in der Gemeinde alljährlich veranstalten. Jeder in der Gemeinde geht hin. Die Sympatisanten der einen Partei essen und trinken bei der anderen und umgekehrt.

Die eine Zeltwand hatte man wegen des schönen Wetters offen gelassen. Die Tische waren schon hinreichend belegt, als ich mich mit Ingrid näherte. Da sah ich mittendrin den Bürgermeister sitzen. Neben ihm stemmte sich ein Mann hoch und rief uns unter Betonung des ersten Wortes zu, als ob ich ihm schon etwas gesagt hätte:

"W o h e r kommst du?"

Ich mußte die Situation erst erfassen. Da merkte ich, daß ihm unser Bürgermeister schon gesagt hatte, daß ich gebürtiger Weißenfelser sei. Nun bestimmte ein freudiger Austausch unsere Unterhaltung, denn er kam auch aus Weißenfels, der auf dem großen Plakat: Es war "mein" Günter Zabel, den ich 1943 in der Flieger-HJ zu Weißenfels zum Scharführer ernannt hatte, kurz bevor ich zum Kriegsdienst einberufen wurde. Jetzt fiel mir auch ein, daß mir der Name immer so bekannt vorgekommen war.

Na, nun waren wir wieder zusammen und blieben es. Natürlich standen zunächst die Erinnerungen an unsere damalige Fliegerei im Mittelpunkt, und an Rolf Förster und Falko Haase, der sogar sein Klassenkamerad gewesen war.

*

Bei mir gab es immer Zeiten, wo vieles auf einmal zu verkraften war.
Man spricht von der Duplizität der Ereignisse.
Mein Flieger-Partner Hagen verkaufte seine Hälfte des Flugzeuges.
Ich bekam einen anderen Partner. Mich traf das hart. Nicht nur, daß
wir uns gut verstanden hatten, auch die Fuji war unter unseren
Händen ein Schmuckstück geworden mit neuem Motor und neuem
Kleid.

Jetzt plagten mich Nierensteine, und unsere Bettina machte mir
Sorgen, weil sie zu viel allein war und auch nicht mehr die Jüngste.
Was soll werden, wenn sie alt ist und wir aus der Welt?
Über Tochter Angela erfuhr ich von meiner Cousine Margot, daß sie
wohl ein Kind hätte, was aber schon bald zehn Jahre alt sei. Ich war
traurig. Sogar die Opa-Freuden blieben mir versagt.
Aber da ereignete sich etwas, das unserem Leben eine Wende gab. Zu
unserer Silberhochzeit wurde Bettina von einem jungen Mann
begleitet. Sie sagte, er sei Grieche, war aber erstaunlich groß,
alldieweil doch Griechen von gedrungener Gestalt sind. Es stellte
sich heraus, daß seine Mutter aus Mannheim stammt. Er war uns sehr
angenehm, und wir verstanden uns vom ersten Augenblick an. So
blieb es auch. An Harmonien waren Ingrid und mir sehr gelegen.

Für uns unverhofft, mußte Bettina am Unterleib operiert werden. Fünf
Prozent Chancen blieben für eine Schwangerschaft, sagte der
Professor. Aber ein Jahr danach tappte sie hochschwanger mit uns
und Saki - er heißt eigentlich Dionissios, aber das sagt nicht einmal
seine Mutter - durch die Berge in Süd-Tirol.
Dann kauften sie in Frankfurt-Berkersheim eine Eigentumswohnung,
und im Januar 1985 kam eine Julia zur Welt. Die Geburt war nicht
ohne Komplikation. Die Kleine mußte mit der Zange geholt werden.
Vielleicht hatte sie Angst vor dieser Welt. So bänglich ist sie auch
geblieben.
Kaum war sie geboren, da erwischte sie der Rota-Virus. Die Nahrung
blieb nicht im Körper. Sie weinte immerfort und spürte nur auf dem
Leib der Mutter Erleichterung. Die Ärzte überlegten schon eine
künstliche Ernährung, aber da hatte sie es gepackt, die kleine Julia,
die so schön war wie eine Puppe.

Die Zeit war gekommen, daß unsere Fuji verkauft werden sollte, mein wunderbarer Tiefdecker mit Verstellpropeller, mit dem ich auch Kunstflug gemacht hatte. Zehnmal hintereinander, ohne abzusetzen, mußte ich Loopings fliegen und durfte dabei keine Höhe verlieren. Die verschiedenerlei Kunstflugfiguren zu fliegen bereitete mir Vergnügen. Mein Kunstfluglehrer Mathias wollte mich zur Prüfung anmelden, da stellte der Arzt fest, daß mein Blutdruck erhöht sei. Vielleicht war ich nicht mehr jung genug dazu. Und das Fliegen wurde immer teurer. Das ärgerte mich genauso wie das ewig unbeständige Wetter.

Der neue Partner wollte verkaufen. Ich war einverstanden. Ein Schweizer zeigte starkes Interesse an dieser Fuji. Als er sie abholte, war Julia bei uns, zwei Jahre alt. Wie staunte sie auf dem Flugplatz über die Brummer, die sogar in die Luft gehen konnten. Da stand sie neben mir, sah die Fuji starten und schaute ihr nach, bis sie im Himmel verschwunden war.

"Vorbei" sagte sie leise.

"Wenn die wüßte", dachte ich, konnte ihr jedoch mein schweres Herz nicht verdeutlichen.

Als sie fünf Jahre alt war und auf dem Flugplatz hin- und hergeschaut hatte, sagte der kleine Ängstling plötzlich:

"Ich will auch mal fliegen."

"Aber Julia, hast du nicht Angst?"

"Ich will einmal fliegen!"

Mein erster Partner Hagen besaß wieder einen Flieger.

Ich sagte:

"Da mußt du den Hagen fragen."

Nie hätte ich geglaubt, daß sie selbst die Initiative ergreifen würde, aber sie sagte:

"Hagen, fliegst du mal mit mir?"

Der staunte nicht schlecht:

"Aber freilich, Julia, fliege ich mit dir!"

Sie saß hinten im Flugzeug, aber ich mußte neben sie.

Wir starteten. Ich beäugte sie, die Kotz-Tüte bereit.

Sie schaute sehr aufmerksam, und ihr Händchen klammerte sich in meines.

Während der Abflugkurve sah sie mich an und sagte:
"Da kann's einem ja schlecht werden!"
Sie reagierte wie eine Erwachsene. Ich erklärte ihr den Odenwald, sie bestaunte die Wälder, Wiesen und Häuser von oben, alles war so klein geworden, und schließlich schaute sie noch auf unser Haus.
Kaum waren wir gelandet, sprang sie zu ihrer heißgeliebten Omi, ich sah Glück und Freude in ihren Augen.
In meinen Herzen war es nicht minder.

Es war noch gar nicht so lange her, daß Julia ein Jahr alt war. Da klagte Bettina über Magendrücken und Übelkeit. Sie machte eine Rollkur. Ingrid meinte:
"Na, du wirst schwanger sein!"
"Unmöglich!" sagte Bettina.
Aber sie war es doch.
Wir freuten uns über den günstigen Verlauf der Geburt und waren alle glücklich über die kleine Luisa, nur die Julia war es nicht.
Die Eifersucht hielt Jahre an.
Nun war die Eigentumswohnung in Berkersheim bei Frankfurt zu klein geworden. Da bot sich zum Kauf eines Reihenhauses in Bad Vilbel an, zehn Auto-Minuten von ihrer Wohnung entfernt. Selbstverständlich hatten wir alle erst unsere Gutachten abzugeben. Wir waren begeistert.
Dann bezog jedes Kind sein eigenes Zimmer.

Nun schickte sich alles zum Guten und Ganzen:
Ringsum eine Gartenanlage wurde zum Spielparadies der Kinder, und im Odenwald genossen sie die Abwechslung bei ihrem "Dada", wie sie mich Großvater nennen, und bei ihrer Omi, die durch Liebe und Erziehungsgeschick so viel Gegenliebe erfährt, daß bei den Kindern Tränen kullern, wenn sie ihre Omi wieder verlassen müssen.
Julia und Luisa stehen im Mittelpunkt unseres Denkens.

> "Das Spiel des Lebens sieht sich heiter an,
> wenn man den sicher'n Schatz im Herzen trägt."
> Schiller

Alter und Resümee
im vereinten Deutschland

Ich hatte mich daran gewöhnen müssen, daß auch ein Stück meines Lebensweges vorbei war, wenn ich eine Klasse nach dem 10.Schuljahr entließ. Ein leiser Schmerz berührte mich jedesmal, denn die Abschiede gehörten nicht zum Schulalltag. Zu sehr war ich mit den angehenden Männern und Frauen verbunden und sie mit mir. Das bewiesen manche ihrer Tränen beim Auseinandergehen, obwohl ich sie in den meisten Fällen nur die letzten beiden Jahre ihrer Schulzeit geführt hatte. Vielleicht sind das die entscheidendsten im Leben eines Schülers, wo er lebenswach wird, wo er Spaß an der Wissensbereicherung bekommt, wo er anfängt, das Leben zu begreifen und sich motivieren zu lassen.
"Streng, aber gerecht", hatte ich sie sagen hören.
Jahrzehnte hindurch empfand ich Befriedigung, solche jungen Menschen beim Werden und Wachsen formen zu helfen, was von ihnen auch gespürt wurde und was sie dankbar bis ins Älterwerden bekundeten, ob in Calbe, Offenbach oder Bad König.
Eine Mutter schrieb mir:
".....Wenn wir an den Abschied denken, der Ihnen von Ihrer Klasse bevorsteht, werden wir ein wenig traurig. Es war eine gute Zeit, all die Jahre mit Ihnen. Man wußte sein Kind in guten Händen."
Zu diesem Brief gehörte ein Kind, das ich damals nach der Flucht aus der DDR im zweiten Schuljahr schon übernommen hatte und nun im 10. verabschieden mußte.
Solcherlei Zuwendung gab mir neuen Schwung, denn der alltägliche Schulbetrieb legte manchen Brocken vor die Füße, der meist von der Administration geworfen wurde.
Die politische Unordnung, die parteipolitische Dominanz empfand ich

als unerträglich. Wenn ich mir wie Simplizissimus auch bewußt war,
daß das Beständigste im Leben die Unbeständigkeit ist, so führte sie
hier und bei den kurzen Intervallen der politischen Kräfte zu
Konfusionen, zur Lottrigkeit und Lustlosigkeit. Jede neu gewählte
Partei setzte neue Akzente, gruppierte und organisierte die Schule um,
wirbelte die Köpfe von Schülern und Lehrern durcheinander. Da blieb
es nicht aus, daß innerhalb der Kollegien Konfrontationen aufkamen
und Spannungen folgten. Die Rektoren waren kaum in der Lage, das
Miteinander zu fördern.

Und wie angetan war ich ehedem von dem Vorgang, wie Rektoren
gemacht werden, als ich 1961 den bundesrepublikanischen Schul-
dienst antrat. Endlich geht es nach Können, meinte ich damals, denn
zur Ernennung gehören eine Prüfung und eine Besichtigung, in der
DDR damals allein das Parteibuch.
Aber in den kommenden Jahrzehnten wurde das immer mehr zur
Makulatur. Parteien und Verbände rangelten um die Belegung der
Stelle und somit um ihren Günstling. Deshalb geschah es, daß diese
Art der Postenbesetzung meist zur negativen Auslese führte, was sich
dann in der Menschenführung, der Organisation, dem Schüler-
Lehrer-Verhältnis, bei der kollegialen Zusammenarbeit und bei not-
wendigen Schlichtungen recht unangenehm auswirkte.
"Und wenn ich es recht bedenke, so brauchen wir gar keinen Kaiser",
hatte Heinrich Heine gesagt in seinem "Deutschland, ein Win-
termärchen".
Und ich dachte, daß wir auch keine Rektoren brauchen. Tüchtige
Sekretärinnen machten es besser. Das bewahrheitete sich, wenn der
Rektor fehlte. Ich hatte sie erlebt, wie sie den Schulbetrieb weiter-
führten, ruhig und dynamisch. Der Rektor war ja Lehrer. Er hatte
seinen Beruf gewechselt:
Vom Lehrer zum Verwaltungsbeamten, ohne ihn erlernt zu haben.

Mein 25 jähriges Dienstjubiläum erlebte ich noch in Offenbach. Der
Konrektor kam zwischen zwei Unterrichtsstunden in die Klasse,
drückte mir eine Urkunde in die Hand und bemerkte:

*"Der Schulrat läßt sagen, daß er Sie noch persönlich beglückwün-
schen wird, wenn er mal in die Schule kommt."*
Aber er kam nie.
Auf dem Gehaltskonto fand ich als Anerkennung 240,--DM vor.
Steuerfrei!
*Diese "gigantische Großzügigkeit" steigerte sich anläßlich meines 40
jährigen Dienstjubiläums: Da präsentierte man mir 800,--DM.*
Steuerfrei! versteht sich, noch kurz zuvor hatte es 600,--DM gegeben.
*Auf eine Laudatio, wie sie zu solch' Anlässen üblich ist, hatte ich
verzichtet. Wer hätte sie wohl halten sollen?*
*Und als es zur Verabschiedung kam, zur endgültigen, da wollte ich
den Herren die Peinlichkeit der Stunde ersparen.*
*Allerdings lud ich das Kollegium zum Abschiedsessen ein. Auch die
letzte Liebe soll durch den Magen gehen, dachte ich. Und ich dachte
auch, die Kosten der Bewirtung von der Steuer absetzen zu können,
nach so viel Dienstjahren auch über die Pflicht hinaus; aber das
Finanzamt ließ wissen, daß so etwas nicht absetzbar sei. Da dachte
ich an die unzähligen Arbeitsessen, die von den Firmen steuerlich
abgesetzt werden. Nun, Denken ist nicht immer opportun!*

*Trotzdem schloß ich mein Berufsleben gut, rund, freudvoll und
beflügelt ab. Aber daran war weder das Finanzamt noch die
vorgesetzte Behörde beteiligt.*
*Meine Klasse war es, die eigentlich ich zu entlassen hatte. Aber es
stellte sich immer mehr heraus, daß sie mich entließ. In einem
Rahmen der Würde und Besinnung, an einer geschmückten Tafel im
Séparée eines Hotels, fanden sie Abschiedsworte, die die Summe
meiner menschenbildenden Existenz erfaßten.*
*Ingrid traute ihren Ohren nicht zu hören, wie diese jungen Menschen
in freier Rede Worte der Huldigung und des Abschieds setzten, die es
gelohnt hätte aufzuschreiben.*
*In ihrer "Abschlußzeitung", wo sie gewitzt das "l" durchgestrichen
hatten, verteilten sie offenherzig Lob und Tadel, auch für ihre
gehabten Lehrer.*
Und über ihren Klassenlehrer schrieben sie:

".....Wenn wir uns nach zwei Jahren ein Urteil über Herrn Meißner erlauben, können wir sagen, Herr Meißner ist ein Mensch, der Respekt, Freundlichkeit und Väterlichkeit in sich vereint und ausstrahlt. Sein Unterricht macht Spaß - ganz einfach, weil das Lernen selbst gewollt ist, er uns den Stoff sehr nahe bringt und wir uns keinem Lerndruck ausgesetzt fühlten. Auch hielt Herr Meißner zu uns, wenn wir nicht gerade das "richtige" Verhalten einer 10.Klasse zeigten. Abschließend können wir sagen: Wir hatten 'einen guten Fang' mit ihm gemacht."

Ich bin eitel genug zu gestehen, daß ich große Freude an diesen Worten empfinde, daß "sich mir alle Eingeweide bewegen", wie Goethe von sich gesagt hatte. Die immerwährende Bekräftigung meines richtigen Tuns erfahre ich bei all den Klassentreffen mit all den Menschen, die ich einmal entlassen hatte. Da nimmt sich keine Klasse aus, ob in Calbe, Offenbach oder Bad König.
Schon zur Oma gewordene ehemalige Schülerinnen saßen mir gegen-über, vertraute Gesichter aus der Schulstube.
'Das sind wohl die jüngsten Omas der Welt', schoß es mir unfaßbar durch den Kopf.

Omas und Opas sind sie nun alle geworden, die Freunde um uns, ob mit oder ohne Enkelkinder.
Mancher lebt nicht mehr. Man wird nachdenklich.
"Ihr naht Euch wieder, schwankende Gestalten,
die früh sich einst dem trüben Blick gezeigt."
Goethes "Zueignung" spukt mir im Kopf herum.

Plötzlich halte ich einen Tochter-Brief der alten Freundin in den Händen: Lotti Lehmann ist gestorben, die Frau, die 1946 die Wei-chen für meine Berufsbahn gestellt hatte.
Ingrids Mutter siecht, durch einen schweren Schlaganfall bedingt, in Rollstuhl und Bett dahin.
Freund "Karl"-Lothar ist von einer schweren Krankheit unserer Zeit betroffen.

Kollege, Freund und Bauhelfer Helmut hat eine schwere Herz-operation hinter sich.

Und unseren Otto, meiner Cousine Mann, durch Krieg und Gefangenschaft gezeichnet, befiel die Alzheimersche Krankheit.

"Wo muß nur Heinz Schmeißer stecken", fragte ich mich oft, "mein Spielgefährte in der Lutherstraße?" der mit dem Pflasterstein auf den Mann mit Hut. "Moppels" Mutter wußte es. Er sitzt in Hamburg. Der Krieg hatte auch in ihn manche Narbe gesetzt. Welch' Freude des Wiedersehens! Aber seine wunderbare Frau konnten wir nur kurze Zeit miterleben. Nun muß Heinz allein zurechtkommen.

*

Hilfe-Fahrten für die Verwandten in der DDR waren notwendig geworden. Die wirtschaftliche Lage verschlechterte sich von Jahr zu Jahr.

Einstens wollte Staatsratsvorsitzender Ulbricht mit seinen Fünfjahres-plänen den Westen bei Nahrungs- und Konsumgütern überholen, aber die Pläne waren von jeher brüchig und ohne Sachverstand gewesen.

So steigerte sich die Unzufriedenheit trotz Einschüchterungen, Erpres-sungen und sogar Morden. Es zeigte sich, daß die Gedankenpolizei des Terror-Regimes dem passiven Widerstand und der wachsenden Unzufriedenheit gegenüber ohnmächtig blieb.

Die Grenzer schienen nervöser geworden, wenn sie auch mehr Mitbringsel einführen ließen als früher; bei der Ausreise wurden sie kleinlicher, kontrollierten jeden Schuh im Kofferraum, ob er nicht Flüchtlingsgut sei.

Eine Autofahrerin mußte rechts rausfahren und halten. Sie wartet, was wohl geschieht. Nichts geschieht.

Da schreit ein Offizier zu ihr hin, warum sie hier wohl stehe!

"Ihr Beamter hat mich hier zum Warten beordert!"

Er stellt sich in Positur:

"Hier gibt es keine 'Beamten'! Wir sind ein Arbeiter- und Bauern-staat!"

"Da schicken Sie mir Ihren Bauern doch mal her!"

Dann veranstalteten sie Feiern zum 40. Jahrestag der DDR-Grün-
dung. Honecker als der Mächtigste der DDR sprach, und das Volk
fragte sich, ob er es selbst glaube, was er sagt.
Demonstrationen gegen ihn und seine Diktatur wurden zusammen-
geknüppelt - im Namen des Volkes.
Die Botschaften der Bundesrepublik in Prag und Budapest wurden
von DDR-Bürgern bedrängt. Auf Treppen und Rasen übernachteten
Hunderte von Flüchtlingen. Die Ost-Regierungen waren ratlos, bis sie
den Weg in den Westen freigaben.
In Leipzig skandierten Zehntausende:
"Wir sind das Volk!"
Am 9.November 1989 war Honecker als Staatsratsvorsitzender und
SED-Generalsekretär bereits entmachtet gewesen, als die Grenzen für
die DDR-Bürger geöffnet wurden: 28 Jahre und drei Monate nach
dem Mauer-Bau.

Es geschah spätabends.
Die DDR-Bevölkerung traute ihren Ohren nicht.
Massen setzten sich mit ihren "Trabis" und "Wartburgs" in
Bewegung; sie wollten sie erleben, die geöffnete Grenze, den Über-
gang zur Freiheit.
Unsere Freunde in Calbe ergriffen auch die Gelegenheit:
Sie fuhren die Nacht los in Richtung Grenze nach Marienborn, mit
Kaffee und Stullen. Bis zwei Uhr in der Nacht standen sie noch vor
der Grenze im Stau. Auch die Frauen mußten ihre Notdurft im
Straßengraben verrichten. In der Ferne war der Himmel erleuchtet.
Brennt es dort?
Es waren die Lichter des Westens.
Im Morgengrauen erreichten sie die Grenze. Sie waren erschüttert
über die Wachtürme, die Rammböcke, Schlagbäume und Sperren, die
sie das erste Mal zu sehen bekamen. Sie empfanden noch nach-
träglich, wie schrecklich sie eingesperrt gewesen waren. Jenseits der
Grenze säumten Massen von Bundesrepublikanern die Straßen. Die
Menschen jubelten.
Unsere Freunde wurden gefragt, ob sie zurückkehren wollten.
"Natürlich!"
Endgültig die Haltung verlor unsere Freundin, als sich beim Stopp

ihre Augen längere Zeit mit den Augen einer Gleichaltrigen begegneten.

Tränen zeigten sich bei beiden.

Die Fernseher der Bundesrepublik wurden in dieser Nacht nicht abgestellt. Die Nation nahm bewegt Anteil. Die Ü-Wagen der Fernsehanstalten schütteten detaillierte Berichte über die Nation. Selbst das Ausland nahm bewegt Anteil an dem Ereignis. Ingrids Kollegin, die nie Berührung mit der DDR und ihren Bewohnern gehabt hatte, sagte am Morgen:

"Wir kamen vom Fernseher nicht los! Uns liefen die Tränen wie lange nicht!"

Unsere Freunde fuhren im Morgengrauen weiter ins bundesrepublikanische Land.

Die entgegenkommenden und überholenden Autos blinkten sie an und hupten vor Freude.

Man fragte: "Braucht ihr was?"

Spruchbänder grüßten von Autobahnbrücken herunter:

"Herzlich willkommen!"

Eine Verbrüderung fand in diesen Tagen statt, wie man sie aus der Geschichte noch nicht kannte.

Der 9.November hatte in der deutschen Geschichte wiederholt seine Bedeutung:

1918 brach an diesem Tage eine Revolution in Berlin los, und Scheidemann rief die Deutsche Republik aus, die dann Weimarer Republik wurde.

1921 putschte Hitler in München und erklärte die Regierung des Reiches für abgesetzt. Er ernannte sich selbst zum Reichskanzler, aber sein Demontrationszug wurde vor der Feldherrnhalle durch Maschinengewehrfeuer zerstreut, Menschen erschossen.

1938 erlebten wir organisierte Ausschreitungen gegen Juden in Deutschland.

Und nun endlich ein erfreuliches Ereignis an solchem Datum:

Heiligabend konnten sich alle Deutschen nach Herzenslust und ohne Ein- und Ausreisepaß besuchen.

In dieser Zeit der historischen Aufregungen erreichte mich aus einer Plenarsitzung des Hessischen Landtages zu Wiesbaden ein Telephongespräch. Mein Freund Günter Zabel, daselbst Abgeordneter und Vorsitzender des Kreistages Erbach, gebürtiger Weißenfelser und früher bei den Segelfliegern wie ich, wollte versuchen, mit unserer Geburtsstadt und dem Kreis Erbach eine Partnerschaft entstehen zu lassen.

Ich äußerte Bedenken, weil doch das Land Hessen geschichtlich mit dem Land Thüringen verbunden war und die Mittel dadurch gebunden seien. Weißenfels gehört zu Sachsen/Anhalt.

"Egal, ich versuch's!"

Er hatte es geschafft.

Die Hilfen auf dem Gebiet der Verwaltung waren von hohem Wert, wie mir die Weißenfelser Kreistagsabgeordneten bestätigten.

Und der Vorsitzende des Kreistages von Weißenfels war anfänglich Gerhard Schlosser, mein Freund aus der Grundschulzeit, mit dem ich händchenhaltend den Schulweg betippelt und Kindergeburtstage zusammen erlebt hatte. Ich hatte nie wieder etwas von ihm gehört.

"Grüß' ihn von mir", sagte ich zu Günter, "der wird staunen!"

Günter kam zurück aus Weißenfels:

"Du, der kann sich nicht an dich erinnern!"

Das schlug mich aus der Fassung! Aber ich sollte ihn besuchen, wenn ich nach Weißenfels komme.

Wenige Wochen später erreichte uns die Nachricht, daß er sich erhängt hatte.

Die 45 jährige Trennung zwischen West- und Mitteldeutschland, das man jetzt Ostdeutschland nennt, konnte nur überwunden werden durch einen Politiker der Sowjetunion: Gorbatschow.

Er war seit fünf Jahren Präsident der Union der Sozialistischen Sowjetrepubliken, der UdSSR, Herr über 15 Unionsrepubliken, dem größten Staatsgebiet der Erde, Nachfolger einer Stalinschen Gewaltherrschaft und einer stalinistischen Diktatur über ein Sechstel der

Erde, Oberster der beherrschenden Partei KPdSU, dieser Gorbatschow gab den Weg frei zu einer deutschen Einheit, zu einer Wiedervereinigung der Deutschen.

Etwas Unvorstellbares für uns Zeitgenossen war geschehen.

Dieser Mann mußte gesehen haben, daß die sozialistische Planwirtschaft des Ostblocks vor dem Bankrott stand, weshalb er mit den Worten "Glasnost" und "Perestroika" eine Umgestaltung vollziehen wollte, die ihm selbst aber schlecht bekam.

Der Freiheitsdrang der 15 Unionsrepubliken, den er selbst entfacht hatte, schwappte über ihn hinweg.

Schlagartig wollten alle Teilrepubliken selbständig sein. Da war er nicht mehr Präsident einer Sowjetunion.

Die gab es plötzlich nicht mehr.

Über Nacht hörte das Riesenreich auf zu bestehen.

Welch' ein Phänomen, vergleichbar mit dem Ende des Römischen Weltreiches: Es hatte auch plötzlich aufgehört zu bestehen, über Nacht.

Den Zerfall der Sowjetunion hatte Gorbatschow gewiß selbst nicht gewollt.

Worin bestand sein Ungeschick?

Das wird wohl die Geschichte erst in Jahrzehnten schreiben können.

Doch Gorbatschow wird in sie eingehen wie Perikles, Cäsar und Friedrich Barbarossa.

Durch die Auflösung der Sowjetunion ist die Volkswirtschaft der Staaten des ehemaligen Ostblocks schlagartig eingestürzt und der "Warschauer Pakt" zerplatzt wie eine Seifenblase.

Die allerorts chaotische Lage dort bedarf der Hilfe der westlichen Länder.

Und der ehemaligen DDR, die wir jetzt "die neuen Bundesländer" nennen, geht es nicht anders. Nur hat sie die alten Länder der Bundesrepublik zur Seite, die sich mit ihrer Steuer- und Finanzkraft den Prozeß der Vereinigung sowohl wirtschaftlich als auch menschlich bis an die Grenze ihrer Belastbarkeit verpflichtet, so daß bei vielen jungen Menschen zutage tritt, wie die Schule und ihre

Geschichts- und Sozialkundelehrer versagt haben, wenn es um Deutschland und die Deutschen ging.

"Was geht mich die DDR an", hört man sie sagen.

45 Jahre! Eine ganze Generation und eine halbe war Mitteldeutschland von Westdeutschland getrennt. Auf Ostdeutschland wurde bei der Wiedervereinigung verzichtet, das besiedelt seit 45 Jahren der Pole. Ingrids Eltern und Verwandte kamen aus Schlesien, aus einem dieser Gebiete. Da bleiben nur wir Alten übrig, die vollauf begreifen, was Deutschland und seine Menschen erleiden mußten, und die auf ungeschickte Obrigkeiten zurückblicken.

Euphorie und Euphonie über das Zusammenkommen der Deutschen bröckelt.

Es wird offensichtlich, daß nicht nur die sprachliche Einheit in Gefahr war, es gibt auch eine seelische und moralische Trennung. Welch' sonderbare Einstellungen müssen jetzt die neuen Bundesrepublikaner von den "Wessis" hinnehmen, und welche Ansichten müssen die "alten" Bundesrepublikaner von den "Ossis" hören. Die Köpfe werden auf beiden Seiten geschüttelt ob der jeweils "anderen Welt".

Da stürzen sich skrupellose Geschäftemacher auf das umgetauschte Geld der neuen Bundesbürger, die unerfahren sind im Umgang mit kapitalistischen Betrügereien.

"Ich schenke Ihnen etwas!" sagte einer zu meiner Cousine Margot.

"Sie können mir doch nichts schenken!"

"Doch, hier, eine Lederjacke!"

Bei ihrer Sprachlosigkeit legt er ihr dann noch fünf weitere Lederjacken vor, "billig", wie er meint. Die sollte sie für das Geschenk kaufen. Sie denkt jetzt an Angehörige und Freunde.

Er schwätzt intensiv. Sie kauft.

Später stellt sich heraus, daß die Jacken aus Kunstleder sind.

Frühere Hausbesitzer, die Jahrzehnte im Westen wohnen, bedrängen recht unangenehm die neuen Besitzer und Mieter. Diese werden verunsichert, sind beunruhigt, oft in Unkenntnis der Rechtslage. Und

Makler, oder solche, die sich dafür halten, gehen die Straßen auf und ab, fragen die Besitzer der schlecht erhaltenen Mietshäuser, meist sind es alte Leute, ob sie nicht verkaufen wollten. Man wittert einen besonders billigen Preis für das desolate Haus und einen guten Profit bei der späteren Sanierung.

Fliegende Händler und Buden überschwemmen die neuen Länder, meist verlangen sie Überpreise. Auch das Vergleichen beim Einkauf muß der neue Bundesrepublikaner noch lernen. Er kannte bisher ja nur Festpreise.

In der Gustav-Adolf-Straße zu Weißenfels, meiner einstigen Spielstraße, steht ein Haus, wir nannten es damals "Villa". Die Besitzer hatten die DDR verlassen.
Die Einheit ermöglicht den Nachkommen nun den Anspruch auf ihren Besitz. Den aber bewohnen unterdessen andere.
Der DDR-Staat hatte denen das Haus einfach verkauft und das Geld behalten.

Freunde in unserem Kreis betreiben ein Elektro-Installations-Geschäft. Ein Übersiedelter wird eingestellt. Um 15 Uhr erscheint der Meister auf dem Bau:
"Wo ist denn unser neuer Mann?"
"Der ist vorhin gegangen. Hat gesagt, daß er für heute genug gearbeitet hat."

Bei Offenbach kommen Lokomotivführer der Reichsbahn zusammen zu einem 14 tägigen Schulungskurs, über 70 an der Zahl. Nach drei Tagen reisen 63 ab:
"Den Streß halten wir nicht aus, den sind wir nicht gewöhnt!"

Cousine Margot in Weißenfels traut ihren Augen nicht:
In der Parterre-Wohnung unseres großelterlichen Hauses werden Wände rausgebrochen und Fenster zu Türen gemacht. Da richtet sich ein ehemaliger Stasi-Mann (Angehöriger der ehemaligen Staatssicherheitspolizei) quietschvergnügt und ohne den Besitzer zu fragen, eine Videothek ein.

Es wird dauern, bis alle begriffen haben, was Recht bedeutet auch gegenüber dem einzelnen, wie Freiheit verpflichtet und Wohlstand hart erarbeitet werden muß. Für viele ist das alles neu. Sie waren gebunden in einer überangestrengten Sozialisation. Der Sinn für Privatinitiative ist verlorengegangen.

Das zeigt sich auch bei Kindern: Ist doch in der Grundschule so ein kleiner, achtjähriger Schüler nicht in die Schulordnung zu bringen. Er kam mit seinen Eltern aus den neuen Bundesländern, war also noch Schüler in der DDR. Nun muß er sich neu orientieren: eine andere Schule, eine neue Welt.

Er stört den Unterricht, er randaliert im Treppenhaus, er ordnet sich nicht in die Klassengemeinschaft, er ignoriert die Pausenordnung und ist der Schrecken der Schule. Da nimmt sich Ingrid seiner an.

Schließlich fragt sie:

"Sag' mal, warum machst du das alles?"

Antwort: "Weil man hier alles darf!"

Jetzt ist viel Unruhe in den Köpfen der Gesamtbevölkerung. Nicht die katastrophale Hinterlassenschaft der "Sozialisten" in der ehemaligen DDR ärgert die Menschen, sondern sie sind verärgert über die Politiker, die dem Staat Gesetze aufdrücken, die der Realität nicht entsprechen, über Karrierepolitiker, die vor Entscheidungen zum Wohle der Bürger im Lande kneifen, die sich selbst bedienen, wenn es um ihre persönlichen Finanzen geht.

"Sie predigen Wasser und trinken selbst Wein!"

Man spricht vom Selbstbedienungsladen, wenn man die politischen Parteien und ihre Funktionäre meint.

Die ersten Jahrzehnte freiheitlicher Demokratie in der Bundesrepublik Deutschland wurden von verantwortlichen, dienenden Politikern gestaltet mit überzeugenden Leistungen eines Rechtsstaates.

Der Rechtsstaat ist nun auf dem Weg, ein Rechtsmittelstaat zu werden, wo sich nur noch Juristen und Bürger, die sich Anwälte leisten können, Recht zu verschaffen wissen. Die Kluft zwischen arm und reich wird immer größer.

Und ein Asylant im Lande oder solcher, der sich dafür ausgibt, darf nicht arbeiten, bekommt aber monatlich mehr Geld vom Staat ausgezahlt als ein großer Teil der Rentner, die sich's ein Leben lang erarbeiten mußten.

Da wundern sich nun die Politiker über die Unruhe in der Bevölkerung!

Auch die Einbrüche und die schwere Kriminalität nehmen überhand: Die Sicherheit der Bürger scheint nicht mehr gewährleistet. Und die Überbürokratisierung ist für die unerfahrenen neuen Bürger nicht durchschaubar; weite Kreise sind enttäuscht und unzufrieden geworden nach dem begeistert begrüßten Zusammenbruch der kommunistischen, totalitären Herrschaft.

Einstens stand die Weimarer Republik am Rande eines Bürgerkrieges.

Doch in der Geschichte wiederholt sich nichts. Aber es gibt Vergleichbares, Ähnliches.

Emanuel Geibel meinte im vorigen Jahrhundert:

"Man lernte nichts aus der Geschichte,
als daß Geschichte man doziert.
Bald eingerichtet sind die neuen Herrn
und lernen sacht im alten Gleise fahren.
Was eben noch ihr Hort und Stern,
heißt Irrlicht schon nach wenig Jahren
und endlich alles Übels Kern!"

Die Jugend tritt das nächste Jahrtausend an. Sie sollte besser als ihre Altvorderen aus der Geschichte lernen!

Meine Enkelkinder werden dazugehören.

Und so wie ich dankbar zurückblicke bis in meine frühe Kindheit, wo es das Leben doch gut mit mir gemeint hatte, so hoffe ich auf ihr Wohlbefinden, wenn sie einstens zurückdenken.

Irgendwann beginnen sie zu fragen, die Nachkommen, wer wir waren und woher sie selbst kommen.

Unsere Vergangenheit ist ihre Zukunft.

Deshalb schreibe ich auf, für unsere Enkel und deren Generation, ob in Deutschland, Europa oder der Welt.

Auch ich konnte nicht getrennt werden von meiner Zeit und meiner Welt.

Die Vergangenheit hat in jedem Jahrhundert einen neuen Sinn.

Ich habe mit meinem Jahrhundert gelebt und versucht, meinem Versprechen gegenüber treu zu bleiben.

"Sei getreu bis in den Tod, so will ich Dir die Krone des Lebens geben!" lautete der Spruch damals.

Es ist lange her.

Nicht alles war geglückt, nicht immer hatte ich das eigene Glück unter den Händen. Aber ich meine, mich bemüht zu haben, und meine auch, durch Hinwendung Liebe gegeben zu haben.

Sie wirkt großmächtig, die Liebe; ohne sie macht die Pflicht verdrießlich und Erziehung widerspruchsvoll, ohne sie wird Freundlichkeit zur Heuchelei, und Macht führt zur Gewalttat.

Im Alter gibt man mehr Liebe, weil man erfahren hat, daß die Freuden vergeh'n wie die Sommerblumen und daß oft die Tränen folgen wie der Tau am Abend.

Liebe bezwingt alles!

"Und Deines Lebens wahrer Wert
hängt ab und segnet weiter
über Tod und Grab von dem
wie viele Du hast aufgerichtet,
wieviel Verwirrung, Dunkel Du gelichtet,
wie viele Du begeistertest zum Streben,
was Du verströmt
von Deinem tiefen Leben."

Christian Morgenstern